《民法典》
以案说法120问

《MINFADIAN》
YI'AN-SHUOFA
120 WEN

主　编　廖建勋
副主编　杨创铄
　　　　孙子嘉

吉林大学出版社

·长　春·

图书在版编目（CIP）数据

《民法典》以案说法 120 问 / 廖建勋主编；杨创铄，
孙子嘉副主编. -- 长春：吉林大学出版社，2025. 1.
ISBN 978-7-5768-4017-9

Ⅰ. D923.05

中国国家版本馆CIP数据核字第2024V65K31号

《民法典》以案说法 120 问
《MINFADIAN》YI'AN-SHUOFA 120 WEN

作　　者　廖建勋　主编　杨创铄　孙子嘉　副主编
策划编辑　李适存
责任编辑　李适存
责任校对　白　羽
装帧设计　瞬美文化
出版发行　吉林大学出版社
社　　址　长春市人民大街4059号
邮政编码　130021
发行电话　0431-89580036/58
网　　址　http://www.jlup.com.cn
电子邮箱　jldxcbs@sina.com
印　　刷　香河县宏润印刷有限公司
开　　本　787毫米×1092毫米　　　1/16
印　　张　20.25
字　　数　350千字
版　　次　2025 年 1 月第 1 版
印　　次　2025 年 1 月第 1 次
书　　号　ISBN 978-7-5768-4017-9
定　　价　79.00 元

序言 1

　　"法者，治之端也。"当前，我国正处于社会经济、政治、文化全方面高速发展的关键时期，各类社会矛盾逐渐浮现，人民群众日益增长的法治需求促使广大法律从业者们积极投身于普法事业。习近平总书记在第五个国家宪法日之际作出的重要讲话中指出："要把推进全民守法作为基础工程，全面落实'谁执法谁普法'的普法责任制。"法律从业者们要走在普法工作的前列，引导广大群众自觉守法、遇事找法、解决问题靠法。廖建勋律师团队始终秉持强烈的社会责任感，正义凛然维民权，热心公益解民忧，用扎实深厚的专业技能捍卫社会公平正义。《民法典》出台后，为引导群众用法律武器捍卫合法权益，让《民法典》真正走到群众身边，他的团队撰写了《〈民法典〉以案说法 120 问》一书。

　　《民法典》被称为"社会生活的百科全书"，与人民群众的日常生活息息相关。《民法典》在我国法律体系中的地位，仅次于宪法，称得上是"国之重典"。因此，如何让民众了解《民法典》，如何向民众讲好《民法典》，如何引导民众用好《民法典》，是践行习近平总书记关于"加强法治理论研究和宣传"重要讲话精神的重要课题。廖建勋律师团队编撰的这本书就是对宣传《民法典》的最好注释。

　　本书每个章节都深刻发掘归纳了社会热点中具有代表性的案例，各案例以法律理论为基础，有案情介绍、法理分析、裁判结果等要素，让读者深刻理解法律条文的内涵和应用范围，真正做到以案释法。本书的定位是面向普通民众宣传《民法典》的通俗读本，因此在用语上使用了通俗易懂的语言，旨在降低法律读物的阅读障碍，吸引更多民众知法、守法、用法、懂法，营造全民共创法治社会的良好氛围。

　　普法工作任重道远。廖建勋律师团队以时不我待的韧劲，只争朝夕的干劲，不遗余力推动普法工作，为我国普法工作添砖加瓦。我相信这本书一定能成为民众喜闻乐见的优秀普法读物！

　　是为序！

朱列玉

2024 年 10 月 12 日

序言 2

2021 年 1 月 1 日，《中华人民共和国民法典》（后文中均简称为《民法典》）正式开始实施，全社会掀起了学习《民法典》的高潮，毫不夸张地说，《民法典》的颁布实施是一次全民法治教育。我经常见到一些不是学法律的朋友，家里或办公室都摆上了一本红色的《民法典》读本。但当我问他们是否读得懂时，他们都笑而不答。

好的法治教育是用生动的案例来进行展示。从《民法典》颁布实施之日起，我的心里就种下了一颗种子，我们要编一本让老百姓都读得懂的《民法典》辅助读本，这才有了今天这本《〈民法典〉以案说法 120 问》。

《〈民法典〉以案说法 120 问》提炼了 120 个百姓生活中容易遇到的问题进行解答，并选取了相关真实案例进行编写，力图让读者通过一个个生动、真实的案例来了解法律的规定。这本书是我们律师团队集体智慧的结晶，其中总则篇由廖建勋编写，物权篇由孙子嘉编写，合同篇由李锋编写，人格权篇由刘彪编写，婚姻家庭篇由周艳兰编写，继承篇由潘海欣、文芬编写，侵权责任篇由陈丽、雷蒙编写，副主编杨创铄负责统筹，肖素馨承担了书稿的校对工作。感谢肖贵平对本书出版的关心，还要特别感谢广东国鼎律师事务所主任、全国政协委员朱列玉大律师为本书作序！

由于《民法典》实施的时间不长，我们在选取案例的时候，有些选取的案例生效于《民法典》实施之前，因此这些案例中引用的法律条文为此前的法律，如《中华人民共和国合同法》《中华人民共和国婚姻法》等，在此特予以说明。

本书是我们律师团队合作编写法律书籍的一次尝试，经验有限，不足之处请读者批评指正。

编者于 2024 年 10 月 12 日

目 录

第一章　总则篇

1. 还没有出生的胎儿，有没有继承权？

在我国，自然人的民事权利能力从出生时开始，到死亡时结束。母体内胎儿因还没有出生，所以不具有民事权利能力，但是我国的《民法典》依然对未出生的胎儿设定了特殊保护。当涉及遗产继承、接受赠与等特殊利益保护时，胎儿视为具有民事权利能力。比如，在对父亲的遗产进行分割时，要为未出生的胎儿保留份额。当胎儿出生是活体的，胎儿就自然可以继承父亲的遗产；如果胎儿出生是死体的，则原来为胎儿保留的份额由父亲的其他继承人继承。

【法条指引】

《民法典》

第十六条　涉及遗产继承、接受赠与等胎儿利益保护的，胎儿视为具有民事权利能力。但是，胎儿娩出时为死体的，其民事权利能力自始不存在。

【案例分享】

胎儿也享有土地征用补偿款的分配权

—基本案情—

原告：吕某

法定代理人：吕某某，吕某之父

被告：新昌县某村民委员会

吕某系新昌县某村村民，于 2017 年 1 月 18 日出生，孕周 40 周。新昌县某村土地因建设需要于 2016 年被征用，新昌县某村于 2016 年 11 月 2 日召开村两委会议，讨论确定分配方案，确认截至 2016 年 11 月 30 日户籍在册人员可以享受分配权。2016 年 12 月 27 日，新昌县某村民委员会向每位集体经济组织成员分配土地征用补偿款 70000 元，但却以吕某出生迟于村两委决定的户口迁入截止时间为由不予分配。

吕某认为，村两委会决议确定截至 2016 年 11 月 30 日，户籍在册人员有权分配土地征用补偿款，新昌县某村民委员会分配款项时，吕某母亲早已怀孕，根据《中华人民共和国继承法》《中华人民共和国民法总则》等相关法律规定，胎儿享有相应民事权利，涉及胎儿利益时应预留胎儿份额，以保障胎儿利益。土地作为村民赖以生存的基础被征用，新昌县某村集体在分配土地征用补偿款时应当保障胎儿利益，预留分配款项。现新昌县某村民委员会不予分配吕某土地征用补偿款，严重侵犯了其合法权益。

后吕某将村委会起诉到了法院，请求：1. 依法判决新昌县某村村民委员会立即支付吕某土地征用补偿款 70000 元；2. 本案诉讼费由新昌县某村村民委员会承担。

— 法院认为 —

一审法院认为，新昌县某村民委员会对吕某出生后取得集体经济组织成员资格无异议，本案争议焦点在于新昌县某村民委员会确定土地征用补偿款分配方案的时间，及吕某作为孕育在母体中的胎儿依法是否享有土地征用补偿款的分配权的问题。根据现有证据可以确定讼争土地征用补偿方案确定的时间是 2016 年 11 月 2 日，当时，吕某已经在母体中形成胎儿。虽然《中华人民共和国民法通则》中未明确规定孕育在母体中的胎儿具有民事权利能力，但其对此也未作否定，并且在《中华人民共和国继承法》中已经明确胎儿具有继承遗产的民事权利，可见，在民事利益保护中具有对胎儿民事权利予以保护的总体倾向。2017 年 10 月 1 日施行的《中华人民共和国民法总则》更是对此种倾向性保护意见进行了明确。此外，立法上对《中华人民共和国民法总则》有无溯及力的问题未作确认，即便其不具有溯及既往的法律效力，从前述民事法律规定所体现的利益保护倾向意见来看，孕育在母体中的胎儿亦应取得讼争土地征用补偿款分配权。加之，新昌县某村土地作为其村民生产生活所需依赖的客观因素，吕某出生后对此依赖同样存在，故法院对吕某提出的其在新昌县某村民委员会确定分配方案时享有土地征用补偿款分配权的主张依法予以支持，新昌县某村民委员会应当支付吕某土地征用补偿款 70000 元。

新昌县某村民委员会不服，提起上诉，称吕某在上诉人集体经济组织土地征收协议签订之日未出生，依法不享有被补偿安置的权利。

二审法院认为，根据《中华人民共和国民法总则》第十六条规定，涉及遗产继承、接受赠与等胎儿利益保护的，胎儿被视为具有民事权利能力；但是胎儿娩出时为死体的，其民事权利能力自始不存在。该条款对于胎儿利益保护提供了明确的法律依据。关于该条款有无溯及力的问题，虽然本案中被上诉人的出生时间在《中华人民共和国民法总则》施行前，但《中华人民共和国民法通则》对于胎儿利益保护未作规定，根据新法优于旧法的原则，应适用《中华人民共和国民法总则》的规定。二审法院认为，土地系农民赖以生存的重要保障，征地补偿费亦是保障其生存权益的一项根本利益，胎儿出生后对此依赖同样存在，故赋予胎儿土地征用补偿款的分配权符合《中华人民共和国民法总则》的上述规定，更有利于保障胎儿的合法民事权益。

— 裁判结果 —

一审法院判决：新昌县某村民委员会支付吕某土地征用补偿款 70000 元，限于判决生效后十日内付清。

新昌县某村民委员会不服提起上诉，二审法院判决：驳回上诉，维持原判。

注：本案例选自（2019）浙 06 民终 2578 号民事判决书

2. 父母不合格，其他人可以要求变更监护人吗？

父母在世，就是未成年人的法定监护人。法律规定，父母对未成年子女负有抚养、教育和保护的义务。但是，如果父母有严重侵害未成年人身心健康、合法权益或不尽监护责任情形时，其他顺位的监护人可以申请撤销父母的监护人资格。

【法条指引】

《民法典》

第三十六条　监护人有下列情形之一的，人民法院根据有关个人或者组织的申请，撤销其监护人资格，安排必要的临时监护措施，并按照最有利于被监护人的原则依法指定监护人：

（一）实施严重损害被监护人身心健康的行为；

（二）怠于履行监护职责，或者无法履行监护职责且拒绝将监护职责部分或者全部委托给他人，导致被监护人处于危困状态；

（三）实施严重侵害被监护人合法权益的其他行为。

本条规定的有关个人、组织包括：其他依法具有监护资格的人、居民委员会、村民委员会、学校、医疗机构、妇女联合会、残疾人联合会、未成年人保护组织、依法设立的老年人组织、民政部门等。

前款规定的个人和民政部门以外的组织未及时向人民法院申请撤销监护人资格的，民政部门应当向人民法院申请。

【案例分享】

父亲过世，母亲不尽监护责任，监护资格被撤销

——基本案情——

申请人：刘某某、吴某某

刘某某、吴某某系刘某甲、刘某乙的祖父、祖母，二人共有一女一子，其中儿子为刘某强。马某某与刘某强于 2007 年 5 月 25 日登记结婚，婚后生育五名子女，分别为刘某甲、刘某乙、刘某丙、刘某丁、刘某戊。2016 年 11 月 4 日，刘某强因交通事故去世。

2019 年 3 月 5 日，马某某与朱某某再婚，刘某丙、刘某丁、刘某戊跟随马某某与朱某某生活。2020 年 3 月 31 日，马某某将其与刘某甲、刘某乙、刘某丙、刘某丁、刘某戊的户口随朱某某迁入山东省高唐县。刘某某、吴某某因孙女刘某甲、刘某乙上学及抚养费等问题向法院申请撤销马某某的监护人资格，请求法院指定刘某某、吴某某为刘某甲和刘某乙的监护人。

2020 年 12 月 8 日，法院作出（2020）鲁 1526 民特 521 号民事判决：驳回刘某某、吴某某的申请。刘某某、吴某某不服，向法院提出异议，请求：1. 撤销（2020）鲁 1526 民特 521 号民事判决；2. 判令变更刘某某、吴某某为刘某甲、刘某乙的监护人；3. 判令马某某（系未成年人刘某甲、刘某乙的母亲）依法支付抚养费。

刘某某和吴某某认为：1. 原审判决未征求未成年人的意见，违反《中华人民共和国未成年人保护法》第四条的规定。刘某甲现年 12 岁，刘某乙 11 岁，具有与年龄相当的认识力和判断力，能够清晰准确地表达自己的意愿，原审应当就监护权问题征求两人的意见，尊重她们的自我选择；2. 原审判决违反民事诉讼法的基本原则。本案查明的事实是，马某某再婚后携三女、四女和长子到高唐县生活，并将包含刘某甲和刘某乙在内的所有子女的户籍迁

移到高唐县现住地，而刘某甲和刘某乙一直随同刘某某、吴某某在兰陵县生活，判令监护权由刘某某、吴某某享有更加有利于两未成年人的成长；3.原审判决无助于维护未成年人的权益。马某某再婚并携另外三名子女迁移住址前后，从未抚养过刘某甲和刘某乙，甚至连二人的电话都拒绝接听。刘某甲和刘某乙现随刘某某、吴某某在兰陵县生活，但是户籍却被马某某迁移至高唐县，导致刘某甲与刘某乙在兰陵县无法正常安排入学，无法办理社保，两未成年人的受教育权、社会保障权均受到影响。

马某某提交意见称，不放弃监护权，并有对刘某甲、刘某乙进行抚养、教育、保护的愿望。

法院查明，刘某甲现为兰陵县某中学七年级学生，刘某乙现为兰陵县某小学六年级学生。经法院实地走访刘某甲、刘某乙就读学校、现居住地，二人所在班主任老师表示无论是开家长会还是交学费、生活费等均由刘某某、吴某某负责；近邻表示刘某甲、刘某乙很早就与刘某某、吴某某一起生活，感情很好；村委会主任表示刘某甲、刘某乙自出生就和刘某某、吴某某一起生活，感情很好，认为刘某某、吴某某有能力抚养二人长大。经征询刘某甲、刘某乙本人的意见，二人均表示愿意让吴某某、刘某某担任其监护人。

— 法院认为 —

本案争议的焦点问题为：马某某作为刘某甲、刘某乙监护人的资格是否应予撤销？

本案中，马某某存在以下情形，导致其监护资格应予撤销。

第一，马某某长期未履行监护职责。本案中，马某某虽在与刘某某、吴某某分割刘某强交通事故赔偿款中，将应赔偿刘某甲、刘某乙的被抚养人生活费交由刘某某、吴某某支取，同意刘某甲、刘某乙随刘某某、吴某某共同生活，但马某某未给付其作为母亲应支付未成年子女的抚养、教育费用，且长期未对孩子进行关心、指导、教育、保护，虽或有探望子女受阻的情形存在，但未积极地与刘某某、吴某某化解矛盾、协商看望子女，存在长期未履行监护职责的情形。

第二，刘某甲、刘某乙户籍因马某某再婚于2020年3月迁入高唐县，但刘某甲、刘某乙在临沂市兰陵县生活、接受教育，其户籍问题对于办理入学手续等造成困难，对刘某甲、刘某乙的受教育权造成不利影响，且本案异议审查过程中，马某某仍表示不同意将刘某甲、刘某乙户口迁入现居地，具有损害刘某甲、刘某乙合法权益的情形。马某某虽辩称愿意将子女接回身边抚养、接受教育，但未见其采取积极措施与刘某某、吴某某协商处理。且马某某在与刘某某、吴某某协商处理刘某强交通事故赔偿款时，实际已将刘某甲、刘某乙交给刘某某、吴某某抚养，从有利于子女学习、生活稳定的角度出发，不应随意变更。

第三，马某某拒绝将刘某甲、刘某乙委托他人代为监护。本案中，存在马某某再婚、距离较远等事由导致其一定时间内不能履行监护职责的客观情形，其原本已事实上通过委托监护的方式委托刘某某、吴某某代为履行监护职责，但马某某又擅自将刘某甲、刘某乙户口迁离现居住地，并在自己也离开高唐外出打工的情况下，仍拒绝再行办理委托监护手续。

综合以上情形，法院认为，马某某长期未对刘某甲、刘某乙履行监护职责，并拒绝委托刘某某、吴某某代为监护，造成两未成年子女上学困难等后果，应当认定具备《中华人民共和国民法总则》第三十六条第一款第二项规定的"怠于履行监护职责，或者无法履行监护职责且拒绝将监护职责部分或者全部委托给他人，导致被监护人处于危困状态"，应当撤销监护人资格的情形，刘某某、吴某某关于应撤销马某某监护人资格的异议主张成立。

刘某甲、刘某乙长期与祖父母刘某某、吴某某共同生活，感情基础良好，且刘某某、吴某某具有监护能力。经征询刘某甲与刘某乙的意见，二人均表示愿意让刘某某、吴某某担任其监护人，经法院实地走访，村委会及学校老师均认可由刘某某、吴某某担任刘某甲、刘某乙的监护人。根据《中华人民共和国民法总则》第三十六条规定，在撤销马某某的监护资格后，指定刘某某、吴某某为监护人，有利于保护刘某甲、刘某乙的合法权益，对刘某某、吴某某的该项请求，法院予以支持。

— 裁判结果 —

一、撤销法院（2020）鲁 1526 民特 521 号民事判决；

二、撤销马某某对刘某甲、刘某乙的监护资格；

三、指定刘某某、吴某某为刘某甲、刘某乙的监护人；

四、驳回刘某某、吴某某的其他请求。

注：本案例选自（2021）鲁 1526 民特 11 号民事判决书

3. 假如家里人失踪了，钱怎么花？债怎么还？

家里人联系不上并不代表失踪，而属于下落不明，下落不明满足一定条件并经法律程序认定才构成失踪。失踪人属于法律上的概念。法律规定，自然人下落不明满二年的，利害关系人可以向人民法院申请宣告该自然人为失踪人。下落不明的时间自其失去音讯之日起计算。如果是在战争期间下落不明的，下落不明的时间自战争结束之日或有关机关确定的下落不明之日起计算。

失踪人的财产由其配偶、成年子女、父母或者其他愿意担任财产代管人的人代管。失踪人所欠的债务，由财产代管人从失踪人的财产中支付。

【法条指引】

《民法典》

第四十条 自然人下落不明满二年的，利害关系人可以向法院申请宣告该自然人为失踪人。

第四十一条 自然人下落不明的时间自其失去音讯之日起计算。战争期间下落不明的，下落不明的时间自战争结束之日或者有关机关确定的下落不明之日计算。

第四十二条 失踪人的财产由其配偶、成年子女、父母或者其他愿意担任财产代管人的人代管。

代管有争议，没有前款规定的人，或者前款规定的人无代管能力的，由人民法院指定的人代管。

第四十三条 财产代管人应当妥善管理失踪人的财产，维护其财产权益。

失踪人所欠税款、债务和应付的其他费用，由财产代管人从失踪人的财产中支付。

财产代管人因故意或者重大过失造成失踪人财产损失的，应当承担赔偿责任。

【案例分享】

失踪人的征收补偿款应交给财产代管人保管

— 基本案情 —

原告：郑某某，系失踪人郑某云的女儿

被告：达州市某社区居民一小区，负责人：王某原告郑某某父亲郑某云失踪多年，原告于 2016 年向郑某云户籍所在地法院申请宣告郑某云失踪，达州市达川区人民法院于 2016 年 8 月 3 日作出了（2016）川 1703 民特 3 号民事判决书，判决宣告郑某云为失踪人并指定郑某某为失踪人郑某云的财产代管人。

2011 年，达州市达川区人民政府因城市建设需要，对原告父亲郑某云户籍所在地的辖区土地进行了统一征收，并按照相应的政策进行了货币安置，并将货币补偿款统一支付给了被告。经被告全体村民会议商讨，每位村民应当分得人民币 38000 元，被告将原告父亲所有的补偿款进行暂时保管。

原告知情后多次找被告要求将该笔补偿款交由原告保管，但被告均无故推诿。

原告起诉至法院，向法院提出诉讼请求：1. 依法判决被告将属于原告父亲郑某云所有的补偿款 38000 元交由原告保管；2. 被告承担诉讼费用。庭审过程中，原告将诉讼请求第一条中的补偿款 38000 元变更为补偿款 25460 元。

被告辩称，原告诉讼请求是事实，其主张的 38000 元没有分的原因是因为小区在 2011 年 1 月 28 日下午开会，经办事处干部、带队村干部及小区代表到郑某云所在出生地进行核实，郑某云确实下落不明多年，小区组织代表开会研究决定给郑某云原配偶张某某分 33%，并要求张某某写承诺书交村里和组里各一份，郑某云本人回来再扣除 33%，小区再将 67% 分给郑某云。当时郑某云失踪，如果本人回来就连本带利一起发放给本人，如果本人一直没有回来，就按照已经死亡的人员财产处理办法，这笔钱就归集体所有。

原告为支持其主张，向法院提交了证据。法院对证据认定如下：达州市达川区人民法院（2016）川 1703 民特 3 号民事判决书及其生效证明，证明达川区人民法院已经依法判决原告郑某某为郑某云的财产代管人；一小区的《分配明细表》，证明郑某云在该小区该分得 38000 元福利款项，且原告认可已经由原告母亲领取了款项的 33%，现只主张申领剩余的 25460 元。

— 法院认为 —

根据《中华人民共和国民法总则》第四十二条之规定："失踪人的财产由其配偶、成年子女、父母或者其他愿意担任财产代管人的人代管。代管有争议，没有前款规定的人，或者前款规定的人无代管能力的，由人民法院指定的人代管。"达川区人民法院作出的生效判决（2016）川 1703 民特 3 号民事判决书已经指定了原告郑某某为郑某云的财产代管人，因此本案诉争的补偿款 25460 元属于郑某云的个人财产，应当交由原告郑某某保管。被告一小区没有法律、事实根据，拒将争议款项交付给原告郑某某构成不当得利，一小区具有向原告郑某某返还补偿款 25460 元的义务，原告郑某某对该笔款项具有妥善保管的义务。

— 裁判结果 —

被告达州市达川区一小区向原告郑某某返还补偿款 25460 元。

注：本案例选自（2018）川 1703 民初 358 号民事判决书

4. 公司欠钱不还，能向老板追讨吗？

公司分为有限责任公司和股份有限公司，其中有限责任公司的股东以其认缴的出资额为限对公司承担责任。一般情况下，公司的债务由公司独立承担，股东不需要承担责任，但如果股东未实缴出资，则股东在出资范围内对公司债务承担连带责任；一人有限责任公司的股东不能证明股东和公司的财产是独立的情况下，也需要对公司债务承担连带责任。另外，公司的出资人滥用法人独立地位和出资人有限责任，逃避债务，严重损害公司债权人利益的，应当对公司债务承担连带责任。另外需要特别注意，公司的法定代表人不一定是股东，不能当然认为其是"老板"。

【法条指引】

《民法典》

第八十三条　营利法人的出资人不得滥用出资人权利损害法人或者其他出资人的利益；滥用出资人权利造成法人或者其他出资人损失的，应当依法承担民事责任。

营利法人的出资人不得滥用法人独立地位和出资人有限责任损害法人债权人的利益；滥用法人独立地位和出资人有限责任，逃避债务，严重损害法人债权人的利益的，应当对法人债务承担连带责任。

【案例分享】

法院判决实施欺诈销售的股东对公司赔偿款承担连带责任

— 基本案情 —

原告：江苏省常州市人民检察院

被告：强盛生物公司、斯玛特公司、老顽童公司、强盛汽车公司、

谢某甲等

谢某甲等人先后成立强盛生物公司、老顽童公司、斯玛特公司、强盛汽车公司等。其中斯玛特公司设立时的股东为郭某亮、谢某甲、王某乾、王某。截至 2020 年 3 月 22 日，郭某亮应缴纳的出资额合计为 180 万元，王某乾应缴纳的出资额合计为 40 万元，王某应缴纳的出资额合计为 40 万元，三人均未按期缴纳。

2017 年 3 月开始，谢某甲等人从美国进口大盐湖水粉末状原料，并购置机器等装备，在王某等人帮助下自行勾兑、灌装后对外销售。在销售过程中宣称大盐湖水饮品为"金能量"，含有 81 种矿物元素，口服"金能量"能改善高血压、心脏病，外用"金能量"能改善湿疹、皮肤瘙痒。

2018 年 8 月，标示"强盛斯玛特·大盐湖水"等字样产品被认定为对人体存有危害的假药（非药品冒充药品），该产品的销售商家受到行政处罚。市场监督管理机关将该案移交公安机关立案侦查。2020 年 5 月 29 日，常州经济开发区人民法院作出（2019）苏 0492 刑初 39 号刑事判决，认定"被告人谢某甲犯生产、销售假药罪，判处有期徒刑十一年，并处罚金一千万元。"2020 年 8 月 10 日，常州市中级人民法院作出（2020）苏 04 刑终 157 号刑事裁定书，裁定驳回上诉，维持原判。

江苏省常州市人民检察院作为公益诉讼起诉人向法院起诉强盛生物公司、斯玛特公司、老顽童公司、强盛汽车公司、谢某甲等人，请求：1. 判令被告强盛生物公司、斯玛特公司、老顽童公司、强盛汽车公司、谢某甲对本次欺诈销售行为在国家级新闻媒体上向社会公开赔礼道歉；2. 判令被告强盛生物公司、斯玛特公司、老顽童公司、强盛汽车公司、谢某甲共同支付销售价款三倍的赔偿金，即 70105591.50 元；3. 判令被告郭某亮在未出资 180 万元范围内、被告王某乾在未出资 40 万元范围内、被告王某在未出资 40 万元范围内，对斯玛特公司债务不能清偿部分承担补充赔偿责任。

江苏省常州市人民检察院诉称，2017 年 2 月以来，强盛生物公司向全国各地大量批发销售大盐湖水产品。经专家鉴定，该产品不具备其宣传的功效，且长期或高浓度服用该产品会导致电解质紊乱，产生腹泻等肠胃道疾病，甚至对心脏产生不良影响。根据记录销售情况的 U 盘电子数据、顾客消费登记表和外销记录本及银行交易记录等证据，强盛生物公司销售大盐湖水产品共计 8 万余瓶，总销售金额为 23368530.50 元。根据法律规定，公益诉讼起诉人请求判令强盛生物公司及其关联公司、实际控制人谢某甲等在国家级媒体上公开赔礼道歉，并连带支付销售总金额三倍的惩罚性赔偿金 70105591.50 元；涉案公司股东在各自未出资范围内承担连带赔偿责任。

被告谢某甲、强盛生物公司、斯玛特公司、老顽童公司、强盛汽车公司共同辩称，被告销售的大盐湖水产品并未隐瞒真实成分，在产品的瓶身标签上以表格的显著方式记载了相应成分；部分专家提出大盐湖水产品"无功效、有危害"的观点未经科学鉴定和论证，不具有足够的证明力；对于销售额的认定，应考虑扣除重复计算部分及返利部分；老顽童公司和强盛汽车公司系长期经营合法业务的单位，不应当对本案侵权责任承担连带赔偿责任。

— 法院认为 —

1. 被告强盛生物公司、斯玛特公司构成欺诈销售的侵权行为。谢某甲等人成立强盛生物公司、斯玛特公司经营"强盛斯玛特"大盐湖水产品，斯玛特公司在制作的产品说明书上虚假宣传治病效果，强盛生物公司利用其销售保健品的网络对案涉产品以传销等方式进行虚假宣传销售，上述行为违反了《中华人民共和国消费者权益保护法》第五十五条的规定，其提供的商品存在以非药品冒充药品进行销售的欺诈行为，公益诉讼起诉人主张三倍赔偿，依法应予支持。

2. 关于销售数额的认定问题。公益诉讼起诉人主张的销售数额结合进口产品数量、银行流水数额等，在产量和销售金额方面，能够互相印证，而被告对该具体数额未能提出充分合理的异议，故法院对公益诉讼起诉人主张的销售数额予以采信。

3. 被告谢某甲与强盛生物公司、斯玛特公司构成人格混同，老顽童公司、强盛汽车公司作为谢某甲控制的公司与强盛生物公司、斯玛特公司构成人格混同，依法应对强盛生物公司、斯玛特公司作为经营者承担的上述三倍赔偿责任承担连带责任。

4. 被告郭某亮、王某乾、王某三人应承担对斯玛特公司出资不到位的补充赔偿责任。根据《最高人民法院关于适用〈中华人民共和国公司法〉若干问题的规定（三）》第十三条第二款规定，公司债权人请求未履行或者未全面履行出资义务的股东在未出资本息范围内对公司债务不能清偿的部分承担补充赔偿责任的，人民法院应予支持。

— 裁判结果 —

一、被告常州强盛生物公司、斯玛特公司、老顽童公司、强盛汽车公司、谢某甲于本判决生效后三十日内在国家级新闻媒体上就其欺诈销售行为向社会公众赔礼道歉；

二、被告强盛生物公司、斯玛特公司赔偿消费者损失 70105591.5 元，该款于本判决发生法律效力之日起三十日内支付至常州市消费者协会专项资金账户；

三、被告谢某甲、老顽童公司、强盛汽车公司对上述第二项判决义务承担连带赔偿责任；

四、被告郭某亮在未出资 180 万元范围内、被告王某乾在未出资 40 万元范围内、被告王某在未出资 40 万元范围内，对斯玛特公司债务不能清偿部分承担补充赔偿责任。

注：本案例选自（2019）苏 04 民初 373 号民事判决书

5. 流浪的精神病人发生交通事故，由谁来主张索赔？

精神病人通常为无民事行为能力人或限制民事行为能力人，他的监护人一般为配偶、父母或子女及其他近亲属。流浪的精神病人如果发生交通事故或其他意外事件，监护人应该履行相应的监护职责并行使相关权利，比如进行救治和照顾，对侵权人提起诉讼等。在无法核实其身份信息的情况下，发生意外事件所在地的居民委员会、村民委员会或者民政部门应当履行照顾和救治的职责，也可以向相关侵权责任人主张赔偿。

【法条指引】

《民法典》

第三十四条　监护人的职责是代理被监护人实施民事法律行为，保护被监护人的人身权利、财产权利以及其他合法权益等。

监护人依法履行监护职责产生的权利，受法律保护。

监护人不履行监护职责或者侵害被监护人合法权益的，应当承担法律责任。

因发生突发事件等紧急情况，监护人暂时无法履行监护职责，被监护人的生活处于无人照料状态的，被监护人住所地的居民委员会、村民委员会或者民政部门应当为被监护人安排必要的临时生活照料措施。

【案例分享】

无名氏因交通事故受伤，民政部门可以代为提起赔偿诉讼

— 基本案情 —

原告：无名氏，男，约 30 岁

指定监护人：开远市救助管理站

被告：王某

被告：某保险公司

2018 年 10 月 13 日，被告王某驾驶轻型货车与行人无名氏相撞，造成无名氏重伤的道路交通事故。经交警大队认定，被告王某承担此次事故的主要责任，无名氏承担次要责任。事故发生后，原告无名氏被送到医院住院治疗54 天，经司法鉴定，此交通事故造成原告无名氏一个八级、一个九级伤残，后续治疗费需 30000 元。因无法查清原告无名氏家属情况，暂由监护人救助站托管救助。被告王某的车辆投保于被告某保险公司，按照法律规定，先由该保险公司在交强险范围内赔偿原告，不足部分在商业险范围内按被告王某80% 的责任赔偿，再不足，由被告王某进行赔偿。

救助站帮助原告无名氏向法院提起诉讼，请求：1. 判令两被告赔偿原告医疗费 124311.77 元、住院伙食补助费 5400 元、护理费 8100 元、营养费 1620 元、残疾赔偿金 239170.80 元（36238 元 ×20 年 ×33%）、鉴定费1800 元、交通费 1000 元、后期治疗费 30000 元、精神抚慰金 5000 元，共计416402.57 元。扣减 120000 元交强险后按 80% 计算再加 120000 元交强险，合计应赔偿 357122.06 元；2. 本案诉讼费由被告承担。

被告保险公司在答辩中提到，原告无名氏无权单独提起民事诉讼，救助站不具有原告诉讼主体资格以及无名氏监护人的资格。无名氏虽然无法明确其身份，但并没有相关的证明证实其为无民事行为能力人，其民事主体资格依然存在，如确无法以其自身能力主张权利，应当先通过法定程序由人民法院来认定无名氏为无民事行为能力人，并在法律上为其设定监护人，然后其监护人再以法定代理人或指定监护人的名义代理无名氏提起诉讼，因此认为救助站主体资格不符合。另外，保险公司还提出，无名氏身份无法明确，在无法确定其居住、身份信息的条件下应当按照农村标准计算残疾赔偿金，其要求赔偿的其他损失部分不合理，诉讼费、鉴定费不在保险规定的赔偿范围。

— 法院认为 —

本案中，交通事故发生后，经开远市公安局多方查询无名氏身份信息，均不能确认无名氏的自然情况，也无法确定其近亲属，无名氏本人无法表达其意愿。救助站作为负责本市辖区生活无着落的流浪乞讨人员管理工作的机构，依职权接收无名氏并进行救助，经主管部门开远市民政局指定由其作为无名氏的监护人。根据上述法律规定，法院认为，救助站作为无名氏的指定监护人是适格的。

原告主张的损失中，医疗费 124311.77 元、住院伙食补助费 5400 元、后续治疗费 30000 元、鉴定费 1800 元为合理损失，法院予以支持。被告有异议的部分：1. 护理费，法院按每天 100 元计算，支持护理费 5400 元（100 元/天 ×54 天）；2. 残疾赔偿金，原告方无证据证明无名氏为城镇居民，法院认定原告无名氏的残疾赔偿金按照农村居民标准计算，原告无名氏的伤残等级为八级伤残一处、九级伤残一处，对其残疾赔偿金支持 78553.20 元（11902 元/年 ×20 年 ×33%）；3. 交通费，法院酌情支持交通费 500 元；4. 精神抚慰金，原告无名氏的伤情不属于重大损害，对其要求赔偿精神抚慰金的诉讼请求，法院不予支持。

本案中，原告无名氏的合理损失，应当先由被告保险公司在交强险责任限额范围内予以赔偿。原告无名氏的合理损失中，属于交强险医疗费项下赔偿的损失为：医疗费 124311.77 元、住院伙食补助费 5400 元、后续医疗费 30000 元，合计 159711.77 元。交强险项下被告保险公司应赔偿原告医药费 10000 元。属于交强险伤残项下赔偿的损失为：残疾赔偿金 78553.20 元、护理费 5400 元、交通费 500 元，共计 84453.20 元，故被告保险公司赔偿原告无名氏 84453.20 元。综上，被告保险公司在交强险责任限额范围内赔偿原告无名氏 94453.20 元。交强险赔偿后不足部分为 151511.77 元（245964.97 元 -94453.20 元），因被告王某承担事故的主要责任，应由被告王某承担 80% 的赔偿责任，即赔偿 121209.42 元（151511.77 元 ×80%）。云 G×××某某号车在被告保险公司投保商业三者险 1000000 元，鉴定费不在保险公司的赔偿范围内，故被告保险公司在商业三者险范围内赔偿原告无名氏 119769.42 元（151511.77 元 ×80%-1800 元 ×80%），被告保险公司赔偿后不足部分为 1440 元（1800 元 ×80%），由被告王某赔偿原告无名氏。

综上，被告保险公司应赔偿原告无名氏 214222.62 元（94453.20 元 +119769.42 元）；因之前被告王某已经垫付了 135111.77 元，故原告无名氏应向被告王某返还 133671.77 元（135111.77 元 –1440 元）。

— **裁判结果** —

一、被告某保险公司赔偿原告无名氏 214222.62 元，赔偿款于本判决生效后三十日内一次性付清，该款项由其指定监护人开远市救助管理站代为保管。原告无名氏于本判决生效后三十日内返还被告王某 133671.77 元。

二、驳回原告无名氏的其他诉讼请求。

注：本案例选自（2020）云 2502 民初 874 号民事判决书

6. 个体工商户对外欠债，可以要求家庭成员共同承担偿还责任吗？

一般情况下，个体工商户对外欠债的，由登记的经营者承担偿还责任。如果有证据证明，该个体工商户是家庭共同经营和收益的，则个体工商户的对外债务由家庭成员共同承担。

【法条指引】

《民法典》

第五十六条　个体工商户的债务，个人经营的，以个人财产承担；家庭经营的，以家庭财产承担；无法区分的，以家庭财产承担。

农村承包经营户的债务，以从事农村土地承包经营的农户财产承担；事实上由农户部分成员经营的，以该部分成员的财产承担。

【案例分享】

家庭经营的个体工商户对外欠债的，应在家庭财产范围内偿还

— **基本案情** —

原告：郑某

被告：王某

被告：朱建某

被告：朱某

原告郑某经营饲料生意，被告王某的丈夫朱某、朱建某与朱某的父亲朱某某（2019 年因急病去世）在 2015 年至 2018 年经营养殖场期间一直从原告处购买饲料，但饲料款一直未结清。

朱某某去世后，在被告王某经营养殖场期间，经被告王某手退还原告郑某部分饲料。上述款项经原告催要未果，原告诉至法院，请求：1. 由被告王某、朱某偿还原告饲料款 96545 元，并按银行同期贷款利率偿还原告利息；2. 被告朱建某在继承遗产范围内承担偿还责任；3. 被告承担本案诉讼费用。

一审审理过程中，经过法庭主持核对账目，确定共欠原告饲料款96295 元。

— 法院认为 —

一审法院认为，被告王某丈夫的父亲朱某某生前经营养殖场属于家庭经营，其间拖欠原告郑某的饲料款 96295 元（因朱某某突发疾病去世，未能及时偿还原告）应由家庭财产偿还。因此，被告王某、朱某应对上述债务在家庭财产范围内承担偿还责任，被告朱建某作为成年长子，应在其继承遗产范围内承担偿还上述欠款的责任。

王某、朱建某、朱某因不服一审判决，向二审法院提起上诉。

王某、朱建某、朱某的上诉请求：1. 请求撤销原审民事判决，依法发回重审或改判；2. 本案一、二审诉讼费由被上诉人承担。

上诉人称：一、原审法院认定上诉人欠被上诉人饲料款 96295 元事实不清。1. 被上诉人提供的证据不能证明欠款事实的发生和欠款金额。被上诉人提供的证据为其单方手写的记账本，里边内容混乱且没有依据，而且该证据中朱某某签字笔迹前后明显不一致。原审法院在法院审理认定事实部分表述"经法院主持核对账目，确定共欠原告饲料款 96295 元"，明显与事实不符。原审法院只是对被上诉人单方列举的数字进行了计算，其数据来源与真实性并未得到各上诉人认可。本案作为买卖合同纠纷，即使没有书面合同，被上诉人也应该提供必要的发货单、签收单、单价约定、支付记录等。尤其在原合同相对人已经死亡的情况下，被上诉人凭借单方制作的记账本，无法真实反映欠款事实和欠款金额，不能作为判决的依据。2. 被上诉人提供的证据和主张不符合交易习惯。即使被上诉人与朱某某存在买卖关系，从交易习惯出发，朱某某的养殖场规模不大，饲料款结算多为本次交易下次结算或按月结算，如果买方未能按照交易习惯结算，常理为卖方拒绝再次送货或者买方签订欠条，明确货款给付时间。按照被上诉人提供的证据显示，朱某某拖欠货款数年一直未结清，而被上诉人依旧正常供货，如若拖欠被上诉人主张的九万多元，考虑到朱某某每月货款四五千元，被上诉人的行为明显不符合常理。二、原审适用法律错误。1. 原审法院未在裁判文书中阐明证据是否采纳的理由。本案中，被上诉人提交的"朱某某购买饲料登记账单"中朱某某签字明显不一致，"对账单"更是没有朱某某签字。两份证据存在明显瑕疵，上诉人对两份证据均不认可。但是原审法院并未在裁判文书中阐明证据采纳的理由，而直接采纳被上诉人的证据并组织核对，明显适用法律错误。2.原审法院认定朱某某生前经营的养殖场属于家庭经营适用法律错误。朱某某经营的养殖场，属于小规模经营，并未办理营业执照，不属于个体工商户，应适用《中华人民共和国民法典》第五十六条第二款之规定，王某、朱某不应对朱某某的债务承担共同偿还责任，应以朱某某的个人财产承担，法院适用法律错误。

被上诉人郑某辩称：一、朱某某生前一直以个体经营的方式经营养猪场，上诉人在一审答辩时也并未否认朱某某经营养猪场一事。按照朱某某在中国人保财险公司投保的养殖险情况来看，朱某某每年投保的育肥猪头数都在1200头左右，每批次出栏头数都能达到400到500头，在当地也是属于中等偏上的规模了，正是基于这一事实，根据《中华人民共和国民法典》第五十六条第一款的规定，一审法院认定养猪场属于家庭经营，由上诉人偿还饲料款认定事实清楚，适用法律正确。二、目前在农村地区经营养猪场的大部分都是个体经营，被上诉人一直经营饲料买卖生意，个体与个体之间的买卖活动，大多是建立在双方熟识、互相信任的基础上进行的，通过口头、电话等方式联系供货等事宜，大多是没有正式的书面合同，对于货款结算双方也是在长期的合作之后，出于对对方的信任，而且也是为了增加销售，而采用赊账的方式向朱某某供应饲料，这种情形在饲料买卖行业特别是在农村地区是普遍存在的，按照交易习惯，每次供货被上诉人在自己的账本上记录，由朱某某签字确认，另外朱某某本身也有账本，但是上诉人未能提供，被上诉人也无法获得。被上诉人提交的经过朱某某签字对账的账本，准确记录了供货的数量和价款，双方的饲料买卖合同符合交易习惯，符合常理。一审法院依法认定事实，欠款数额正确，应当予以维持。

二审法院认为，被上诉人郑某经营饲料生意，被告王某的丈夫朱某、朱建某与朱某的父亲朱某某（2019年因急病去世）在2015年至2018年经营养殖场期间，一直从被上诉人处购买饲料，并有朱某某签字确认的账目，上诉人虽对欠款数额不认可，但并未提交相应的反驳证据，法院对其上诉理由不予支持。王某的丈夫朱某、朱建某与朱某的父亲朱某某经营养殖，收益属于家庭所有，且在朱某某去世后，由王某经营养殖场，王某亦退还过被上诉人部分饲料，一审法院认定朱某某生前养殖行为属于家庭经营并无不当，对其产生的债务也应由家庭承担，一审法院判决由王某、朱某共同承担还款责任并无不当。

— 裁判结果 —

一审法院判决：

一、由被告王某、朱某于判决生效后十日内偿还原告郑某饲料款96295 元；

二、被告朱建某在所继承的遗产范围内对上述债务承担连带清偿责任。

王某、朱建某、朱某不服提起上诉，二审法院最终判决：驳回上诉，维持原判。

注：本案例选自（2022）冀 02 民终 17 号民事判决书

7. 做好事受到伤害，如何维护自己的合法权益？

我们在做好事的过程中受到伤害，首先要分清导致伤害的原因。如果是由于自身的原因受到伤害，比如在帮人盖房子时，自己摔倒受伤，则可以要求受益人，也就是房主进行适当补偿；如果是因第三人的原因导致受伤，则由第三人承担赔偿责任，受益人也可以给予适当补偿。作为接受帮助的人，在无偿帮助自己的人受到伤害的情况下，也要主动承担相应的责任，以免让好人"流血又流泪"。

【法条指引】

《民法典》

第一百八十三条　因保护他人民事权益使自己受到损害的，由侵权人承担民事责任，受益人可以给予适当补偿。没有侵权人、侵权人逃逸或者无力承担民事责任，受害人请求补偿的，受益人应当给予适当补偿。

【案例分享】

钓鱼时为救落水者受伤，被救的人应当给予补偿

— 基本案情 —

原告：李建某

被告：陈某

2021 年 12 月 17 日，原告与被告均在长寿区龙溪河边钓鱼，当天在长寿

区龙溪河边钓鱼的还有被告的朋友和另外的钓鱼爱好者张某、孟某。下午2时30分，被告不慎掉入河中，相隔几米的原告见状就用手中的钓鱼竿去拉被告，原告在拉的过程中滑倒在地受伤。后来被告被其朋友用鱼竿拉上岸，被告被救上岸后与其朋友一起离开，孟某见原告受伤后，将原告背到车上并通知原告亲友，将原告送到医院住院治疗，经诊断原告出现股骨粉碎性骨折、左膝关键病变等症状。原告共住院10天，产生医疗费27784.24元，其中医保统筹基金支付8758.34元，原告现金支付19025.90元。原告住院期间，被告看望原告并给了原告3000元。

2022年4月11日，原告委托司法鉴定所进行鉴定。鉴定意见为：1.被鉴定人李建某（原告）评定为不达伤残等级；2.被鉴定人李建某（原告）左侧股骨粗隆骨折，护理期约为180天，营养期约为180天。原告伤残等级鉴定支付鉴定费700元，护理期、营养期鉴定支付鉴定费600元。

原告李建某向法院提起诉讼，请求：1.判令被告补偿原告医疗费、护理费、住院伙食补助费、交通食宿费、营养费、鉴定费，共计人民币75876.24元；2.判令被告承担本次诉讼费。

被告辩称，原告起诉不属实，被告并未让原告来救被告，被告自己会游泳，是原告自己半途中拿鱼竿来拉被告，不慎摔倒在岸边受伤的，原告受伤后被告出于人道主义去看望了原告，并且给原告转了3000元，现原告要求被告补偿7万余元，被告不同意补偿。

— 法院认为 —

《中华人民共和国民法典》第一百八十三条规定，因保护他人民事权益使自己受到损害的，由侵权人承担民事责任，受益人可以给予适当补偿。没有侵权人、侵权人逃逸或者无力承担民事责任，受害人请求补偿的，受益人应当给予适当补偿。本案被告在钓鱼时不慎掉入河中，原告积极给予救助造成自己受伤，被告作为受益人应给予适当补偿。结合本案的实际情况，原告年龄较高，被告相较于原告经济负担能力较强的情况下，被告应补偿原告50%的损失。

关于原告请求补偿的损失，最终法院确认原告的各项损失为：医疗费19025.90元、护理费18000元、住院伙食补助费500元、营养费800元、交通费300元、鉴定费600元，合计39225.90元。确认被告应补偿原告李建某19612.95元，扣除被告已支付的3000元，被告还应支付原告16612.95元。原告自己承担19612.95元。

— 裁判结果 —

一、由被告陈某补偿原告李建某医疗费、护理费、住院伙食补助费、营养费、交通费、鉴定费等共计 19612.95 元，扣除被告陈某已支付的 3000 元外，还应由被告陈某补偿原告李建某 16612.95 元。上述款项，限被告陈某于本判决发生法律效力之日起五日内补偿给原告李建某。

二、驳回原告李建某的其他诉讼请求。

注：本案例选自（2022）渝 0117 民初 3935 号民事判决书

8. 错误转账到别人账户或微信上，如何要求返还？

不小心将钱转到别人账户上或微信上，如果对方不返还，则对方构成不当得利。不当得利不属于行政违法或刑事违法行为，因此不能通过行政立案或刑事立案的方式追回，但仍可通过民事起诉的方式要求对方返还。此类诉讼最难在于调取对方的身份资料，建议通过律师起诉并调取对方的身份信息。律师可以向法院提出申请，查询到对方的相关身份信息。法院查明事实后也会判决对方返还相关财产。

【法条指引】

《民法典》

第一百二十二条　因他人没有法律根据，取得不当利益，受损失的人有权请求其返还不当利益。

【案例分享】

微信错误转账后被删除好友，法院判决返还

— 基本案情 —

原告：潘某某

被告：陶某某

原告、被告及被告堂兄为微信好友。2019 年 3 月 27 日，原告向被告堂兄进行微信转账时，因被告陶某某与其堂兄姓名一字之差误转给陶某某，后原告发现，被告将其从微信好友中删除。原本是原告转给被告堂兄的人民币10000 元，被被告取得。事前事后原告与被告没有发生任何经济来往，也不存在债权债务关系，原告向被告催还该款长达两年之久未果。

后原告向法院提起诉讼。原告的诉讼请求是：1. 判令被告返还原告 10000 元，并支付自 2019 年 3 月 27 日起至款项付清日止的利息损失（以 10000 元为基数，按全国银行间同业拆借中心公布的贷款市场报价利率计算）；2. 判令被告支付原告维权产生的交通费、误工费等损失；3. 被告承担本案诉讼费。

法院在 2022 年 1 月 6 日立案后，依法适用简易程序公开进行了审理。原告诉讼代理人到庭参加诉讼，被告陶某某经法院传票传唤无正当理由未到庭参加诉讼。

为证明诉讼请求，原告向法院提交了以下证据：微信支付转账电子凭证复印件一份、微信转账记录复印件一份、原告、被告微信信息复印件一份、原告、被告微信聊天记录复印件一份，证明原告、被告身份以及转款事实。

被告陶某某未到庭，亦未提交书面答辩意见。

对于原告提交的证据，法院审查后认为符合证据三性要求，予以采信。

根据当事人的陈述和经审查确认的证据，法院认定事实如下：2019 年 3 月 27 日上午 9 时 20 分，原告潘某某向被告陶某某微信转账 10000 元，陶某某于当日上午 10 时 22 分收款，后经确认，该款项本系原告转给被告堂兄，因其与被告陶某某姓名接近故误转给陶某某。后陶某某删除原告潘某某微信好友，原告潘某某多次向陶某某索要该款项，陶某某拒不退还。

— 法院认为 —

没有合法的根据，取得不当利益，造成他人损失的，应当将取得的不当利益返还受损失的人。本案中，原告潘某某将 10000 元款项错误转给被告陶某某，被告陶某某在明知该款项系错误转账的情况下删除原告潘某某微信好友，并在原告潘某某多次催要下拒不退还，依照法律规定应当予以退还并赔偿相应损失。对于利息的计算，原告请求被告支付自 2019 年 3 月 27 日至实际还清之日止（按中国人民银行同期贷款利率计算）期间利息的主张，符合法律规定，法院予以支持。对于原告潘某某主张的交通费、误工费等损失，因原告未提交相应证据，法院不予支持。

— 裁判结果 —

一、被告陶某某于本判决生效之日起三十日内返还原告潘某某 10000 元并支付利息（利息以 10000 元为基数，从 2019 年 3 月 27 日起按照中国人民银行规定的同期贷款利率计至款项实际还清之日止）；

二、驳回原告潘某某其他诉讼请求。

注：本案例选自（2022）陕 0724 民初 52 号民事判决书

9. 小朋友打赏主播的钱或玩游戏充值的钱能要回来吗?

八周岁以下未成年人属于无民事行为能力人,其打赏主播的行为是无效的;八周岁以上的未成年人属于限制民事行为能力人,其用父母的手机打游戏、看直播,大额的打赏或充值行为需要父母进行追认,父母不认可的话是可以要求返还的,但其父母需要提供必要的证据证明是未成年人在进行打赏。《最高人民法院关于依法妥善审理涉新冠肺炎疫情民事案件若干问题的指导意见(二)》也规定,限制民事行为能力人未经其监护人同意,以参与网络付费游戏或者网络直播平台"打赏"等方式支出与其年龄、智力不相适应的款项,监护人请求网络服务提供者返还该款项的,人民法院应予支持。

【法条指引】

《民法典》

第一百四十五条 限制民事行为能力人实施的纯获利益的民事法律行为或者与其年龄、智力、精神健康状况相适应的民事法律行为有效;实施的其他民事法律行为经法定代理人同意或者追认后有效。

相对人可以催告法定代理人自收到通知之日起三十日内予以追认,法定代理人未作表示的,视为拒绝追认。民事法律行为被追认前,善意相对人有撤销的权利。撤销应当以通知的方式作出。

第一百五十七条 民事法律行为无效、被撤销或者确定不发生效力后,行为人因该行为取得的财产,应当予以返还;不能返还或者没有必要返还的,应当折价补偿。有过错的一方应当赔偿对方由此所受到的损失;各方都有过错的,应当各自承担相应的责任。法律另有规定的,依照其规定。

【案例分享】

未成年人充值游戏消费能否返还

— 基本案情 —

原告:宋某某

法定代理人:周某(系原告宋某某的母亲),宋某(系原告宋某某的父亲)

被告:火烈鸟公司

2019 年 11 月,原告宋某某用其母亲周某的身份证号注册火烈鸟公司游戏"第五人格",账户名原名为"柠檬 QwQ",同原告微信名,后借给同班同学改游戏名为"源衍嗷"，ID 号 162386437。实名认证信息为手机号 153×××× 0986，身份证号为原告母亲周某的身份信息。周某没有玩游戏的习惯，从未玩过游戏。2020 年 5 月，宋某某趁父母工作不在家，利用上网课学习的时间，向火烈鸟公司"第五人格"游戏产品充值人民币 9488 元，钱款为宋某某在父亲早晚上下班在家时，偷偷从他的微信将钱转账到自己的微信，再充值到游戏账号内，父母出门上班后宋某某就开始玩游戏。2020 年 6 月，宋某某被家人发现在游戏里充钱，周某联系游戏公司协商此为未成年充值行为，认为本次服务合同无效，要求游戏运营平台商返还充值费用，同时也按照火烈鸟公司客服人员提出的要求，提供了所需的材料，之后客服未进行正面处理，一直以证明证据不足为由拒绝退款，并对游戏账号进行封停。

宋某某向法院起诉火烈鸟公司，请求：被告返还原告游戏充值 9488 元，诉讼费及其他相关费用由被告承担。

火烈鸟公司辩称：1. 原告不是本案的适格主体，无权提起本案诉讼。本案是合同纠纷，依据合同相对性，合同纠纷当事人应当是合同的相对人。根据被告后台账号认证信息，涉案游戏账号的注册人信息为周某。根据原告的诉讼请求主张的事实，周某才应该是本案的适格原告；2. 原告提供的证据无法证明涉案游戏账号的使用者为宋某某；3. 假设，即使涉案游戏账号的使用人是宋某某（年满十三周岁），其充值和消费行为并不是当然无效。根据《中华人民共和国民法总则》规定，限制民事行为能力人是可以进行和其年龄、智力相适应的民事活动的。虽然充值消费累计金额为 9488 元，但总共充值次数为 125 次，大部分单笔充值金额为 1 元、6 元、30 元。这类小额消费行为与一个年满十三周岁的公民的年龄和智力是相适应的；4. 假设，即使涉案游戏账号的使用人是宋某某，其法定代理人（宋某、周某）显然对本案的充值消费是知情并且是允许的；5. 假设，即使涉案游戏账号的使用人是宋某某，被告亦已尽到网络游戏服务平台所应负担的合理管理和注意义务，案涉损失应由原告及其法定代理人承担。

法院审理后查明事实如下：

ID 为 162386437 的"第五人格"游戏账户于 2019 年 11 月 28 日注册，注册时认证的姓名为周某，认证信息为周某的身份证号码。关于该账户的注册方式，火烈鸟公司在诉讼中陈述，该平台的注册方式为填写身份证号码和姓名进行实名认证。

根据微信服务中心提供的消费记录，2019 年 12 月 7 日至 2020 年 4 月 1

日，这期间，宋某某对火烈鸟公司"第五人格"游戏进行 1 元、6 元、30 元、60 元、68 元不等的充值，其中 2020 年 1 月 25 日的充值数额包括 328 元，2020 年 4 月 22 日至 2020 年 6 月 24 日的充值数额还包括 198 元、648 元。游戏消费数额总计 9488 元。

— 法院认为 —

本案的争议焦点为：1. 案涉注册、充值行为是否为宋某某所为；2. 如果案涉注册、充值行为确为宋某某所为，火烈鸟公司应如何承担责任。

一、关于案涉注册、充值行为是否为宋某某所为的问题。

ID 为 162386437 的"第五人格"游戏账户于 2019 年 11 月 28 日通过周某的姓名、身份证号码进行注册认证。2019 年 12 月 7 日至 2020 年 6 月 24 日，该游戏账户向火烈鸟公司共计消费 9488 元。根据微信服务中心提交的宋某某的消费记录来看，宋某某的消费对象有火烈鸟公司，且消费数额与火烈鸟公司提供的 ID 为 162386437 的消费记录基本一致，综合考虑双方的庭审陈述、出示的证据，案涉的充值账户为宋某某使用周某的个人信息注册登录，并对该账户进行充值消费的可能性较大，法院对此予以认定。据此，宋某某提起本案诉讼，主体适格，并无不当。

二、关于火烈鸟公司应如何承担责任的问题。

《中华人民共和国民法总则》第十九条规定："八周岁以上的未成年人为限制民事行为能力人，实施民事法律行为由其法定代理人代理或者经其法定代理人同意、追认，但是可以独立实施纯获利益的民事法律行为或者与其年龄、智力相适应的民事法律行为。"宋某某未经周某同意擅自使用周某的身份证信息、姓名进行注册、充值，该行为应视为宋某某自己的行为。宋某某在 2019 年进行案涉注册、充值消费行为时为十二至十三周岁，其在 2019 年 12 月至 2020 年 6 月间向火烈鸟公司共支付 9488 元的大额消费行为明显与其年龄、智力不相符。宋某某的法定代理人周某在与火烈鸟公司的沟通过程中和案件审理过程中均明确表示对宋某某的大额支付行为不予追认，故该民事法律行为无效。

火烈鸟公司作为提供网络游戏相关服务的平台，应尽可能采取措施预防未成年人在其平台冒充他人身份注册和大额消费。但在本案诉讼中，火烈鸟公司未能举证证明其在用户注册时采取了充分措施以保证注册人提供的身份信息与本人的一致性，宋某某得以成功冒用周某的身份信息注册和充值消费。综合考虑合同效力、双方的过错程度和损失情况，法院酌情确定火烈鸟公司向宋某某返还游戏消费的充值款 9488 元的 60% 即 5692.80 元，其余损失由宋某某及其监护人自己承担。

— 裁判结果 —

一、被告火烈鸟公司自本判决发生法律效力之日起十日内向原告宋某某赔偿 5692.8 元；

二、驳回原告宋某某的其他诉讼请求。

注：本案例选自（2020）粤 0192 民初 44354 号民事判决书

10. 在被威胁和欺骗之下，书写了欠条，怎么办？

在律师的办案过程中，经常有当事人称其是被威胁后才无奈地在这张欠条上签的字，但法官往往因当事人没有证据证明是受到了威胁和强迫，所以不采信这个辩解。根据法律规定，如果他人以胁迫、欺诈或者乘人之危的方式，使另一方违背自己的意愿作出民事行为，如签订合同或在欠条上签字等，被胁迫或被欺骗的一方可以从胁迫行为终止之日起或知道、应当知道被欺骗之日起，一年内请求人民法院或仲裁机构进行撤销。

在实践中，难点在于如何举证。如果认为自己是在被胁迫或被欺骗之下写了欠条，要第一时间进行报警，并要求警察做笔录，以作为证据保存。同时，还要在一年内向人民法院提起撤销之诉，要求撤销因被胁迫和欺诈写下的欠条。

【法条指引】

《民法典》

第一百五十条 一方或者第三人以胁迫手段，使对方在违背真实意思的情况下实施的民事法律行为，受胁迫方有权请求人民法院或者仲裁机构予以撤销。

第一百九十九条 法律规定或当事人约定的撤销权、解除权等权利的存续期间，除法律另有规定外，自权利人知道或者应当知道权利产生之日起计算，不适用有关诉讼时效中止、中断和延长的规定。存续期间届满，撤销权、解除权等权利消灭。

【案例分享】

受威胁签下 250 万元的欠条，诉至法院后欠条被撤销

— 基本案情 —

原告：周某某

被告：张某某

被告：贝通公司

2009 年 7 月 10 日，原告周某某向被告贝通公司投资人民币 140 万元，被告贝通公司于 2010 年 5 月 31 日向原告周某某出具股权凭证。被告张某某是贝通公司的股东和法定代表人。

后因贝通公司业务范围变化，增加了公司风险，原告以身体不好为由要求退股，被告同意以原股价退股，但因公司资金大部分借贷出去，只能根据公司资金收回情况分批次退还，且以原告名义借支。2012 年 3 月 13 日，原告以收款人名义出具收据，载明"今收到现金（人民币）壹佰万元整（￥1000000.00），收款人：周某某"。同年 7 月 11 日，原告以收款人名义出具收据，载明"今收到现金（人民币）贰拾万元整（￥200000.00），收款人：周某某"。同年 7 月 30 日，原告以收款人名义出具收据，载明"今收到现金（人民币）肆拾伍万元整（￥450000.00），收款人：周某某"。以上三张单据交付被告贝通公司后，原告实际领取现金 165 万元。

2014 年 4 月 21 日 12 时许，被告张某某将原告通知到贝通公司办公室，要求原告将领取贝通公司的现金 165 万元加上利息换成 250 万元的欠条，原告没有答应，被告张某某及其召集的相关人员将原告留置，不让其自由行动。在留置的过程中，原告与另外几个股东联系，说是退股被要求改写成欠条。股东郑某等人到场后，原告仍然没有写，被告张某某召集的相关人员对原告进行了言语恐吓，并声称闹到原告家里去，还说"他身体不好？就是他死了都不怕，死了这笔账就清了"。双方僵持到当日 18 时许，原告脸色苍白，浑身因恐惧而发抖，郑某等人担心原告真出大问题，就由郑某代他书写了欠条，原告在欠条上签名按手印后，被告张某某及其召集的相关人员放原告回家。第二天 17 时许，原告到派出所接警中心报案，由公安机关工作人员做了询问笔录。2014 年 5 月 4 日原告向法院提起诉讼。

原告周某某起诉到法院，要求：1. 判决撤销原告于 2014 年 4 月 21 日受胁迫书写给被告的载明"借到"被告 250 万元人民币的"欠条"；2. 本案诉讼

费用由被告承担。

被告贝通公司辩称，原告要求撤销 250 万元的欠条，公司不能答应。

被告张某某辩称，250 万元欠条是原告的真实意思表示，请求驳回原告的诉讼请求。

— **法院认为** —

一审法院认为，《中华人民共和国合同法》第五十四条规定："下列合同，当事人一方有权请求人民法院或者仲裁机构变更或者撤销：（一）因重大误解订立的；（二）在订立合同时显失公平的。一方以欺诈、胁迫的手段或者乘人之危，使对方在违背真实意思的情况下订立的合同，受损害方有权请求人民法院或者仲裁机构变更或者撤销。当事人请求变更的，人民法院或者仲裁机构不得撤销。"被告张某某于 2014 年 4 月 21 日要求原告将 2012 年 3 月 13 日、7 月 11 日、7 月 30 日出具的共 165 万元收据换成 250 万元欠条被拒绝后，被告张某某及其召集的相关人员将原告强行留置并采用言语恐吓的方式胁迫原告书写欠条，违背原告本人的真实意思，应予以撤销，原告的诉讼请求予以支持。

一审判决后，被告不服提起了上诉，要求撤销原判。

二审法院认为，周某某提交的接处警登记表复印件、询问笔录复印件、证人严某某陈述书、周某某病历复印件、证人郑某等的当庭证词足以证明上诉人张某某的行为确为胁迫行为无疑，周某某受此胁迫而违背自己本意出具了欠条。因此，周某某请求撤销欠条的诉讼请求于法有据，应予支持。

— **裁判结果** —

一审法院判决：撤销原告周某某于 2014 年 4 月 21 日书写的载明"今有我周某某 2012 年 3 月 13 日欠账贝通担保公司人民币贰佰伍拾万元整（2500000 元）"内容的欠条。案件受理费人民币 26800.00 元，减半收取人民币 13400.00 元，由被告贝通公司、张某某共同承担。

被告不服提起了上诉，二审法院判决：驳回上诉，维持原判。

注：本案例选自（2014）黔毕中民终字第 1497 号民事判决书

11. 在被欺骗的情况下签订了购买合同，该怎么办？

日常生活中，在被欺骗的情况下签订的合同并不少见，尤其是在购买商品或服务的消费领域。很多商家在出售商品的时候，把商品的质量吹得天花乱坠，但实际上却是货不对版。根据《民法典》的规定，如果是因欺诈而订立的合同，消费者可以在一年的时间内主张撤销合同。同时，消费者还可以依据《消费者权益保护法》第五十五条的规定，主张退一赔三。

在网上购物或享受服务时，遇到商家以次充好、以假乱真，首先要保存好相关票据和消费记录，然后与商家协商退款和赔偿；如商家不同意协商，可以拨打 12315 投诉热线，要求市场监督管理部门进行调查和调解；如市场监督管理部门介入后还不能解决，也可以及时向人民法院提起诉讼。

【法条指引】

《民法典》

第一百四十九条　第三人实施欺诈行为，使一方在违背真实意思的情况下实施的民事法律行为，对方知道或者应当知道该欺诈行为的，受欺诈方有权请求人民法院或者仲裁机构予以撤销。

《消费者权益保护法》

第五十五条　经营者提供商品或者服务有欺诈行为的，应当按照消费者的要求增加赔偿其受到的损失，增加赔偿的金额为消费者购买商品的价款或者接受服务的费用的三倍；增加赔偿的金额不足五百元的，为五百元。法律另有规定的，依照其规定。

经营者明知商品或者服务存在缺陷，仍然向消费者提供，造成消费者或者其他受害人死亡或者健康严重损害的，受害人有权要求经营者依照本法第四十九条、第五十一条等法律规定赔偿损失，并有权要求所受损失二倍以下的惩罚性赔偿。

【案例分享】

消费者买特斯拉二手车被欺诈，法院判决退一赔三

—— 基本案情 ——

原告：韩某

被告：特斯拉公司

2019 年 6 月 1 日，韩某通过特斯拉中国官网与特斯拉公司签订《二手车

订购协议》，购买 Model S 二手车一辆，并于 2019 年 5 月 31 日付款 379700 元。2019 年 6 月 5 日，完成过户手续。购车前，特斯拉公司承诺其销售的二手车在置换车辆完成过户前经过二百多道工序的车辆检测，车况良好、无结构性损伤、为五年以下车辆且总行驶里程不超过八万公里，符合特斯拉标准的车辆提供二手认证后才可在特斯拉官网销售。2019 年 6 月 5 日至 8 月 24 日，涉案车辆频繁发生问题，共计维修 7 次。2019 年 8 月 24 日，韩某在驾驶车辆过程中车辆突然瘫痪，电门、刹车全部失效，险些造成重大交通事故，后该车被送交特斯拉指定维修中心维修。2019 年 11 月 15 日，经机动车鉴定评估有限公司鉴定，涉案车辆有结构性损伤，为事故车。

韩某认为，特斯拉公司以欺诈手段出售不符合其承诺的事故车辆，故向法院提起诉讼，要求：1. 判令撤销《二手车订购协议》；2. 判令特斯拉公司返还购车款 379700 元；3. 判令特斯拉公司赔偿三倍购车款 1139100 元；4. 判令特斯拉公司支付鉴定费 6000 元；5. 判令特斯拉公司支付公证费 905 元；6. 诉讼费用由特斯拉公司负担。

特斯拉公司辩称，涉案车辆不存在重大事故，也不存在因更换叶子板而产生结构性损伤，特斯拉公司在销售车辆时未实施任何欺诈行为，向韩某交付的车辆完全符合"没有重大事故以及火烧泡水"的销售承诺，韩某的诉讼请求没有事实和法律依据，应当全部予以驳回。

法院经审理查明，特斯拉公司提交的事故车报料单、委托维修结算申请单、照片显示，2019 年 1 月 19 日中汽雷日出具事故车报料单，2019 年 5 月 1 日出具委托维修结算申请表，维修内容包括更换后杠、后杠喷漆、更换左后叶子板、左后叶子板喷漆、轮毂修复、更换左后叶子板内衬。照片显示，车辆左后侧进行了切割处理。

审理过程中，双方均同意由北京某机动车鉴定评估机构有限公司对涉案车辆进行司法鉴定。鉴定项目为"车辆左后侧维修对车辆市场价值的影响"和"车辆左后侧维修对车辆安全情况的影响"。鉴定意见分别为"该车本次事故维修后造成的贬值损失影响为 82089 元""该车左后叶子板维修后会对车辆安全性造成一定影响"。韩某对司法鉴定意见予以认可，特斯拉公司对该鉴定意见提出异议。

— 法院认为 —

特斯拉公司作为专业汽车制造和销售企业，在向消费者出售其官方认证二手车时，应当依据诚实信用原则，对交易车辆的状况尤其是曾经的事故和维修情况在合理范围内尽可能作出具体详细的说明，否则在双方对相关用语发生不同理解且缺乏客观权威认定标准时，应作出对特斯拉公司不利的解释。本案中，在双方对涉案车辆是否因事故发生结构性损伤存在分歧的情况下，特斯拉公司提交的证据不足以证明其主张。另外，从特斯拉公司提交的涉案车辆维修照片看，涉案车辆的维修确实涉及大面积切割、焊接等，这种修理方式和程度必然对消费者的购车意愿产生重要影响，而特斯拉公司仅仅告知韩某"车辆不存在结构性损伤"，尚不足以达到应有的信息披露程度。不论从积极的作为还是消极的不作为来说，特斯拉公司都符合欺诈的客观要件。关于特斯拉公司是否具备欺诈故意的问题，综合案件事实可知，特斯拉公司对涉案车辆所发生的事故以及维修情况是知晓或者应当知晓的，其具备欺诈的主观条件。因此，特斯拉公司构成欺诈，韩某在 2020 年 3 月 10 日提起诉讼要求撤销合同，未超过法律规定的期限，法院予以支持。

— 裁判结果 —

一、撤销韩某与特斯拉公司签订的《二手车订购协议》；

二、特斯拉公司于本判决生效后十日内向韩某退还购车款 379700 元；

三、特斯拉公司于本判决生效后十日内向韩某支付赔偿款 1139100 元；

四、驳回韩某的其他诉讼请求。

注：本案例选自（2020）京 0115 民初 5311 号民事判决书

12. 合同上有名无章或有章无名，合同有效吗？

人们在签订的合同中，经常会遇到有名无章或有章无名的情况。一般情况下，合同上只要有盖章，哪怕没有签名，合同都是有效的。但在只有签名却没有盖章的情况下，合同是否有效需要区分不同情形。如果签名者是公司的法定代表人或者总经理，或者一直是代表公司进行签名的代表，即使没有公司盖章，一般也会认定合同有效。如果是其他没有权利签署合同的员工签了名，除非有证据证明构成表见代理，一般认定无效。

为了保证合同的有效性，在签合同的时候，最好是让对方盖章的同时再签上名字。

另外，公司在公章的管理上要有相应的制度，规范使用公章，落实专人专管，制定盖章有记录和留底的制度，避免因公章被滥用导致公司遭受损失。

【法条指引】

《民法典》

第一百六十二条　代理人在代理权限内，以被代理人名义实施的民事法律行为，对被代理人发生效力。

第一百七十二条　行为人没有代理权、超越代理权或者代理权终止后，仍然实施代理行为，相对人有理由相信行为人有代理权的，代理行为有效。

【案例分享】

第三人代替公司在合同上盖章，法院判决欠款由公司偿还

— 基本案情 —

原告：沈阳某商贸有限公司

被告：营口某物流有限公司

第三人：张某

2020 年 3 月 18 日，原告、被告之间发生一笔轮胎买卖交易，原告给被告开具了发票，被告通过中国建设银行转账方式付给原告货款 28080 元。第二天，原告、被告又签订《产品销售框架合同》，约定原告为供方，被告为需方，产品名称为轮胎，需方在供方指定地点自提，结算为款到发货原则。合同有效期为：2020 年 3 月 19 日至 2020 年 12 月 31 日。被告方在合同落款处加盖公司公章，原告方加盖合同专用章。

后来，原告分别于 2020 年 6 月 8 日、2020 年 6 月 10 日、2020 年 7 月 2 日三次向被告发货，货款分别为 25200 元、4600 元、26400 元。收货客户名称为营口某物流有限公司张某。同年 11 月 21 日原告与第三人张某对账，确定截至该日欠轮胎款 33300 元。后张某以油卡分别抵账 3000 元和 4639.85 元，付货款 3000 元，尚有 22660.15 元一直拖欠未付。

另外查明，被告与第三人张某于 2019 年 11 月 11 日签订《车辆挂靠协议》，约定张某将其两辆大货车挂靠在被告公司从事经营活动。2020 年 8 月 3 日双方再次签订《车辆挂靠协议》，约定张某将其两辆货车继续挂靠在被告单位从事经营活动，期限为三年。

原告沈阳某商贸有限公司向一审法院起诉，要求被告偿还货款 22660 元，以此为基数，按年息 12% 支付从 2020 年 7 月 3 日至付清之日的利息。

被告营口某物流有限公司认为货物是第三人张某购买的，应该由张某支付货款，物流公司不应承担付款责任。

第三人张某未到庭，也没有提交意见。

— 法院认为 —

一审法院审理后认为，被告与第三人之间为车辆挂靠合同关系，但第三人张某以被告公司名义与原告发生轮胎买卖业务并未向原告披露该真实关系，被告公司以对公账户向原告支付了货款。后来第三人张某又以公司名义与原告签订《产品销售框架合同》，合同上加盖了被告公司的公章，被告虽抗辩公章为第三人张某伪造，但未提供证据证明，原告公司有理由相信第三人张某购买轮胎的行为系代表被告公司的行为，因此第三人张某的行为构成表见代理，原告有权向在合同上加盖公章的被告公司主张货款，被告在承担付款责任后可向第三人张某追偿。

— 裁判结果 —

一、被告营口某物流有限公司于本判决生效后七日内给付原告沈阳某商贸有限公司拖欠货款 22660 元；

二、被告营口某物流有限公司于本判决生效后七日内给付原告沈阳某商贸有限公司以货款 22660 元为基数，自 2020 年 11 月 21 日起至欠款付清之日止按同期中国人民银行授权的全国银行间同业拆借中心公布的一年期贷款市场报价利率标准为基础，加计 50% 计算逾期的付款利息损失。

被告营口某物流有限公司不服提起上诉。二审法院判决：驳回上诉，维持原判。

注：本案例选自（2022）辽 01 民终 11909 号民事判决书

13. 被他人殴打，实施正当防卫是否要承担民事赔偿责任？

在因民间纠纷发生的打架斗殴过程中，我们首先要学会保护自己，能够及时逃离危险是第一位的；其次要及时报警以固定证据；最后要在我们的人身安全面临严重威胁的时候，敢于实施正当防卫。《中华人民共和国刑法》规定，正当防卫，是指为了使国家、公共利益、本人或者他人的人身、财产和其他权利免受正在进行的不法侵害，而采取的制止不法侵害的行为，对不法侵害人造成损害的，属于正当防卫，不负刑事责任。对正在进行行凶、杀人、抢劫、强奸、绑架以及其他严重危及人身安全的暴力犯罪，采取防卫行为，造成不法侵害人伤亡的，不属于防卫过当，不负刑事责任。

【法条指引】

《民法典》

第一百八十一条　因正当防卫造成损害的，不承担民事责任。

正当防卫超过必要的限度，造成不应有的损害的，正当防卫人应当承担适当的民事责任。

【案例分享】

因合理的正当防卫造成他人受伤的，法院判决不予赔偿

— 基本案情 —

原告：王某某

被告：武某某

原告王某某与被告武某某系朋友关系。2020年11月6日晚，原告、被告在吃饭时因琐事产生口角，原告动手殴打被告，后双方互殴。2020年11月7日17时许，原告饮酒过多，手持榔头直接砸向坐在车里的被告，被告躲开后原告又用榔头多次砸向车门，致使车门受损。随后原告欲将被告拉下车，双方在互相拉扯过程中，驾驶位侧面的一把水果刀掉落在地，被告害怕原告拿刀伤人就赶紧下去捡刀子，后在双方夺刀过程中被告的手和原告的脸被误伤。事发后，被告报警并将原告送往医院进行住院治疗。原告的伤情经诊断为：1.左面部开放性伤并周围神经、肌肉、血管损伤、左前额割伤；2.急性酒精中毒。

2020年11月16日，原告经治疗后出院。原告在医院治疗期间共计花费医疗费用9278.93元，被告为原告支付了医疗费用。后双方因其他费用的赔偿问题无法达成一致，原告将被告起诉到法院。

原告王某某向法院起诉，要求被告向原告支付伙食补助费900元，营养费270元，误工费20000元，护理费1197元，残疾赔偿金75736元，被扶养人生活费30869.10元，交通费1000元，精神损害抚慰金5000元，以上共计134972.10元。

被告武某某辩称，原告脸部受伤与被告无关，不愿意承担赔偿责任。

审理过程中，经原告申请鉴定，法院委托陕西军大法医司法鉴定所对其伤情进行了鉴定。2021年9月2日，该鉴定中心作出法医临床司法鉴定意见书，鉴定意见如下：被鉴定人王某某面部损伤致瘢痕形成为十级伤残。被鉴

定人王某某误工期为 40 日、护理期为 9 日、营养期为 9 日。

— 法院认为 —

公民的生命健康权受法律保护。本案的争议焦点为：被告的行为是否构成正当防卫。正当防卫的构成要件有四个：一是对象要件，即正当防卫只能针对加害人本人实施；二是目的要件，即正当防卫的目的是使国家、公共利益、本人或者其他人的人身、财产和其他权利免受不法侵害；三是时间要件，即正当防卫只能针对正在发生的侵害行为；四是限度条件，即正当防卫不能超过必要的限度。根据查明的事实，原告因琐事与被告发生冲突，次日在情绪未能保持理智的情况下，于醉酒后手持利器榔头砸向被告本人及被告所驾驶车辆，系存在过错在先。后在双方拉扯过程中刀具从车内掉落，被告出于自我保护本能欲捡拾并抢夺刀具，在双方抢夺过程中误伤原告面部，被告系为了制止不法侵害而误伤原告，并不是出于对原告的故意侵害，且未超过必要的限度，符合正当防卫的构成要件。

根据《中华人民共和国民法典》第一百八十一条"因正当防卫造成损害的，不承担民事责任。正当防卫超过必要的限度，造成不应有的损害的，正当防卫人应当承担适当的民事责任"之规定，被告对其因正当防卫而误伤原告所造成的损害，不应承担民事赔偿责任，故法院对原告的诉讼请求依法不予支持。

— 法院判决 —

驳回原告王某某的全部诉讼请求。

注：本案例选自（2021）陕 0113 民初 18546 号民事判决书

14. 紧急避险造成他人损害的，是否需要承担责任？

紧急避险，是指在不得已的情况下，通过损害另一方的利益以保护较大利益免受正在发生的危险的行为。比如说，校车司机发现对面的大货车刹车失灵正向校车冲来，为了保护校车上的二十多位孩子而猛打方向盘，结果把旁边的行人撞伤了。这种情况下，校车司机的行为就属于紧急避险。

根据《中华人民共和国刑法》和《中华人民共和国民法典》的规定，紧急避险不超过必要限度的，紧急避险人不需要承担刑事责任或民事责任。因此，上述例子中的校车司机不需要向受伤的行人承担赔偿责任。受伤的行人此时可以向引起险情的大货车司机一方或者相关保险公司主张赔偿责任。

【法条指引】

《民法典》

第一百八十二条　因紧急避险造成损害的，由引起险情发生的人承担民事责任。

危险由自然原因引起的，紧急避险人不承担民事责任，可以给予适当补偿。

紧急避险采取措施不当或者超过必要的限度，造成不应有的损害的，紧急避险人应当承担适当的民事责任。

【案例分享】

因救火被困跳楼，引起火灾的一方应承担责任

— 基本案情 —

原告：艾某某

被告：郭某某

被告：河南省嵩县某镇人民政府

2019 年 12 月 10 日 23 时左右，原告发现其位于嵩县某镇商贸中心的商铺着火，便拿灭火器到二楼灭火，后因火势过大，原告无法下楼，就从二楼窗户处跳下，导致受伤。2019 年 12 月 11 日原告到医院住院治疗，被诊断为：右侧耻坐骨支骨折。2019 年 12 月 16 日原告出院，花费医疗费 1137.36 元，出院后花费检查费 648.80 元。医院建议原告出院后继续皮牵引维持，卧床休息两个月，半年内禁止大量活动，三个月内需每两周复查一次，三个月后半年内每月复查一次。

2020 年 1 月 9 日，嵩县公安消防大队认定：火灾发生时间为 2019 年 12 月 10 日 23 时许；起火点位于被告郭某某生肉铺内；起火点位于东北角处；起火原因可排除雷击、人为放火、遗留火种、生活用火不慎，不排除电气线路故障引燃周围可燃物引发火灾。

另查明，被告郭某某的泡沫板房系从嵩县某镇小城镇建设管理委员会所购，嵩县某镇小城镇建设管理委员会是否属被告嵩县某镇人民政府下属机构无证据证明。

原告艾某某向一审法院提出诉讼请求：1. 要求二被告共同赔偿原告医疗费等各项费用共计 15979 元；2. 本案诉讼费由被告承担。

被告答辩称，不愿意承担赔偿责任。

— 法院认为 —

一审法院审理后认为，因紧急避险造成损害的，由引起险情发生的人承担民事责任。本案中原告从二楼跳下属紧急避险行为，危险是由被告郭某某的店铺失火引起的，因此被告郭某某应对原告受伤所造成的损失承担赔偿责任。原告因楼梯被大火封锁，采用跳窗方式逃生，并无不当，因此被告郭某某辩称原告存在重大过错的意见不予采纳。被告嵩县某镇人民政府不是火灾的引起人，原告对其的诉讼请求没有法律根据，应予驳回。

一审判决后，被告郭某某不服提起上诉。

二审法院认为，艾某某因火灾从二楼跳窗逃生的行为属紧急避险行为，因该行为是郭某某的店铺失火引起，一审判决郭某某对艾某某受伤所造成的损失承担赔偿责任并无不当。郭某某上诉主张艾某某避险存在重大过错的证据不足，法院不予采信。

— 裁判结果 —

一审法院判决：

一、被告郭某某于判决生效后十日内赔偿原告艾某某 14954.24 元；

二、驳回原告艾某某的其他诉讼请求。

被告郭某某不服提起上诉，二审法院判决：驳回上诉，维持原判。

注：本案例选自（2020）豫 03 民终 3510 号民事判决书

15. 好心救人却被告上法庭，需要承担责任吗？

南京发生救老人却被告上法庭的"彭宇案"后，很长一段时间里，老百姓对做好事都有所顾忌。老人摔倒了，该不该扶？这本是一个不需要犹豫就可以回答的问题，如今却成了让人们要三思而后行的问题。现实生活中，我们经常可以见到这样的新闻，医生下班后在街头对病人实施抢救时，胸外心脏按压时将病人的肋骨压骨折了，最后却被抢救过来的病人告上了法庭。

为了鼓励人们敢于做好事，《中华人民共和国民法典》特意规定了"好人条款"，即好心救人时即使不小心造成了受救助人的损害，好心救助人也不用承担赔偿责任。因此，大家碰到有需要帮助的人时，要"该出手时就出手"，不用担心需要承担责任。当然，如果你对救助他人还有所顾虑，也可以在救助的时候请他人帮忙进行录制视频，同时还可以拨打报警电话，让警察来帮你作证。

【法条指引】

《民法典》

第一百八十四条　因自愿实施紧急救助行为造成受助人损害的，救助人不承担民事责任。

【案例分享】

拉架过程中致人受伤的，不需要承担赔偿责任

— 基本案情 —

原告：王某某

被告：刘某江

2020年10月31日中午12时许，王某某及其丈夫在屋后与刘某海发生口角，刘某江系刘某海堂兄，听到吵骂声后赶到现场劝架。在王某某欲向前再与刘某海理论时，刘某江拉扯王某某的胳膊，导致王某某摔倒在地。王某某于2020年11月2日去人民医院检查，诊断为腰椎压缩性骨折，当天住院并进行手术治疗，共住院2天，支出医疗费17160.72元。2021年1月25日，王某某自行委托司法鉴定所进行司法鉴定。2月1日，该司法鉴定所出具鉴定意见：1. 王某某的脊柱损伤致L1椎体骨折术后构成十级伤残；2. 王某某住院期间建议为2人护理，出院后建议为1人护理，护理期建议为60～90天，误工期建议为120～180天。王某某支出鉴定费2080元。

王某某认为刘某江是拉偏架才导致自己受伤，于是向人民法院提起诉讼，向法院请求：1. 判令被告刘某江赔偿医疗费17160.72元；2. 判令被告刘某江赔偿伤残赔偿金、误工费、护理费、住院伙食补助费、交通费、精神损害抚慰金等暂计10000元（最终金额以伤残鉴定结论为准计算）；3. 依法判令本案诉讼费、鉴定费由被告承担。

被告刘某江答辩称，拉王某某胳膊时，王某某没有摔倒，王某某向后挪了一下才摔倒的，当时他是挡在王某某的前面，不让他们打架。

— 法院认为 —

一审法院认为，行为人因过错侵害他人民事权益造成损害的，应当承担侵权责任。依照法律规定推定行为人有过错，其不能证明自己没有过错的，应当承担侵权责任。而因自愿实施紧急救助行为造成受助人损害的，救助人

则不承担民事责任。

在这个案件中，双方争议的焦点在于刘某江拉扯王某某属于侵权行为还是紧急救助行为。王某某、刘某江系同村村民，相互熟识，在事发前亦无矛盾纠纷，王某某与案外人刘某海发生口角后，刘某江为防止王某某与案外人刘某海之间的矛盾冲突恶化升级，而上前拉架，目的是平息吵架双方的矛盾。在王某某上前一步，有发生肢体冲突可能性进而引发人身损害的紧急情况下，刘某江主动采取的拉扯阻拦王某某继续上前的行为，属于自愿实施的紧急救助行为，不具有违法性，也没有侵害原告生命权、身体权、健康权的故意或过失。作为一名普通公民，刘某江面对紧急情势挺身而出，制止矛盾双方冲突进一步升级，是法律和道德所倡导的，因此造成王某某受伤，不承担民事责任。王某某要求刘某江赔偿相关损失的证据不足，一审法院不予支持。

一审判决后，原告王某某不服，提起了上诉。

二审法院经审理后认为，这个案件争议的焦点问题是：刘某江能否基于紧急救助行为而免责。因自愿实施紧急救助行为造成受助人损害的，救助人不承担民事责任。具体到本案，事发时王某某和丈夫与刘某海争执，刘某江为劝架站在王某某对面阻挡，符合理性人的正常思维。王某某丈夫与刘某海尚在争执，王某某在被阻拦的情况下欲绕过刘某江找刘某海，双方存在矛盾升级的可能性和紧急性，刘某江拉扯王某某胳膊避免王某某可能受到的人身损害，符合自愿实施紧急救助的构成要件。王某某主张其并未与刘某海发生肢体冲突，刘某江应制止案外人刘某海而不是拉扯年近七旬的王某某。

法院还认为，面对矛盾升级的紧急情况，要求救助人精准判断出受助人可能受到多大伤害，然后冷静换算出等值的救助强度与救助手段，过于强人所难，也不为法律所倡导。同时，自愿实施紧急救助行为对于因此造成的受助人的损害属于免责事由，而非减责事由。刘某江因实施救助行为造成受助人王某某损害，不承担侵权责任。一审判决驳回王某某的诉讼请求并无不当。

— 裁判结果 —

一审法院判决：驳回原告王某某对被告刘某江的诉讼请求。

原告王某某不服提起上诉，二审法院最后判决：驳回上诉，维持原判。

注：本案例选自（2021）鲁 02 民终 10838 号民事判决书

16. 借条过了三年就失效了吗?

很多人说，借条过了三年就失效了，这个说法实际上是不准确的。法律规定，一般情况下的诉讼时效是三年，如果超过三年再向人民法院提起诉讼，就丧失了胜诉权。但这个三年的诉讼时效是自知道或应当知道自己的权益受到损害之日起算的，而且可以适用中断、中止和延长。

比如说，借条上有明确的还款日期，则从还款日期的第二天开始起算三年的诉讼时效，如果在这三年内，你作为债权人一直没有向对方主张权利，则三年期满后，丧失胜诉权，也就是说三年后，你再去法院起诉对方，对方如果提起诉讼已过时效的抗辩，则法院会判决你败诉。如果借条上没有明确约定还款日期，则你可以随时向对方主张要求还款，从你主张还款之日计算三年的诉讼时效。

同时，诉讼时效不但可以中断，而且可以多次中断。如借条上的还款日期到期后，只要你有证据证明还款日期到期后的三年内曾向对方主张过权利，如通过电话、微信、邮件等向对方催收，则自最后一次催收时间重新计算三年的诉讼时效。如还款日期为 2017 年 1 月 1 日，最后一次催收时间为 2019 年 12 月 30 日，则自 2019 年 12 月 30 日起重新计算三年诉讼时效。

因此，如果别人欠你的钱还款日期到期后，即使你没有向法院起诉，也一定要在三年内进行催收，并保留相关证据，如短信、微信催收记录等，以免过了诉讼时效。

【法条指引】

《民法典》

第一百八十八条　向人民法院请求保护民事权利的诉讼时效期间为三年。法律另有规定的，依照其规定。

诉讼时效期间自权利人知道或者应当知道权利受到损害以及义务人之日起计算。法律另有规定的，依照其规定。但是，自权利受到损害之日起超过二十年的，人民法院不予保护，有特殊情况的，人民法院可以根据权利人的申请决定延长。

【案例分享】

借款已经超过诉讼时效，向法院起诉被判决败诉

—基本案情—

原告：孙某

被告：西安市临潼区相桥街道办事处某村民委员会

1987 年被告开办了临潼县相桥镇某加工厂（村办集体企业），1988 年 4 月 24 日更名为西安市临潼县某酒厂（以下简称"某酒厂"），当时酒厂的法定代表人是孙某。

经营期间，该酒厂向村民集资筹款，在 1987 年 7 月 31 日原告入股投资 4000 元，酒厂于 1987 年 11 月 24 日从原告处借款 2000 元、1988 年 5 月 1 日从原告处借款 660 元、1988 年 5 月 8 日从原告处借款 1000 元，该酒厂分别出具现金收入凭证，并加盖有某加工厂印章。

1990 年该酒厂经营亏损倒闭，1993 年被告对村办企业账务核算，原告未向被告和该酒厂要求返还涉案借款。1996 年 1 月 17 日该酒厂申请注销登记，被告作为企业举办人和主管部门签署意见：同意注销，债权债务由举办人承担。此后，原告也从未向被告主张还款。

2019 年 7 月，原告得知酒厂土地被出租有收益，才向被告主张当年酒厂向他借款一事，村干部提出以村土地置换他人费用来解决纠纷，包括向原告在内的三名老支书每年给予经济补助，但双方未能达成一致。

2022 年 5 月，原告向法院提起诉讼，请求：1. 判令被告偿还原告借款人民币 9660 元，并从 1988 年 5 月 9 日起以 9660 元为基数按中国人民银行同期贷款年利率 4.9% 计息至该款偿还完毕之日止向原告支付借款利息（至本案起诉日暂计利息 16096 元），合计 25756 元；2. 判令被告承担本案诉讼费用。

被告村委会辩称，1987 年村办企业属实，但从未向原告借过钱款，原告在 2020 年之前从未提及该笔借款，距今已超 30 余年，原告起诉超过诉讼时效。1993 年村委会对村办企业账务清算时，原告也未出示这些欠款票据，村委会至今未接到关于酒厂的财务移交清单，无法核查是否已结清。因此，请求法院依法驳回原告诉讼请求。

—法院认为—

《民法典》第一百八十八条第二款规定：诉讼时效期间自权利人知道或者应当知道权利受到损害以及义务人之日起计算。法律另有规定的，依照其规

定。但是，自权利受到损害之日起超过二十年的，人民法院不予保护，有特殊情况的，人民法院可以根据权利人的申请决定延长。本案中，酒厂1990年倒闭，1996年1月17日注销登记，自此原告应在20年内主张权利。现原告2019年7月主张权利，已超过20年诉讼时效。被告曾承诺解决问题，愿按照酒厂遗留问题及老支书生活补助性质解决，但该承诺并非对逾期债务还款的确认，被告抗辩理由成立，法院予以采信。原告主张被告偿还当年村办企业借款本息，但自酒厂注销登记至今，已超过最长20年诉讼时效保护期限，其权利不受法院保护。

— 裁判结果 —

驳回原告孙某的全部诉讼请求。

注：本案例选自（2022）陕0115民初2576号民事判决书

17. 子女成年后，还可以向父母要求支付大学学费和欠付的抚养费吗？

十八周岁是成年与未成年的界限。按照法律规定，父母有抚养未成年子女的义务，因此未成年子女向父母主张抚养费是合法合理的。法律还规定，请求支付抚养费、赡养费和扶养费不适用三年诉讼时效的规定。该处的诉讼时效主要是针对未成年阶段，如十七岁的未成年人可以向父母主张出生至十七岁的抚养费；如果已经成年，则子女主张索要抚养费还是受三年诉讼时效的限制，也就是说，成年子女主张欠付的抚养费一般应在二十一周岁前提出。

至于成年子女向父母主张大学学费或生活费的问题，因为子女成年后父母就没有抚养的义务了，所以司法实践中，法院一般不会支持成年子女向父母主张学费或生活费的请求。

【法条指引】

《民法典》

第二十六条　父母对未成年子女负有抚养、教育和保护的义务。

成年子女对父母负有赡养、扶助和保护的义务。

第一百九十六条　下列请求权不适用诉讼时效的规定：

（一）请求停止侵害、排除妨碍、消除危险；

（二）不动产物权和登记的动产物权的权利人请求返还财产；

（三）请求支付抚养费、赡养费或者扶养费；

（四）依法不适用诉讼时效的其他请求权。

【案例分享】

儿子成年后起诉父亲要求支付大学学费被法院驳回

一 基本案情 一

原告：赵某

被告：于某

陈某与于某结婚后，于 1997 年 9 月 13 日生育一子赵某。陈某与于某于 2002 年 11 月 19 日在民政局办理协议离婚，双方约定：男孩归女方陈某抚养，男方每月支付抚养费 2000 元，自 2002 年 11 月开始至赵某十八周岁。

2021 年 8 月，已经年近二十四周岁的赵某向人民法院提起诉讼，称父亲与母亲离婚后一直未支付任何的抚养费。赵某大学期间学费共计 46020 元，父亲应当承担一半。赵某向法院主张：要求父亲于某支付欠付的抚养费 308000 元和大学学费 23010 元，并要求计算欠付抚养费和学费的利息。

于某辩称，不同意赵某全部诉讼请求。理由是：1. 赵某所述与客观事实不符，离婚时约定支付抚养费至赵某十八周岁，由于某每月支付 2000 元抚养费，但于某在 2003 年就已履行完毕，后还赠送赵某一辆奔驰车；2. 赵某要求利息不具有合法性；3. 赵某诉讼请求已过诉讼时效。

庭审中，于某还主张 2003 年赵某的外婆将属于于某的一台镗床留置，作为赵某的抚养费及相关费用，并申请证人出庭作证。赵某对该证人证言不予认可。另赵某认可于某于 2018 年赠与其一辆 1995 年的奔驰车，但没有手续，只是作为留念。于某称该车辆系赠与，并不抵作抚养费。另法院查明，赵某称其成年以后曾向于某主张过抚养费，但未提交证据证明。

一 法院认为 一

陈某与于某离婚时约定于某每月支付抚养费 2000 元至赵某十八周岁。于某未提交证据证明其支付过抚养费，其主张赵某外婆留置镗床抵作抚养费一事，提交的证据不充分，故法院对其辩称理由不予采信。本案的争议焦点为赵某主张其未成年之前的抚养费是否超过诉讼时效。根据法律规定，请求支付抚养费不适用诉讼时效，但是，给付抚养费请求权的基础是权利人无法独立生活，通常义务人只需支付至子女年满十八周岁，因而子女成年后追索未成年期间的抚养费的，应当适用诉讼时效。本案中，赵某于 2015 年 9 月年满十八周岁，其于 2021 年 6 月提起本案诉讼，其未提交证据证明其成年后向于某追索过抚养费，赵某的主张已超过诉讼时效，故对赵某要求于某支付其年满十八周岁之前的抚养费的诉讼请求，于法无据，法院不予支持。抚养费利息及大学学费一节，亦于法无据，法院不予支持。

— 裁判结果 —

驳回赵某的全部诉讼请求。

注：本案例选自（2021）京 0108 民初 46335 号民事判决书

第二章　物权篇

1. 小区空地被改成停车位出租，收的钱归谁？

如果该空地本身就是被规划为车位出租的，则对外出租的收益是归开发商或车位购买人、受托管理的物业公司等。

如果是小区内公共空地被改成停车位的，这些车位是归业主共同所有的，所产生的收益在扣除合理成本后属于全体业主共有。但需要说明的是，未经业主大会同意不能对外出租，且收益款的处置属于应由业主共同决定的重大事项，应由业主大会讨论决定如何使用共有部分的收益，以及是否由业主委员会代表全体业主行使权利。

【法条指引】

《民法典》

第二百七十五条　建筑区划内，规划用于停放汽车的车位、车库的归属，由当事人通过出售、附赠或者出租等方式约定。

占用业主共有的道路或者其他场地用于停放汽车的车位，属于业主共有。

第二百七十八条　下列事项由业主共同决定：

（一）制定和修改业主大会议事规则；

（二）制定和修改管理规约；

（三）选举业主委员会或者更换业主委员会成员；

（四）选聘和解聘物业服务企业或者其他管理人；

（五）使用建筑物及其附属设施的维修资金；

（六）筹集建筑物及其附属设施的维修资金；

（七）改建、重建建筑物及其附属设施；

（八）改变共有部分的用途或者利用共有部分从事经营活动；

（九）有关共有和共同管理权利的其他重大事项。

业主共同决定事项，应当由专有部分面积占比三分之二以上的业主且人数占比三分之二以上的业主参与表决。决定前款第六项至第八项规定的事项，应当经参与表决专有部分面积四分之三以上的业主且参与表决人数四分之三以上的业主同意。决定前款其他事项，应当经参与表决专有部分面积过半数的业主且参与表决人数过半数的业主同意。

第二百八十二条　建设单位、物业服务企业或者其他管理人等利用业主的共有部分产生的收入，在扣除合理成本之后，属于业主共有。

【案例分享】

物业公司擅自将小区空地改成停车位，业委会起诉却被驳回

— 基本案情 —

原告：A 小区第一届业主委员会

被告：某物业公司

某物业公司是 A 小区物业服务单位，自 2010 年起进驻 A 小区实施物业管理服务后，在小区的公共道路、广场设置停车位，并向业主收取停车费。因物业公司未公布收益情况，A 小区业主向法院起诉，要求物业公司公开利用共用部位、共用设施设备经营的收支情况。法院判决后，某物业公司公布了 2019 年临时停车收益公示表，显示 2019 年停车费收入合计 533875 元，支出合计为 397542.65 元。A 小区业主认为，物业公司公布的收益公示表中停车经营收益 533875 元应属全体小区业主所有，物业公司应当返还，故由 A 小区第一届业主委员会起诉至法院，要求物业公司返还停车费收益 533875 元。

— 法院认为 —

法院受理后，对于停车费收益的归属以及合理成本问题认定如下：

首先，关于停车费收益归属的问题。根据相关法律条款，本案中，物业公司在业主共有的道路或其他场地设置停车位，其收取停车费所产生的收入，在扣除合理成本之后，属于 A 小区全体业主共有。

其次，对于合理成本支出部分，由于临时停车由某物业公司经营管理，某物业公司对临时停车所产生的合理成本负有举证责任。但物业公司提供的证据均无法证明 2019 年小区临时停车收益所支出合理成本，故法院认定其 2019 年取得的临时停车收益为 533875 元。

虽然法院认定临时停车收益 533875 元归 A 小区全体业主所有，但法院并

未支持 A 小区第一届业主委员会的诉讼请求，而是驳回起诉，理由如下：

根据《中华人民共和国民法典》第二百七十八条规定："下列事项由业主共同决定：……（九）有关共有和共同管理权利的其他重大事项。业主共同决定事项，应当由专有部分面积占比三分之二以上的业主且人数占比三分之二以上的业主参与表决。决定前款第六项至第八项规定的事项，应当经参与表决专有部分面积四分之三以上的业主且参与表决人数四分之三以上的业主同意。决定前款其他事项，应当经参与表决专有部分面积过半数的业主且参与表决人数过半数的业主同意。"《物业管理条例》第五十四条规定："利用物业共用部位、共用设施设备进行经营的，应当在征得相关业主、业主大会、物业服务企业的同意后，按照规定办理有关手续。业主所得收益应当主要用于补充专项维修资金，也可以按照业主大会的决定使用。"本案原告 A 小区第一届业主委员会提出的要求返还停车收益款的请求，属于《中华人民共和国民法典》第二百七十八条规定的应由业主共同决定的重大事项，应由业主大会讨论决定如何使用共有部分的收益，以及是否由业主委员会代表全体业主行使权利，经专有部分面积占比三分之二以上的业主且人数占比三分之二以上的业主参与表决，并经参与表决专有部分面积过半数的业主且参与表决人数过半数的业主同意。A 小区第一届业主委员会未提交上述表决材料，故法院判决驳回 A 小区第一届业主委员会的起诉。

— 裁判结果 —

一审法院判决：驳回 A 小区第一届业主委员会的起诉。

A 小区第一届业主委员会不服提起上诉，二审法院判决：驳回上诉，维持原判。

注：本案例选自（2022）桂 04 民终 362 号民事判决书

2. 房子没有入住可以不交物业费吗？

有许多业主认为，如果自己购买的房屋没有入住、没有享受到物业公司提供的服务，就可以不用缴纳物业费。而实际上《民法典》第二百七十三条、第九百四十四条明确规定，业主不能够以没有享受、放弃业主权利或没有接受物业服务为由，拒绝履行相应义务，拒绝支付物业费。目前有部分省市针对空置房屋减收物业费作出相应规定，业主可以参照当地政策规定，申请减交物业费，但不能理所当然地认为房子没入住就可以不交物业费。

【法条指引】

《民法典》

第二百七十三条 业主对建筑物专有部分以外的共有部分，享有权利，承担义务；不得以放弃权利为由不履行义务。

业主转让建筑物内的住宅、经营性用房，其对共有部分享有的共有和共同管理的权利一并转让。

第九百四十四条 业主应当按照约定向物业服务人支付物业费。物业服务人已经按照约定和有关规定提供服务的，业主不得以未接受或者无需接受相关物业服务为由拒绝支付物业费。

业主违反约定逾期不支付物业费的，物业服务人可以催告其在合理期限内支付；合理期限届满仍不支付的，物业服务人可以提起诉讼或者申请仲裁。

物业服务人不得采取停止供电、供水、供热、供燃气等方式催交物业费。

【案例分享】

闲置房屋未缴物业费，法院判决业主补缴费用

— 基本案情 —

原告：A物业公司

被告：赵某

2012年7月21日，A物业公司与赵某签订《前期物业管理服务协议》，双方约定A小区的房屋由A物业公司提供物业服务。同日，赵某接收了涉案房屋，并按照双方约定交纳了一年的物业费和电梯费。2017年至2021年期间，A物业公司向赵某催要过拖欠的物业费及电梯费，赵某交纳了2012年7月21日至2018年7月20日期间的物业费和2013年7月21日以前的电梯费，但2018年7月21日至2022年7月20日期间的物业费及2013年7月21日至2022年7月20日的电梯费未交纳。后A物业公司将赵某起诉至法院。

赵某在庭审中称，从2012年办理入住开始，到2018年7月份一直交物业费，但房屋一直没有入住，也没有装修，不愿意继续缴纳物业费以及电梯费用。

— 法院认为 —

法院审理后认为，根据《民法典》第二百七十三条、第九百四十四条第

一款的规定，业主不能够以没有享受、放弃业主权利或没有接受物业服务为由，拒绝履行相应义务、拒绝支付物业费。赵某实际接收了涉案房屋，并按照双方约定的标准交纳了部分物业管理费及电梯费等费用，说明赵某对该房屋的入住条件及 A 物业公司提供的物业服务已经认可，因此，赵某是否入住、是否装修，并不能成为其拒交物业费、电梯费的法定理由。

— **裁判结果** —

赵某需向 A 物业公司支付 2018 年 7 月 21 日至 2022 年 7 月 20 日期间的物业费及 2013 年 7 月 21 日至 2022 年 7 月 20 日的电梯费。

注：本案例选自（2022）辽 0181 民初 101 号民事判决书

3. 低层住户反对，可以加装电梯吗？

加装电梯是老旧社区重要的改造项目，实践中因高低层业主之间的利益差异，低层业主不同意加装电梯比较常见。那在低层业主明确反对的情况下可以加装电梯吗？事实上加装电梯属于改建建筑物附属设施行为，对此《民法典》规定了多数表决同意规则，并不必然要求低层业主同意增设电梯方案。

如增设电梯的方案已经依法征得了多数业主同意，并依法经过公示、备案、行政审批等程序，则增设电梯施工行为属合法行为，持反对意见的业主不得妨碍施工。发生纠纷的，社区、人民调解组织机构等可介入进行调解。但如果增设电梯方案实质上对部分业主造成日常生活上的影响，应当对其予以赔偿或补偿。

【法条指引】

《民法典》

第二百三十八条 侵害物权，造成权利人损害的，权利人可以依法请求损害赔偿，也可以依法请求承担其他民事责任。

第二百七十八条 下列事项由业主共同决定：

（一）制定和修改业主大会议事规则；

（二）制定和修改管理规约；

（三）选举业主委员会或者更换业主委员会成员；

（四）选聘和解聘物业服务企业或者其他管理人；

（五）使用建筑物及其附属设施的维修资金；

（六）筹集建筑物及其附属设施的维修资金；

（七）改建、重建建筑物及其附属设施；

（八）改变共有部分的用途或者利用共有部分从事经营活动；

（九）有关共有和共同管理权利的其他重大事项。

业主共同决定事项，应当由专有部分面积占比三分之二以上的业主且人数占比三分之二以上的业主参与表决。决定前款第六项至第八项规定的事项，应当经参与表决专有部分面积四分之三以上的业主且参与表决人数四分之三以上的业主同意。决定前款其他事项，应当经参与表决专有部分面积过半数的业主且参与表决人数过半数的业主同意。

【案例分享】

高层业主加装电梯起诉低层业主获胜诉

— 基本案情 —

原告：毕某等 26 人

被告：李某等 9 人

原告毕某等 26 人系广州市天河区某小区 39 号三层至九层的业主，共 25 户业主。被告李某等 9 人系一层至二层业主，共 8 户业主。

毕某等 39 号楼三层至九层共 28[①] 户业主签署 39 号楼《同意安装电梯咨询表》，并于 2018 年 11 月向房管规划部门申办电梯加装工程《建设工程规划许可证》。2018 年—2020 年期间，原告陆续取得各单位、行政机关的同意加建电梯的意见，并于 2020 年 4 月 16 日取得《建设工程规划许可证》及《建设工程审核书》。

2021 年 1 月，原告毕某等 26 人向人民法院起诉，称被告多次阻挠工程施工，致使施工公司撤出工地，工程被迫停工。在此期间，居委会多次通知被告参加协调会，但被告均拒绝参加。故请求法院判令被告停止实施阻挠加装电梯的侵权行为。

— 一审情况 —

一审法院经审理认为，从案件审理的情况看，被告作为 39 号楼一层至二层的 8 户业主，并不反对 39 号楼增设电梯，但对既有增设电梯施工方案采用

---

① 关于 25 户业主与 28 户业主的问题，经查询，判决书原始记载即是如此。编者分析，应是有 28 户业主签署了 39 号楼《同意安装电梯咨询表》，但是起诉时只有 25 户业主同意起诉（也不排除是法院判决记载错误的原因），但编者保留了原始判决书的描述。

混凝土电梯井、电梯尺寸过大等提出异议。根据现场勘查情况，案涉电梯方案未能充分考虑被告作为一层至二层低层业主的合理诉求，案涉电梯建成后将会对低层住户采光、通风、出入等造成影响。原告应充分考虑被告合理意见，在当地街道、居委会等相关政府部门协调下，依法依规办理增设电梯施工方案的变更、优化手续，再进行后续增设电梯施工。

一审判决驳回原告诉讼请求。

— 二审情况 —

原告不服提起上诉，二审法院经审理后认为，案件争议焦点在于：毕某等26人要求李某等9人停止阻挠电梯加装施工的行为的主张是否成立。

二审法院认为，毕某等26人作为涉案39号楼三层至九层的业主，已就加装电梯事宜取得规划部门核发的《建设工程规划许可证》，并在有关部门办理了施工许可手续。依照《广州市既有住宅增设电梯办法》的相关规定，李某等9人作为一层至二层业主，应本着"有利生产、方便生活、团结互助、公平合理"的原则，不得阻挠、破坏电梯施工。依据现有证据，李某等9人在电梯加装施工过程中确实采取了不当行为进行阻挠和妨碍，在此情况下，毕某等26人诉请判决李某等9人承担停止阻挠、排除妨碍的民事责任合理合法。因加装电梯惠及整栋楼宇的绝大部分业主，基于前述相邻关系处理原则，即使电梯施工对李某等9人的居住使用造成一定的不便，李某等9人也应对此提供必要的便利并作适度的容忍。对于李某等9人提及的电梯施工方案的优化问题，双方理应基于睦邻友好的原则进行充分沟通与协商，避免采取过激方式进行对抗。如李某等9人确因电梯施工遭受相应损失，可就此另寻法律途径主张权利。

二审法院判决撤销原一审判决，改判李某等9人立即停止对39号楼加建电梯的妨碍及阻挠。

注：本案例选自（2022）粤01民终2325号民事判决书

4. 邻居在公共位置堆放垃圾，该怎么治？

在公共位置上堆放垃圾等影响其他业主的行为是一种违法的行为，《民法典》及相应司法解释等都对如何纠正此类行为有明确规定。

根据《民法典》第二百八十六条规定，对于邻居这种行为，可以通过向业主委员会、业主大会、物业服务单位反映该情况，要求停止随意堆放垃圾的行为；另外也可以向相关行政主管部门投诉，要求对此事进行处理。根据《民法典》第二百八十八条规定，倡导邻里之间应当按照有利生产、方便生活、团结互助的原则处理邻里间的关系。根据《最高人民法院关于审理建筑物区分所有权纠纷案件具体应用法律若干问题的解释》第三条规定，通道、楼梯这类公共通行部分，是属于业主共有的部分，不能认为是"自家门口"附近的范围就可以随意堆放垃圾。从情理角度，对于随意堆放垃圾这种可能影响他人日常生活、邻里关系的行为，也是应当进行处理的。

【法条指引】

《民法典》

第二百八十六条　业主应当遵守法律、法规以及管理规约，相关行为应当符合节约资源、保护生态环境的要求。对于物业服务企业或者其他管理人执行政府依法实施的应急处置措施和其他管理措施，业主应当依法予以配合。

业主大会或者业主委员会，对任意弃置垃圾、排放污染物或者噪声、违反规定饲养动物、违章搭建、侵占通道、拒付物业费等损害他人合法权益的行为，有权依照法律、法规以及管理规约，请求行为人停止侵害、排除妨碍、消除危险、恢复原状、赔偿损失。

业主或者其他行为人拒不履行相关义务的，有关当事人可以向有关行政主管部门报告或者投诉，有关行政主管部门应当依法处理。

第二百八十八条　不动产的相邻权利人应当按照有利生产、方便生活、团结互助、公平合理的原则，正确处理相邻关系。

《最高人民法院关于审理建筑物区分所有权纠纷案件适用法律若干问题的解释》

第三条　除法律、行政法规规定的共有部分外，建筑区划内的以下部分，也应当认定为民法典第二编第六章所称的共有部分：

（一）建筑物的基础、承重结构、外墙、屋顶等基本结构部分，通道、楼梯、大堂等公共通行部分，消防、公共照明等附属设施、设备，避难层、设备层或者设备间等结构部分；

（二）其他不属于业主专有部分，也不属于市政公用部分或者其他权利人所有的场所及设施等。

建筑区划内的土地，依法由业主共同享有建设用地使用权，但属于业主专有的整栋建筑物的规划占地或者城镇公共道路、绿地占地除外。

【案例分享】

屋内堆放大量生活垃圾影响邻居，法院判决清空超出日常生活与居住所需部分

— 基本案情 —

原告：单某

被告：侯某

单某与侯某是邻居。侯某常年在外捡拾垃圾，将平日拾回的垃圾堆放在公用阁楼以及住宅房屋内。因房屋内垃圾纸箱、垃圾塑料数量较多，楼道里长期恶臭熏天、蚊虫滋生。并且侯某家中电线裸露老化，如果发生火灾将严重危及整栋楼居民的生命安全。单某跟侯某沟通多次，但均无结果，后单某诉至法院，要求侯某清空堆放在共用阁楼的垃圾，并清空房屋内的超出日常生活所需的废旧垃圾、杂物。法院经审理发现，侯某房屋内垃圾纸箱、垃圾塑料堆积成山，垃圾高达一人多高，房间内长期暗淡无光。

— 法院认为 —

法院审理后认为，不动产的相邻各方应当正确处理通风、采光、通行等日常情况，给相邻方造成妨碍的，应当排除妨碍。法律虽保障权利人自由处分自有房屋的权利，但当个人行为与集体的合法权益相冲突时，在价值取向上更应倾向于后者。侯某在家中堆放大量废旧纸箱、废旧塑料等物品，对房屋的使用已然超出了正常生活与居住的范畴，更存在消防安全隐患。因进户门无法关闭，房屋内散发难闻刺鼻的味道，显然影响了整个楼层居民正常的生活环境和居住安宁。

— 裁判结果 —

法院经审理后，判决侯某清空超出日常生活与居住所需的垃圾、杂物等。

后续法院在执行过程中，在被告家中清运垃圾 1000 余袋、装运 9 辆卡车。

注：本案例选自上海市高级人民法院发布 8 件涉民生环境资源审判典型案例

5. 开发商交不了楼，还要还贷款吗？

因为开发商交楼和业主向银行还款属于不同的法律关系，一般来说，即使开发商无法交楼，只要业主和银行的贷款关系还存续，业主就需要继续偿还贷款。但如果是按照这样理解的话，对于业主购房人来说，明显是不公平的。对此，在"最高人民法院（2019）最高法民再245号"案例中，就提出在商品房的按揭贷款购房模式中，应当充分考虑商品房预售合同以及借款合同之间的联系，平衡各方权利义务，避免因单份合同的相对性，导致三方权利义务失衡。《最高人民法院关于审理商品房买卖合同纠纷案件适用法律若干问题的解释》也规定了，商品房买卖合同被解除后，借款合同也被解除的，开发商应当将收受的贷款和购房款分别返还银行和购房人。

因此，当开发商确定交不了楼时，购房者可以选择解除购房合同和贷款合同，请求法院判决由开发商来承担银行的相关损失。

【法条指引】

《民法典》

第四百九十七条　有下列情形之一的，该格式条款无效：

（一）具有本法第一编第六章第三节和本法第五百零六条规定的无效情形；

（二）提供格式条款一方不合理地免除或者减轻其责任、加重对方责任、限制对方主要权利；

（三）提供格式条款一方排除对方主要权利。

第五百六十三条　有下列情形之一的，当事人可以解除合同：

（一）因不可抗力致使不能实现合同目的；

（二）在履行期限届满前，当事人一方明确表示或者以自己的行为表明不履行主要债务；

（三）当事人一方迟延履行主要债务，经催告后在合理期限内仍未履行；

（四）当事人一方迟延履行债务或者有其他违约行为致使不能实现合同目的；

（五）法律规定的其他情形。

以持续履行的债务为内容的不定期合同，当事人可以随时解除合同，但是应当在合理期限之前通知对方。

《最高人民法院关于审理商品房买卖合同纠纷案件适用法律若干问题的解释》

第十一条 根据民法典第五百六十三条的规定，出卖人迟延交付房屋或者买受人迟延支付购房款，经催告后在三个月的合理期限内仍未履行，解除权人请求解除合同的，应予支持，但当事人另有约定的除外。

法律没有规定或者当事人没有约定，经对方当事人催告后，解除权行使的合理期限为三个月。对方当事人没有催告的，解除权人自知道或者应当知道解除事由之日起一年内行使。逾期不行使的，解除权消灭。

第二十一条 以担保贷款为付款方式的商品房买卖合同的当事人一方请求确认商品房买卖合同无效或者撤销、解除合同的，如果担保权人作为有独立请求权第三人提出诉讼请求，应当与商品房担保贷款合同纠纷合并审理；未提出诉讼请求的，仅处理商品房买卖合同纠纷。担保权人就商品房担保贷款合同纠纷另行起诉的，可以与商品房买卖合同纠纷合并审理。

商品房买卖合同被确认无效或者被撤销、解除后，商品房担保贷款合同也被解除的，出卖人应当将收受的购房贷款和购房款的本金及利息分别返还担保权人和买受人。

【案例分享】

开发商未能交房，购房者不需要偿还贷款

— 基本案情 —

> 原告：建行某分行
>
> 被告：王某诚、王某博、王某宝
>
> 被告：越州公司

2015 年 8 月 12 日，王某诚与越州公司签订《商品房预售合同》，约定购买越州公司开发的某商业用房，2015 年 10 月 30 日前交付。

2015 年 8 月 14 日，王某诚、王某博、王某宝与建行某分行、越州公司签订《个人住房（商业用房）借款合同》，向建行某分行借款，担保方式为抵押加阶段性保证，抵押物为该商业用房，保证人为越州公司。该借款合同第十九条约定，若借款合同解除，借款人应当返还剩余贷款本息及实现债权费用，或委托售房人还款。同日，王某诚与建行某分行、越州公司签订《房地产抵押合同》（在建工程 / 预购房）。2015 年 8 月 18 日，建行某分行就该商业用房办理了抵押权。

合同签订后，越州公司未能按照合同约定期限交付房屋。2017 年 2 月，王某诚等三人以越州公司、建行某分行为被告提起诉讼，要求解除《商品房预售合同》《个人住房（商业用房）借款合同》《房地产抵押合同》（在建工程/预购房），法院经审理后判决：1. 解除上述三份合同；2. 越州公司向王某诚返还已支付的购房款本息、已偿还的贷款本息；3. 越州公司返还银行剩余贷款本息。

2018 年 4 月，建行某分行向法院提起诉讼，请求判令王某诚等三人与越州公司共同归还剩余贷款本息。

— **法院认为** —

最高人民法院再审认为，根据《最高人民法院关于审理商品房买卖合同纠纷案件适用法律若干问题的解释》规定，商品房买卖合同被确认无效或者被撤销、被解除后，商品房担保贷款合同也被解除的，出卖人应当将收取的购房贷款和购房款的本金及利息分别返还担保权人和买受人。本案中，因越州公司未按照约定期限交付房屋，导致案涉商品房预售合同解除，借款合同、抵押合同因合同目的无法实现亦被解除。根据前述规定，应由出卖人越州公司将收取的购房贷款本金及利息返还建行某分行，王某诚等三人不负有返还义务。

从合同内容来看，在商品房买卖合同中，王某诚等三人支付房款，越州公司交付房屋；在商品房担保贷款合同中，建行某分行将王某诚等三人所贷款项直接支付给越州公司，越州公司实际用款。王某诚等三人并不支配购房贷款，但需偿付贷款本息。如果案涉合同正常履行，王某诚等三人取得房屋，各方权利义务亦可保持平衡。但本案中，因越州公司不能交付房屋而致使合同解除，导致合同约定的各方权利义务严重失衡。王某诚等三人未取得房屋，却既支付了首付款，又需偿还按揭贷款。若按合同约定的权利义务关系处理，则在王某诚等三人对合同解除无过错的情况下，仍要求其对剩余贷款承担还款责任，即明显不合理地加重了其负担，各方权利义务失衡，有违公平原则。

— **裁判结果** —

一审法院判决：驳回建行某分行的诉讼请求；

二审法院改判支持建行某分行诉讼请求，判决王某诚等三人需共同偿还贷款本金及利息。

经再审，最高人民法院判决：撤销二审判决，维持一审判决，驳回建行某分行的诉讼请求。

注：本案例选自（2019）最高法民再 245 号民事判决书

6. 买的房子周边设施与宣传不一致，购房者怎么维权？

开发商销售预售商品房的时候，常常会将房屋、小区周围的规划设施等内容一并放入宣传广告内，以此吸引购房者。而有些时候人们在房屋交付后会发现，周围规划设施与宣传广告不一致，对此购房者是否可以主张维权？

根据《最高人民法院关于审理商品房买卖合同纠纷案件适用法律若干问题的解释》规定，宣传广告中所承诺的属于开发商规划红线范围内的规划设施，且这类规划设施对合同的订立、价格有影响的，即使未写入合同中，也视为合同内容。如果开发商没有按照该广告内容进行交付，开发商应承担违约责任。

【法条指引】

《民法典》

第五百条 当事人在订立合同过程中有下列情形之一，造成对方损失的，应当承担赔偿责任：

（一）假借订立合同，恶意进行磋商；

（二）故意隐瞒与订立合同有关的重要事实或者提供虚假情况；

（三）有其他违背诚信原则的行为。

《最高人民法院关于审理商品房买卖合同纠纷案件适用法律若干问题的解释》

第三条 商品房的销售广告和宣传资料为要约邀请，但是出卖人就商品房开发规划范围内的房屋及相关设施所作的说明和允诺具体确定，并对商品房买卖合同的订立以及房屋价格的确定有重大影响的，构成要约。该说明和允诺即使未载入商品房买卖合同，亦应当为合同内容，当事人违反的，应当承担违约责任。

【案例分享】

宣传广告捏造规划设计，法院判决赔偿损失

— 基本案情 —

原告：俞某某、丁某某

被告：某房地产开发公司

2017 年 10 月 20 日，俞某某、丁某某与某房地产开发公司签订《商品房买卖合同》，购买某小区 372 号联排多层住宅。合同签订前，该公司的销售人

员向俞某某、丁某某出示了设计效果图,该图显示 370—373 号房屋后面庭院围墙外建有景观及上山道路,围墙处均开设有对外通道。

《商品房买卖合同》的补充协议第九条对《买卖合同》第十五条之提醒、补充之第 2 款约定:"买受人确认在签订本合同时已对小区的地址、周边现状都已熟知;对所购该商品房的位置等基本情况均已了解并认可;已仔细阅读售楼现场的特别提示及销售图纸,对其内容均已了解并认可,且不持异议;该商品房交付时实际建造状况以合同附图为准。买受人对小区公共建设设施的分布状况已作了解并认可,双方同意本项目规划范围内的相关设施的建设以政府主管部门最后审批为准。小区规划红线内存在的可能影响买受人生活的不利因素,出卖人已告知,买受人已知悉并表示充分理解和接受;小区规划红线外的市政规划、环境等配套以及出卖人在小区规划红线外的建设等行为均不在本《买卖合同》范围内;该商品房交付时,买受人不得以小区红线内外上述情况发生为由而向出卖人提出退房或索赔等要求。"第十二条对《买卖合同》第二十条之补充第 2 款亦作出类似约定。第十五条"关于楼书、样板房及销售广告效力的约定"约定:"1. 出卖人及其销售人员通过口头、书面、道具等所表达或提供的信息不作为交房标准;2. 出卖人在销售广告、模型和宣传资料效果图等中对房屋、样板房等宣传道具的描述仅作参考之用;3. 出卖人在销售广告、模型和宣传资料等中对规划红线范围之外的环境等进行描绘仅具有参考作用,具体以最后批准文件或建成事实为准。"

合同签订后,俞某某、丁某某按约支付了购房款,某房地产开发公司将与效果图不符的房屋交付使用。2019 年 7 月 12 日,丁某某向县市场监督管理局举报某房地产开发公司虚假宣传,该局作出《行政处罚决定书》,认为该公司违反了《中华人民共和国反不正当竞争法》的规定,责令停止违法行为并罚款 20 万元。该决定书查明的事实为:规划设计总平面图备案批准时 370—373 号房屋围墙处未设计通道,但某房地产开发公司对上述房屋设计了开设有通道及景观带的效果图并进行了宣传,但交房时并未建造。

后俞某某、丁某某向法院提起诉讼,要求房地产开发公司按照购房款的20% 赔偿损失。

— 法院认为 —

法院认为,俞某某、丁某某在购房时已明确对案涉房屋的周边环境提出疑问,而某房地产开发公司在明知房屋围墙外土地不属于其开发规划范围、已备案的设计规划中无通道的情况下,仍捏造事实,虚假宣传,误导购房者,已构成欺诈，应依法承担法律责任。

— 裁判结果 —

法院经审理后，综合某房地产开发公司主观恶意、房屋的单价及某房地产开发公司捏造的事实对房屋价格、购房意愿的影响等因素，酌定按房屋总价款的 6% 确定赔偿数额，并判决某房地产开发公司在判决生效后十日内支付赔偿款。

注：本案例选自（2020）浙 0225 民初 834 号民事判决书

7. 购买或承租的车位都可以安装充电桩吗？

随着新能源汽车的快速发展，越来越多的人选择购买新能源汽车，便捷充电的问题，也成了新能源汽车车主广泛关注的话题。许多车主为实现便捷充电，会在自家车位安装充电桩，但在部分原本无充电桩安装规划的小区中，物业或其他业主对此会持反对态度。在物业和其他业主都反对的情况下，业主还能安装充电桩吗？

一般而言，如果该车位是小区原本规划设计的停车位，具有一定的独立性，是业主购买且可以办理产权登记的，属于可以区分所有权的专有部分，根据《民法典》第二百七十二条规定，业主有权在车位上安装充电桩。

那么对于业主只购买了使用权的车位，或者是承租的车位，业主是否有权要求物业配合安装充电桩呢？在部分省市法院判例中，对业主购买了使用权的车位，或者是承租的车位安装充电桩的，是予以支持的。比如黑龙江大庆市高新区法院就曾作出判决，认为业主对车位具有长期、固定的使用权，基于《民法典》有利于节约资源、保护生态环境的原则，其有权在该车位上安装充电桩。

【法条指引】

《民法典》

第九条 民事主体从事民事活动，应当有利于节约资源、保护生态环境。

第二百七十二条 业主对其建筑物专有部分享有占有、使用、收益和处分的权利。业主行使权利不得危及建筑物的安全，不得损害其他业主的合法权益。

【案例分享】

业主有权在车位上安装充电桩

— 基本案情 —

原告：王某

被告：重庆某物业公司

2021年7月3日，原告王某购置了一台品牌为比亚迪的新能源插电式混合动力汽车。同月6日，原告王某向被告重庆某物业公司申请出具证明材料，证明物业公司同意王某在自有停车位安装充电桩。物业公司将其汇报给业主委员会，业委会召开会议决定征求其他车位业主意见，三分之二以上的车位业主以存在安全隐患为由不同意原告在车库安装充电桩。该业委会将决议公示后，作出了不同意原告在车库安装充电桩的决定。被告重庆某物业公司据此拒绝了原告王某的申请。

— 法院认为 —

一审法院审理后认为，本案争议的焦点有以下几点：

一是关于业委会召开车位业主们签署的表决结果及决议公示的性质和效力。法院认为，该文件并不属于业委会的决议，不能代表小区全体业主和业委会的意思，而只是小区部分业主的意见。即使通过小区全体业主上升为业委会决议，也与法律规定不符。根据《民法典》第二百七十二条规定，业主对自有车位依法享有所有权，其他业主不得影响和妨碍其使用。即使安装充电桩线路需要通过车库公共区域，也属正常需求和合理使用。现在车库部分业主通过表决，不同意原告安装充电桩，该表决结果及决议公示因违反法律规定而无效。

二是安装充电桩有无必要和安全隐患。新能源车辆停靠在停车位上充电，是体现新能源汽车使用价值以及停车位用途的直接方式，充电桩是新能源汽车实现使用目的不可或缺的设备，故新能源车主申请安装充电桩显然是合理需求和有必要的。至于部分业主所担心的车库车位安装充电桩是否安全的问题，不能凭主观猜测，是否符合安装条件应由供电公司等相关部门依据现场勘查情况判断，最终是否符合安装条件、能否成功安装与原告有无权利申请安装不是同一回事。如果安装后发现有安全问题，也可及时采取整改、补救措施，而不能以此为由不同意原告的正常需求。

三是关于物业公司有无义务出具证明。物业公司作为专业的服务单位，本应当为业主提供优质、高效、便捷的物业服务。在应否出具同意业主安装充电桩的证明材料问题上，双方之前没有明确约定。但面对瞬息万变的现实生活，物业服务合同的具体条款不可能考虑得非常详尽。被告重庆某物业公司履行物业服务合同过程中，也不应当墨守成规、一成不变，而应当围绕物业企业的服务宗旨，尽量满足业主随时可能提出的不同的正当合理需求。鉴于新能源汽车的使用、推广可以节约燃油能源，减少废气排放，保护环境，符合我国倡导的"绿色、环保、节能"的可持续发展战略，也符合《民法典》"有利于节约资源、保护生态环境"之规定，物业公司应当出具同意安装充电桩的证明材料。

— 裁判结果 —

法院判决被告在判决生效之日起三日内向原告出具同意其安装新能源汽车充电桩的证明，并在原告安装充电桩时提供必要的协助。

注：本案例选自（2021）渝 0110 民初 9877 号民事判决书

8. 路上捡到的手机，是不是就归我所有了？

首先需要区分这台手机是他人遗失的还是丢弃的。如果这台手机是别人丢弃的，那么这台手机可以认定为无主物，拾得人可以通过拾取的方式取得所有权。但如果这台手机是他人遗失的，一般认为这台手机只是短暂地脱离了物主的占有，该手机仍然属于有主物，是不能够通过拾取的方式取得所有权的。此外，根据《民法典》的规定，拾得他人遗失物的，应当返还权利人。当然，权利人在领取遗失物时，应当支付拾取人为保管遗失物支出的必要费用。

【法条指引】

《民法典》

第三百一十四条 拾得遗失物，应当返还权利人。拾得人应当及时通知权利人领取，或者送交公安等有关部门。

第三百一十六条 拾得人在遗失物送交有关部门前，有关部门在遗失物被领取前，应当妥善保管遗失物。因故意或者重大过失致使遗失物毁损、灭失的，应当承担民事责任。

【案例分享】

拾得遗失物未妥善保管，法院判赔物品损失

— 基本案情 —

原告：王某

被告：李某

2021年6月9日21点半左右，王某在某大街路口遗失了一个女士黑色包，内有两部苹果手机、身份证及工作证件、UGG鞋等物品。随后王某通过使用手机的丢失模式定位手机后报警，在民警陪同下调取了某住宅楼监控录像，在监控录像中看到李某进入电梯时手里有黑色女包。王某于6月10日在该住宅楼大门口和电梯间贴了告示，当晚9楼住户打电话给王某称在9楼看到一个黑色女包，王某与民警去查看时，包内手机已经丢失。6月12日王某再次张贴告示，并承诺给返还手机者3000元奖励。当晚李某致电王某，称捡到了包放到了9层，希望王某履行承诺。6月14日王某再向李某致电要回手机时，李某却称包已经不见了。于是王某报警，警察出警后，联系王某、李某一同查看监控。查看监控过程中，李某称看到了两部手机，好像是黑屏。

王某认为李某行为侵犯了其财产权，遂起诉至法院，要求李某返还两部手机，或照价赔偿两部手机。

一审庭审中，法院询问李某："你住3层，为何捡到包后放在9层的楼梯隔间？"李某回答因为不方便拿回家怕女朋友多想，9层是楼顶平时很少人去，觉得那个角落特别隐秘安全。法院询问李某："6月9日捡到东西后，为何没有及时报警？"李某答复："我是想把包当面送到派出所，因很忙未来得及送，认为放在9层隔间是安全的。"

— 法院认为 —

本案李某捡到王某丢失的女包后，并未妥善保管遗失物，而是放在其居住的9楼楼梯间，该楼梯间虽然位于楼顶，但属于公共开放空间，李某将包放置此处，客观上不利于保护包的安全。此外，自6月9日晚李某捡到包后直至6月12日晚，李某既未主动通过查找包内物品联系失主，也没有及时联系派出所等有关部门送交遗失物。综上，法院认为，李某并未尽到妥善保管遗失物的责任，对于王某手机丢失存在过失，应当承担相应的民事责任。同时，王某作为包的主人，未妥善保护其财物安全，导致其物品丢失，自身应当承担主要责任。因李某坚称没有拿走王某的手机，故王某要求李某返还手

机已无可能性。综上，根据王某的损失情况及李某的过错程度，一审法院酌情确认李某赔偿王某损失 5000 元。

— 裁判结果 —

一审判决李某于判决生效之日起七日内赔偿王某损失 5000 元；驳回王某的其他诉讼请求。

李某不服提起上诉，二审法院判决：驳回上诉，维持原判。

注：本案例选自（2021）京 03 民终 19684 号民事判决书

9. 没交物业费就不能参加业委会选举活动吗？

因为没交物业费，业主选举、参选业主委员会委员的权利被禁止，这显然是一种不合法、不合理的行为。

《民法典》实施以前，根据《物业管理条例》规定，业主享有业主委员会的选举权与被选举权。但有部分省份在其制定的规范性文件中，擅自对业主选举、参选业主委员会的条件加以限制，将"缴纳物业费、专项维修资金"作为业主选举、参选的前提条件，这其实是一种不合理的行为。试想，如果业主因对小区物业的服务不满，拒绝缴纳物业费，并且试图成立业主委员会以维护自身权利，但是却又因为没有缴纳物业费而不让这些业主参加业委会选举活动，这将导致这一批业主无法通过正常途径表达自己的诉求，该规定明显不合理。

正因如此，《民法典》实施之后，进一步规定了业主享有选举业主委员会权利。同时，全国人大常委会法工委也开展了对部分省份物业管理条例的审查程序。全国人大法工委同样认为，如果地方性法规将"按时交纳物业费等费用"作为参选业主委员资格的限制性条件，将剥夺这种情况下业主通过自治寻求救济的法定权利，不符合立法原意。

【法条指引】

《民法典》

第二百七十七条　业主可以设立业主大会，选举业主委员会。业主大会、业主委员会成立的具体条件和程序，依照法律、法规的规定。

地方人民政府有关部门、居民委员会应当对设立业主大会和选举业主委员会给予指导和协助。

《物业管理条例》

第六条　房屋的所有权人为业主。

业主在物业管理活动中，享有下列权利：

（一）按照物业服务合同的约定，接受物业服务企业提供的服务；

（二）提议召开业主大会会议，并就物业管理的有关事项提出建议；

（三）提出制定和修改管理规约、业主大会议事规则的建议；

（四）参加业主大会会议，行使投票权；

（五）选举业主委员会成员，并享有被选举权；

（六）监督业主委员会的工作；

（七）监督物业服务企业履行物业服务合同；

（八）对物业共用部位、共用设施设备和相关场地使用情况享有知情权和监督权；

（九）监督物业共用部位、共用设施设备专项维修资金（以下简称专项维修资金）的管理和使用；

（十）法律、法规规定的其他权利。

【案例分享】

未缴物业费的业主参选权被剥夺，法院判决撤销

一 基本案情 一

原告：碧湖花园一、二期第一届业主委员会

被告：某市房产管理局

2017年3月13日，碧湖花园一、二期业主大会筹备组（以下简称"筹备组"）发出《关于碧湖花园一、二期业主委员会候选人产生办法及业主委员会选举方式公告及报名通知》并进行了公示。2017年3月16日，杨某某等人提交了《业主委员会委员候选人报名表》。2017年3月28日，筹备组作出《业主委员会委员候选人名单》并公告，称杨某某等七人为业主委员会候选人，并载明"业主对上述名单有异议的，请于2017年4月7日之前与筹备组联系"。

2017年5月12日，筹备组发布《业主大会会议表决规则》，并于当日发出《关于召开业主大会的通知》。2017年5月31日，碧湖花园一、二期召开业主大会，大会表决通过了《管理规约》和《业主大会议事规则》，并选举杨某某等人为碧湖花园一、二期第一届业主委员会委员。

2017 年 7 月 10 日，碧湖花园一、二期第一届业主委员会向当地社会事务局及房屋管理局提交《某市业主委员会备案申请表》及相关材料，申请业委会备案。2017 年 8 月 21 日，被告出具《业主委员会备案通知书》，主要内容为："经查阅，业主大会会议记录、《业主大会议事规则》《业主管理规约》和业主委员会名单等资料齐全，决定予以备案。"

2017 年 12 月 15 日，被告作出《业主委员会撤销备案通知书》，认为碧湖花园一、二期第一届业主委员会在筹备、选举过程中，业主委员会候选人存在不按时交纳物业服务费用的情况，违反了《广东省物业管理条例》第二十五条"业主委员会委员应当从具备以下条件的业主中选举产生……（三）遵守管理规约，履行业主义务，按时交纳住宅专项维修资金和物业服务费用，无损害公共利益行为"，根据此条例有关规定，决定撤销《业主委员会备案通知书》。

业主委员会不服该《业主委员会撤销备案通知书》，向人民法院提起诉讼。

— 法院认为 —

一审法院受理后，针对"业主未能按时缴纳物业管理费是否必然丧失参选业主委员会委员资格"的问题认定如下。

《物业管理条例》第十六条第二款规定："业主委员会委员应当由热心公益事业、责任心强、具有一定组织能力的业主担任。"《业主大会和业主委员会指导规则》第三十一条规定："业主委员会由业主大会会议选举产生，由 5 至 11 人单数组成。业主委员会委员应当是物业管理区域内的业主，并符合下列条件：（一）具有完全民事行为能力；（二）遵守国家有关法律、法规；（三）遵守业主大会议事规则、管理规约，模范履行业主义务；（四）热心公益事业，责任心强，公正廉洁；（五）具有一定的组织能力；（六）具备必要的工作时间。"从上述两条款的规定来看，并不能得出业主委员会委员的参选资格包括应当按时缴纳物业管理费。

《业主大会和业主委员会指导规则》第十七条第（一）、（二）、（三）项规定："业主大会决定以下事项：（一）制定和修改业主大会议事规则；（二）制定和修改管理规约；（三）选举业主委员会或者更换业主委员会委员"；第十八条规定："管理规约应当对下列主要事项作出规定：……（七）违反管理规约应当承担的责任。"第十九条规定："业主大会议事规则应当对下列主要事项作出规定：……（八）业主委员会委员的资格、人数和任期等。"第二十条规定："业主拒付物业服务费，不缴存专项维修资金以及实施其他损害业共同权益行为的，业主大会可以在管理规约和业主大会议事规则中对其共同管理权的行使予以限制。"根据以上条款并结合《广东省物业管理条例》第二十五条的规定可知，是否剥夺未按时交纳物业管理费业主参与业主委员会委员选举的资格应当由业主大会共同决定。另外需要指出的是，业主在选举前曾经存在未按时缴纳物业管理费用的情形，不论时间长短，不论严重程度，不论未能按时缴纳的主客观原因而是否一概剥夺其候选人资格，从目前的法律上来看并没有明确的规定。对此，根据《物业管理条例》第六条第二款之"业主在物业管理活动中，享有下列权利：……（五）选举业主委员会成员，并享有被选举权"的规定，业主享有法定的被选举权。由此可知，剥夺业主的业主委员会委员候选人资格是对其业主法定被选举权的重大限制，根据过罚相当的法律原则及行政法比例原则，业主未能按时交纳物业管理费用也应当达到严重的程度，严重危害到全体业主共同利益，且没有任何正当理由时，才有必要剥夺其业主委员会委员的候选人资格，所以即便行政机关对此作出相关决定，也应本着谦抑的态度行使监督管理权力，不得滥用职权。

— 裁判结果 —

一审法院判决：撤销被告于 2017 年 12 月 15 日作出的常房管物【2017】5 号《碧湖花园一、二期第一届业主委员会撤销备案通知书》。

被告不服提起上诉，二审法院经审理后判决：驳回上诉，维持原判。

注：本案例选自（2019）粤 19 行终 3 号行政判决书

10. 邻居在家做生意影响我生活了，我能起诉吗？

邻居将房屋"住改商"用作商业经营，如线下培训机构等，这种行为合法吗？如果邻居的行为对自己的生活造成影响，可以去法院起诉吗？

在《民法典》实施以前，《物权法》已对"住改商"作出了规定，即在不违反法律、法规、管理规约的情况下，业主可以申请"住改商"，但需经"有利害关系业主的同意"；《民法典》实施之后，将条文修改为"经有利害关系业主的一致同意"。一般认为，如果某业主在进行"住改商"之前，没有取得同楼栋的业主的一致同意，那么同楼栋其他业主可以到法院去起诉要求恢复原状。

可能有业主会问，如果我购买的是商住公寓，邻居的经营行为对我造成影响了，我还能起诉吗？即便是邻居房屋可以用作商业经营，但如果日常生活被邻居的商业经营活动打扰，业主也是可以起诉要求停止侵权行为的。

【法条指引】

《民法典》

第二百七十九条　业主不得违反法律、法规以及管理规约，将住宅改变为经营性用房。业主将住宅改变为经营性用房的，除遵守法律、法规以及管理规约外，应当经有利害关系的业主一致同意。

《最高人民法院关于审理建筑物区分所有权纠纷案件 适用法律若干问题的解释》

第十条　业主将住宅改变为经营性用房，未依据民法典第二百七十九条的规定经有利害关系的业主一致同意，有利害关系的业主请求排除妨害、消除危险、恢复原状或者赔偿损失的，人民法院应予支持。

将住宅改变为经营性用房的业主以多数有利害关系的业主同意其行为进行抗辩的，人民法院不予支持。

第十一条　业主将住宅改变为经营性用房，本栋建筑物内的其他业主，应当认定为民法典第二百七十九条所称"有利害关系的业主"。建筑区划内，本栋建筑物之外的业主，主张与自己有利害关系的，应证明其房屋价值、生活质量受到或者可能受到不利影响。

【案例分享】

违法在住宅内开办乐器培训机构，法院判决要整改

一 基本案情 一

原告：刘某

被告：张某、李某

原告刘某是广州市天河区天河路某小区某楼栋 2602 号房业主，被告张某是同楼栋 2702 号房业主，该两房屋用途均为住宅。

2020 年 9 月 19 日开始，李某向张某承租 2702 号房后，在房屋内开办乐器培训机构，培训时间是每日 11:00 至 22:00，中午无固定午休时间。

李某在住宅内开办乐器培训机构的行为严重影响刘某正常生活和休息，为此刘某多次向物管处、行政机关反映情况寻求帮助，在物业公司和政府部门明确要求停业的情况下，李某未停止经营，且经营活动持续给刘某造成影响。

后刘某向法院提起诉讼，认为李某的行为对自己的生活造成严重影响，经医院诊断已患有严重睡眠障碍并需服药治疗，要求张某、李某停止侵权行为并将该房屋恢复为住宅用途，并承担刘某为聘请律师支出的律师费6000元。

被告李某辩称，原告所称的日常生活被骚扰与我方无关。原告并未提供我方噪声超标的证据，原告自己也曾亲口承认过，如在他家进行噪声检测，楼上声音并不超过法定标准，另我方营业到22:00，不影响一个正常成年人的睡眠。此外，原告作为相邻关系人，应该有一定容忍义务，正确处理邻里关系，原告没有提供相关的噪声证明，更没有侵权造成严重的后果，所以原告的诉求无事实和法律依据，应予驳回。

被告张某辩称，2020年11月27日物业管理处第一次联系我，由于我当时不在广州，所以只能通过电话和短信的方式与李某了解相关的情况，并及时与物业公司沟通，委托物业公司处理该事件。我已在得知此事后已第一时间积极配合进行处理，并无任何过错。

法院受理后，原告刘某明确提起诉讼的目的是要求两被告停止将住宅改为经营性用房的行为，是针对2702号房屋的住改商问题，而非噪声问题。

— 法院认为 —

一审法院受理后认为，根据《民法典》第二百七十九条规定："业主不得违反法律、法规以及管理规约，将住宅改变为经营性用房。业主将住宅改变为经营性用房的，除遵守法律、法规以及管理规约外，应当经有利害关系的业主一致同意。"《最高人民法院关于审理建筑物区分所有权纠纷案件适用法律若干问题的解释》第十条规定："业主将住宅改变为经营性用房，未依据民法典第二百七十九条的规定经有利害关系的业主一致同意，有利害关系的业主请求排除妨害、消除危险、恢复原状或者赔偿损失的，人民法院应予支持。将住宅改变为经营性用房的业主以多数有利害关系的业主同意其行为进行抗辩的，人民法院不予支持。"第十一条规定："业主将住宅改变为经营性用房，本栋建筑物内的其他业主，应当认定为民法典第二百七十九条所称'有利害关系的业主'。建筑区划内，本栋建筑物之外的业主，主张与自己有利害关系的，应证明其房屋价值、生活质量受到或者可能受到不利影响。"

2702号房用途为住宅，而李某向张某承租2702号房用于经营乐器培训机构，是将原本为住宅的2702号房改变为经营性用房。按照上述规定，刘某作为同栋楼的业主，属于"有利害关系的业主"，在张某、李某没有经刘某同意"住改商"的情况下，刘某有权要求2702号房业主张某及承租人、实际经营者李某排除妨害、消除危险、恢复原状或者赔偿损失。

关于刘某主张的律师费 6000 元，客观上刘某聘请了律师处理本案，且金额也是在合理限度范围内，故法院对于该金额同样予以支持。

—裁判结果—

一审法院判决：被告张某、李某于判决生效之日起十日内，停止在 2702 房的乐器培训的经营行为，并将该房屋恢复为住宅用途，并向刘某赔偿律师费损失 6000 元。

张某不服提起上诉，二审法院经审理后判决：驳回上诉，维持原判。

注：本案例选自（2022）粤 01 民终 5818 号民事判决书

11. 商品房预售备案登记了，房子就是我的吗？

我们在购买预售商品房之后，会听说要把商品房预售合同拿去房管部门做登记，在这个阶段我们可能会听到不同的说法，有的人说做的是备案登记、有的说是做预告登记。这两种登记有什么不同呢？是不是只要做了其中一种登记，就可以证明房屋是我的？

先来说说备案登记。备案登记一般指的是"商品房预售备案登记"，这是行政机关根据《城市商品房预售管理办法》的规定，作出的一种行政管理登记，预售备案登记通常是预告登记的前置程序。一般认为，预售备案登记不产生物权或者是准物权的效力。

预告登记，是在《民法典》规定的物权登记制度，是为了保障以后物权的实现、行使而设立的一种登记制度。预告登记后，不经登记人的同意，不得处分该不动产。但预告登记只是一种权利保全，并不是物权和所有权的登记，即便做了预告登记，也并不能证明必然对不动产享有所有权。

【法条指引】

《民法典》

第二百零九条　不动产物权的设立、变更、转让和消灭，经依法登记，发生效力；未经登记，不发生效力，但是法律另有规定的除外。

依法属于国家所有的自然资源，所有权可以不登记。

第二百二十一条　当事人签订买卖房屋的协议或者签订其他不动产物权的协议，为保障将来实现物权，按照约定可以向登记机构申请预告登记。预告登记后，未经预告登记的权利人同意，处分该不动产的，不发生物权效力。

预告登记后，债权消灭或者自能够进行不动产登记之日起九十日内未申请登记的，预告登记失效。

【案例分享】

商品房预售登记不等于预告登记

— 基本案情 —

原告：林某某

原告：某投资公司

被告：某房地产公司

第三人：某资产公司

2013 年 8 月 19 日，某房地产公司将其开发的位于镇江市某高层住宅出售给林某某。双方签订了 12 份《商品房买卖合同》并办理了商品房预售合同登记备案手续。

随后双方又签订了《〈商品房买卖合同〉补偿协议》，约定林某某一次性向某房地产公司支付购房款，自林某某支付购房款后三个月内，某房地产公司对上述房屋进行回购，如果不回购的，林某某有权要求某房地产公司立即交付房屋，或者要求返还购房款，并支付违约金。

2013 年 8 月 20 日，某投资公司代林某某根据《〈商品房买卖合同〉补偿协议》的约定向某房地产公司指定账户支付了购房款 5000 万元。

三个月后，某房地产公司并没有按照补偿协议进行回购，仅返还了 500 万元购房款，之后未再还款。于是林某某与某投资公司向法院起诉，要求某房地产公司返还购房款、支付违约金等，其中一项诉讼请求为：要求在上述 12 套房屋的拍卖、变卖、折价款中优先受偿。

— 法院认为 —

法院认为，商品房预售备案登记是房地产管理部门出于行政管理目的对商品房预售合同进行的备案，系行政管理范畴，备案登记并不当然产生物权或准物权效力，而预告登记制度系物权法确定的一种物权登记制度，预告登记后，其请求权产生权利保全的效力，两种登记存在本质区别。林某某虽然与某房地产公司就涉案房屋签订商品房买卖合同并办理了预售备案登记，但未办理预告登记，房屋所有权亦未过户登记到林某某名下，在未完成财产权利变动公示的情况下，其权利性质仍属于债权，不具有担保物权的效力，故原告主张就涉案房屋拍卖、变卖所得享有优先受偿权，不能得到法院支持。

— 裁判结果 —

针对林某某、某投资公司提出的要求在上述 12 套房屋的拍卖、变卖、折价款中优先受偿的这一项诉讼请求，两审法院均予以驳回。

注：本案例选自（2020）苏 19 民终 1017 号民事判决书

12. 房产证上没有我的名字，我就不是权利人了吗？

原则上来说，不动产物权的设立、变更、转让和消灭，须经登记后发生效力，未经登记的，不发生法律效力，但法律另有规定的除外。经登记的不动产在确认权属和内容等方面具有极高的证明力，但现实中也存在不动产登记物权权属和内容与其真实权属情况不一致的情形，从《民法典》第二百二十条规定的内容也可以看出，经登记的不动产对于确认物权并不具有绝对的证明力。举个例子，比如夫妻双方婚后共同出资购买了房屋，即便只登记了夫妻其中一人的名字，原则上该房屋属夫妻共同财产，另一方亦可主张要求办理加名登记手续。

对于认为不动产登记簿记载的事项存在错误的，权利人、利害关系人可以申请进行更正登记，不动产登记簿记载的权利人书面同意更正或者有证据证明登记确有错误的，则登记机构应当予以更正。

【法条指引】

《民法典》

第二百二十条 权利人、利害关系人认为不动产登记簿记载的事项错误的，可以申请更正登记。不动产登记簿记载的权利人书面同意更正或者有证据证明登记确有错误的，登记机构应当予以更正。

不动产登记簿记载的权利人不同意更正的，利害关系人可以申请异议登记。登记机构予以异议登记，申请人自异议登记之日起十五日内不提起诉讼的，异议登记失效。异议登记不当，造成权利人损害的，权利人可以向申请人请求损害赔偿。

【案例分享】

房屋权属登记错误，法院判决更正

—基本案情—

原告：蓝某华

被告：蓝某康

原告、被告是兄妹关系。原告与张某聪原是夫妻关系，双方于1993年1月15日登记结婚，2020年12月14日协议离婚。原告夫妇与被告原共同拥有位于县城的两间旧瓦房和自建的厨房、卫生间，总面积约73平方米。

2010年6月4日，李某两兄弟委托母亲蓝某华与张某聪、被告进行新旧房屋交换，双方在县公职律师事务所见证下签署了《新旧房屋对换所有权合同》，张某聪和被告将上述73平方米的房屋与李某两兄弟购买的位于该县的房屋进行对换，此后某幢B 1301房归被告和张某聪共同所有。在办理房屋对换见证之前，某幢B 1301房的《房地产权证》（房地产权证号：粤房地证字第C××9号）已于2009年9月27日登记在被告个人名下。2020年12月14日原告与张某聪签署《离婚协议书》，双方约定离婚后张某聪名下涉案房屋的产权份额归原告所有。

庭审中原告、被告亦确定涉案房屋由两人共有，原告、被告各占50%的份额。现原告要求确认其所占的房产份额，在房地产权证中登记原告的名字。被告称如果原告想在房地产权证中登记署名，需要支付被告房屋装修费75000元和母亲的赡养费100000元。双方协商不成，故诉之于法院。

—法院认为—

法院审理后认为，对位于某县的房屋（房地产权证号：粤房地证字第C××9号）由原告、被告各占50%的产权份额的事实，予以确认。被告对原告享有涉案房屋50%的产权份额并无异议，原告依法可以作为权属人登记在房地产权证中。被告在答辩中提出的原告应向其支付房屋装修费和母亲的赡养费的意见，与本案所有权确认纠纷并无关联，被告若坚持己见，可另行主张。

—裁判结果—

一审法院判决：位于广东省某县（房地产权证号：粤房地证字第C××9号）的产权为原告蓝某华与被告蓝某康共同所有，各占50%的份额。原告蓝某华可以自本判决发生法律效力之日起向房产登记部门申请增加其为权属人的变更登记，产生的费用自负，被告蓝某康须配合。

注：本案例选自（2021）粤1422民初1380号民事判决书

13. 外嫁女、空挂户不服村集体作出的决定，可以提起诉讼吗？

在部分农村地区，存在部分村民或村集体组织认为外嫁女不再具备村集体经济组织成员资格的情形，在分红、征地补偿、安置分配等补偿分配时，不会对外嫁女进行分配，甚至会在村集体经济组织成员名册中将其除名。既然名册中已经没有外嫁女的名字，那外嫁女还能针对分配方案向法院提起诉讼吗？

《民法典》第二百六十五条规定，农村集体经济组织、村民委员会或者其负责人作出的决定侵害集体成员合法权益的，受侵害的集体成员可以请求人民法院予以撤销。虽然村集体将外嫁女除名，但对于外嫁女、空挂户实际上是否享有诉权，属于人民法院审查的范畴。2018 年最高人民法院印发的《关于为实施乡村振兴战略提供司法服务和保障的意见》中指出，要防止简单地以村民自治为由剥夺村民的基本财产权利，依法保障外嫁女的合法权益等。所以外嫁女、空挂户等不服村集体作出的决定的，是可以向人民法院提起诉讼的。

【法条指引】

《民法典》

第二百六十五条　集体所有的财产受法律保护，禁止任何组织或者个人侵占、哄抢、私分、破坏。

农村集体经济组织、村民委员会或者其负责人作出的决定侵害集体成员合法权益的，受侵害的集体成员可以请求人民法院予以撤销。

【案例分享】

原审法院以村民自治为由驳回外嫁女起诉，
再审法院指令一审法院进行审理

——基本案情——

原告：马某等五人

被告：A 村民组

马某等五人分别因为出生、结婚等事由落户在 A 村民组，一直居住生活在 A 村民组，履行了村民义务。A 村民组的土地被征收，征地补偿用于建造安置房，A 村民组征地、安置房及账目情况的通报中，记载的村民组现有农业在册并生活在本组的常住人口，包括马某等五人。

2008 年 5 月 22 日 A 村民组会议讨论决定，认为"外挂户和出嫁女不享受 A 村民组村民待遇"，认为马某等五人不具有村民组集体成员资格，不分配土地补偿费用，也不享受门面房安置。会议形成《安置房分配人员登记表》，其中不包含马某等五人。

马某等五人不服，起诉至人民法院，请求撤销该会议决定，并确认其五人享有门面房安置的权利，一、二审法院以村民自治为由，均驳回马某等五人起诉。马某等五人不服，向省高级人民法院申请再审。

— 法院认为 —

再审法院认为，根据案件审理时适用的《中华人民共和国物权法》第六十三条第二款规定："集体经济组织、村民委员会或者其负责人作出的决定侵害集体成员合法权益的，受侵害的集体成员可以请求人民法院予以撤销。"以及《中华人民共和国妇女权益保障法》第五十五条规定："违反本法规定，以妇女未婚、结婚、离婚、丧偶等为由，侵害妇女在农村集体经济组织中的各项权益的，或者因结婚男方到女方住所落户，侵害男方和子女享有与所在地农村集体经济组织成员平等权益的，由乡镇人民政府依法调解；受害人也可以依法向农村土地承包仲裁机构申请仲裁，或者向人民法院起诉，人民法院应当依法受理。"马某等五人就其提出的撤销 A 村民组决定的权利主张，依法享有起诉权利。

关于马某等五人是否具有集体成员身份的争议，在程序上，是认定马某等五人诉讼主体是否适格的基础事实，必须审理查明；在实体上，是认定本案主要争议事项——A 村民组决定是否侵害马某等五人的合法权益的基础事实，必须审理查明。因此，上述集体成员身份争议，属于侵害集体经济组织成员权益纠纷的审理范围，应当审理查明，作出认定。原裁定对此不作认定，直接驳回起诉，实质上是对法律关于集体成员诉权规定的概括性拒绝适用，剥夺了马某等五人诉权，适用法律错误。

同时，《中华人民共和国村民委员会组织法》第三十六条第一款规定："村民委员会或者村民委员会成员作出的决定侵害村民合法权益的，受侵害的村民可以申请人民法院予以撤销，责任人依法承担法律责任。"该条文明确赋予了当事人对集体决定的起诉权利，也与物权法、妇女权益保障法相关规定协调一致，明确规定侵害集体经济组织成员权益、侵害村民权益的纠纷，属于人民法院受理案件范围。原裁定以村民自治事由，认定本案相关争议不属于人民法院民事案件受理范围，适用法律错误。

— 裁判结果 —

再审法院撤销原一、二审裁定，指令一审法院对本案进行审理。

注：本案例选自（2020）皖民再 192 号民事裁定书

14. 土地改革时已被没收分配的华侨房产应该归谁？

因历史的原因，新中国成立前，很多华人华侨都在国内有购置房产或建造房屋。土地改革时，政府将一些华侨的房产进行了没收，并分配给其他无房居住的居民或农民。改革开放后，国家落实返还华侨个人财产的政策，并陆续为华侨或华侨的继承人颁发了不动产权属证明文书。很多原被分配居住在华侨房产的人提出了主张，认为原来的房子已经被政府没收并分配了，因此自己对居住的房产也享有物权。

对于这一类因历史遗留问题产生的物权纠纷，主要还是依据物权凭证来判断房产的归属。如华侨或华侨继承人有证据证明相关房产是属于自己的，可以通过向有关部门反映等方式，要求落实侨房保护政策，依法维护华侨合法正当权益。

【法条指引】

《民法典》

第二百一十六条　不动产登记簿是物权归属和内容的依据。（第二款）不动产登记簿由登记机构管理。《关于落实城市华侨私房政策的情况通报》第二点，按照中央、国务院关于加快落实侨房政策工作的文件要求，落实城市华侨私房政策工作，应摆在优先位置。力争今年内对私房改造中错改的侨房，基本发还产权，并按有关政策规定，积极做好腾退使用权工作。各级侨务部门要积极主动配合城建、房管部门，做好宣传和贯彻落实政策工作。

【案例分享】

已颁发不动产权属证书的华侨房产依法受法律保护

— 基本案情 —

原告：彭某

被告：刘某

原告彭某是刘某英之子。被告刘某星是刘某若之子，刘某若有兄弟三人，1942 年起至 1949 年间，刘某若兄弟三人在兴宁市乡下共同兴建了涉案房屋"华萼围"。"华萼围"内共有 84 间房（含走马楼共两层，每层 42 间房）。在土地改革期间，华萼围被政府没收，分给贫下中农居住，刘某英为其中的分得户之一（分得花厅一间一厅、南北厅一间、下正堂一间共三间一厅）。

1985 年间开始，兴宁县政府按照广东省委、广东省人民政府粤发〔1984〕24 号文件的规定落实侨房政策，将前述华萼围的 84 间房退还给刘某若等兄弟，并于 1990 年 9 月 1 日出具兴侨房字第 N ××× 房产所有证，将华萼围的 84 间房间登记于侨户刘某若名下。

1990 年 9 月 11 日，刘某英作为经借人曾向被告刘某出具借据 2 张，约定向刘某"借住房屋壹间即右片下正堂中间原芹庐生产队保管室"和"借中厅右片后厅角放灰以及中下厅临时通用即指右片"，借期均为 5 年。1990 年 10 月 5 日，刘某英作为分得户与被告刘某作为业主管理人，在见证单位的见证下签订一份《合约》，合约上双方协商同意刘某英延长退房时间为五年即 1995 年 9 月 30 日退房。后刘某英一直在华萼围居住至 1995 年间离开，离开时将分得的房间上锁未曾向任何人归还。

被告刘某在依靠华萼围一侧兴建了一栋楼房居住，华萼围内已无人居住。被告刘某为了维护房产，在华萼围内进行了砌砖墙的活动，原告认为自己对华萼围里的三房一厅享有所有权，被告的行为侵犯了自己的物权，于是向法院起诉要求被告停止侵害、排除妨碍。

— 法院认为 —

一审法院认为，当事人对自己的主张，有责任提供证据。本案为相邻关系纠纷，原告提出的诉请系主张相邻权益，而依法有权主张相邻权的主体应系不动产的所有人、用益物权人或是合法占有人，故原告在本案中主张相邻权利，首先应当证明其对涉案不动产享有以上确定的合法的足以排除、对抗被告的权利。

本案中，涉案的华萼围房屋原为被告的父亲刘某若及兄弟等建造，虽然基于历史的原因，在土地改革时期被政府没收分配给了包括本案原告彭某的母亲刘某英在内的多户农户居住，但政府在土改时并未通过颁发所有权证书等形式进行确权即确定分得户取得这些房屋的所有权。改革开放后，为解决土地改革时的一些历史遗留问题，切实保护华侨的合法权益，兴宁县人民政府于 1985 年间开始按照广东省委、广东省人民政府〔1984〕粤发 24 号文件的规定落实侨房政策，决定将华萼围土地改革时期被没收的 84 间房间退还给刘某若等，并于 1990 年 9 月 11 日出具兴侨房字第 N×××产所有证，将上述华萼围的 84 间房登记于侨户刘某若名下，即明确确定了该房屋的产权权属人为刘某若。

根据《中华人民共和国民法典》第二百零九条"不动产物权的设立、变更、转让和消灭，经依法登记，发生效力；未经登记，不发生效力，但法律另有规定的除外"和第二百一十七条"不动产权属证书是权利人享有该不动产物权的证明"的规定，原告以其母亲未获得应得的政府补助款所以就取得了房屋所有权的主张理由不充分，与事实和法律规定不符，依法不予采纳。本案的被告刘某，作为涉案华萼围权属登记所有人刘某若的儿子和现今华萼围物业的管理人，在华萼围一侧兴建了房屋并居住，对华萼围房屋在现状基础上进行堆砌砖墙予以修缮、维护的行为并未侵犯原告的任何权利。因此，原告关于请求被告停止侵权、排除妨害的诉讼请求明显缺乏法律依据，依法均不予支持。

— 裁判结果 —

一审判决：驳回原告彭某的全部诉讼请求。

彭某不服一审判决提起上诉。

二审法院经审理后判决：驳回上诉，维持原判。

注：本案例选自（2022）粤 14 民终 2018 号民事判决书

第三章　合同篇

1. 以网络、电子数据等方式订立合同，此类合同是否成立有效？

随着网络不断普及发展，人们的沟通方式正前所未有地发生巨变，通过网络、电子数据促成交易的机会亦随之大增。如今，许多人已经习惯使用电脑和智能手机连接互联网，各种聊天交流软件和网络电商平台让人们很方便地进行消费购物，利用电子数据、网络进行交易已是常规操作。

因此，当以电子数据、网络达成的交易引发纠纷时，司法实践中，法院审理类似案件时首要解决的问题往往是合同的成立与否。根据《民法典》规定，判断以电子数据、网络形式订立合同成立与否相较以往有了更为明确的规定。普遍观点认为，以电子数据、网络方式订立合同的，若符合合同有关要约和承诺的条件，应认定成立并生效。

【法条指引】

《民法典》

第四百六十九条　当事人订立合同，可以采用书面形式、口头形式或者其他形式。

书面形式是合同书、信件、电报、电传、传真等可以有形地表现所载内容的形式。

以电子数据交换、电子邮件等方式能够有形地表现所载内容，并可以随时调取查用的数据电文，视为书面形式。

第四百七十一条　当事人订立合同，可以采取要约、承诺方式或者其他方式。

第四百九十一条　当事人采用信件、数据电文等形式订立合同要求签订确认书的，签订确认书时合同成立。

当事人一方通过互联网等信息网络发布的商品或者服务信息符合要约条件的，对方选择该商品或者服务并提交订单成功时合同成立，但是当事人另有约定的除外。

【案例分享】

网购卖方拒绝交货，法院判合同成立且卖家须履约

—基本案情—

原告：张某

被告：某家电百货超市

2022 年 2 月 11 日，张某登录某网络电商平台发现某家电百货超市开设的商铺中有标价五百多元的某品牌新一级挂式空调在售卖，遂通过微信支付购买两台挂式空调。支付完成后，某网络电商平台显示某家电百货超市已接收订单，并准备配送发货。然而在张某不知情的情况下，某家电百货超市于当日取消张某的购货订单，并将张某支付的人民币一千多元退回给张某，造成上述购买的两台空调无法完成交付。张某欲找某家电百货超市协商，某家电百货超市拒不履行合同，也不与张某进行协商。

张某认为，某家电百货超市违反合同约定，侵犯了其作为买方的权益，遂起诉至法院，要求百货超市继续履行合同，并按照其店内标准金额继续出售两台某品牌挂式空调。

庭审中，超市辩称：第一，网店挂售空调的相关贩售信息是某网络电商平台自动生成，张某支付的货款既未实际支付到超市账户，张某也未到店付款，超市对张某支付货款并不知情；第二，该订单是超市在网络电商平台第一笔业务，通过平台了解后得知出现了商品库存及价格信息不准确的情况，事件发生后某网络电商平台有派人联系过张某，并随即原路退款；第三，案涉空调价格及库存设置与超市无直接关联，超市也无权更改商品的详情信息及销售价格，不排除是某网络电商平台系统出错或者人为操作失误所致；第四，空调为特殊商品，空调安装需要厂商售后人员到安装现场勘定，判定是否具备安装施工环境方可销售，超市服务区域受限，故需提前与买家充分沟通；第五，根据某网络电商平台签订的用户注册协议中的相关规定，出现缺货、价格标示错误等情况时，由平台与销售方提供处理方案；第六，案涉型号空调现处于缺货且无法安装的状态，而某网络电商平台也已同步下架；第

七，根据某品牌空调的通知，此前某品牌公司曾发出关于某网络电商平台违规销售的处罚通报，现即便案涉空调有货也无法继续销售，否则将面临高额的负激励处罚；第八，超市遵守某网购电商平台的规定和协议，案涉空调未在厂家规定零售指导价范围进行销售，故无法履行订单及相关服务。

— 法院认为 —

法院认为，案件争议焦点为"双方之间是否成立合法有效的买卖合同关系"。《民法典》第四百九十一条第二款规定："当事人一方通过互联网等信息网络发布的商品或者服务信息符合要约条件的，对方选择该商品或者服务并提交订单成功时合同成立，但是当事人另有约定的除外。"本案中，某家电百货超市通过网络电商平台发布空调售卖信息，货物信息、数量、价格、优惠等内容具体确定，构成向不特定多数人发出的要约。张某作为消费者，自愿购买某家电百货超市售卖的空调两台，订单已经提交成功并支付足额价款，该行为系张某作出的承诺，此时买卖双方之间的买卖合同关系成立并生效，双方均应依约履行义务。现张某已足额支付价款，对于某家电百货超市未收到价款、对订单不知情的答辩意见，法院不予采纳。另外，某家电百货超市作为案涉买卖合同的相对方，其与某网络电商平台、某空调品牌公司之间的关系与本案并非同一法律关系，对某家电百货超市称与某网络电商平台系合作关系、某空调品牌公司管控无法销售、未按指导价销售等答辩意见，法院均不予采纳。

— 裁判结果 —

法院判决某家电百货超市于本判决生效之日起十日内向原告张某交付两台某品牌挂式空调（包含挂机、外机一台及相关配件）或价值二千多元的其他型号某品牌空调两台；张某则向被告某家电百货超市支付货款1198元。

注：本案例选自（2022）鲁1602民初2336号民事判决书

2. 未就格式条款内容作出提示说明，纠纷发生时如何认定?

如今订立合同时，许多条款往往已由一方预先拟定，合同相对方对拟好的合同条款内容无法修改。《民法典》将此类合同条款定义为格式条款。《民法典》实施前，《中华人民共和国合同法》中已经对格式条款进行规范。《民法典》实施后，与过往的最大区别在于，认定格式条款效力时，应首先考虑格式条款提供方是否"遵循公平原则"，不再仅局限于考虑是否尽到了提示及说明义务。而且，合同相对方除可主张格式条款无效外，还可考虑主张格式条款不成为合同的内容。为此，格式条款提供方甚至可能将承担违约责任。

【法条指引】

《民法典》

第四百九十六条　格式条款是当事人为了重复使用而预先拟定，并在订立合同时未与对方协商的条款。

采用格式条款订立合同的，提供格式条款的一方应当遵循公平原则确定当事人之间的权利和义务，并采取合理的方式提示对方注意免除或者减轻其责任等与对方有重大利害关系的条款，按照对方的要求，对该条款予以说明。提供格式条款的一方未履行提示或者说明义务，致使对方没有注意或者理解与其有重大利害关系的条款的，对方可以主张该条款不成为合同的内容。

第四百九十七条　有下列情形之一的，该格式条款无效：

（一）具有本法第一编第六章第三节和本法第五百零六条规定的无效情形；

（二）提供格式条款一方不合理地免除或者减轻其责任、加重对方责任、限制对方主要权利；

（三）提供格式条款一方排除对方主要权利。

第五百零六条　合同中的下列免责条款无效：

（一）造成对方人身损害的；

（二）因故意或者重大过失造成对方财产损失的。

【案例分享】

定制家具与约定不符，法院判决店家返还货款并双倍退还定金

—— 基本案情 ——

原告：周某某

被告：某衣柜专卖店

2021 年 3 月，因装房需要，周某某在某衣柜专卖店定制衣柜，并支付定金八万元。某衣柜专卖店向周某某出具收款收据。专卖店的业务员通过微信向周某某发送标有各房间尺寸规格信息的表格（下称《价格表》），其中材质一栏中均为"进口实木颗粒板"。2021 年 11 月，周某某及专卖店业务员对《价格表》进行了确认。同日，周某某向某衣柜专卖店支付一万元，专卖店向

周某某出具收款收据。双方签订《××衣柜+全屋定制购货合同书》（以下简称《合同书》）。该《合同书》第一条约定了购货产品内容，其中第一款约定购货产品内容（见附件清单），第三款约定附件：设计图纸等；第三条第二款约定乙方（即周某某）在签订合同时，应付所购货物的全款共计十三万元等内容；第九条约定了其他附加条款：图纸已确认……

《合同书》附件设计图纸中，对柜身区、面板区、功能件区、五金区的材质进行了说明。各衣柜设计图中面板区的材质均标注为烤漆门板，部分为YMK127（中纤板），部分为YMK126（中纤板），部分衣柜柜身区也包含中纤板。但周某某未在设计图纸上签字，仅在效果图上签字确认。

某衣柜专卖店向周某某出具的《高端全屋定制客户预算表》中，其中在"全屋功能配件预估"一栏中标注：……基材：实木颗粒，周某某在该栏中签字确认。

之后，某衣柜专卖店将定制的衣柜交付给周某某时，因板材存在破损，周某某查看后认为板材并非双方约定的进口实木颗粒板而拒绝安装，周某某认为专卖店定制的家具"以次充好"，且已涉嫌消费欺诈，遂诉至法院，请求：1. 解除周某某、被告某衣柜专卖店签订的《合同书》；2. 判决某衣柜专卖店退回货款九万元，要求按假冒伪劣产品赔偿原告周某某二十七万元及定金罚则两万余元。

某衣柜专卖店辩称：1. 案涉《合同书》并未约定解除合同的条件，实际上涉案衣柜也不具备法定的解除条件，周某某要求解除合同于法无据；2. 专卖店不存在违约情形，更不存在以次充好的故意，也没有欺诈行为，故应继续履行合同。

—— 法院认为 ——

法院审理后认为，关于某衣柜专卖店主张双方《合同书》约定了部分应该使用"中纤板"，依据为《合同书》第一条第一款明确了购货产品内容见附件清单，第三款明确了附件为设计图纸。对此，经营者向消费者提供有关商品或者服务的质量、性能、用途、有效期限等信息，应当真实、全面，不得作虚假或者引人误解的宣传。某衣柜专卖店虽然在《合同书》中明确了购货产品内容为附件，也明确了附件为设计图纸，但《合同书》系某衣柜专卖店为了重复使用而预先拟定，并在订立合同时未与周某某协商的格式合同。根据《中华人民共和国民法典》第四百九十六条第二款规定，设计图纸中衣柜面板的材质对《价格表》中的材质进行了细化，导致部分材质并非实木颗粒板，但某衣柜专卖店并未尽到充分的提示义务，致使周某某对不一致部分不知情。最终法院认为周某某要求解除《合同书》的诉讼请求，符合法律规定，法院予以支持。

— 裁判结果 —

一、解除原告周某某与被告某衣柜专卖店签订的《合同书》；

二、被告某衣柜专卖店于本判决生效后十日内向原告周某某返还货款六万余元；

三、被告某衣柜专卖店于本判决生效后十日内向原告周某某双倍返还定金五万余元。

四、驳回原告周某某的其他诉讼请求。

注：本案例选自（2022）赣 1103 民初 902 号民事判决书

3. 购买商品房时签订了认购书，开发商违约买方该如何维权？

购房者购买房屋时，开发商有时会选择先与购房者签订认购书、意向书或者预订书等协议，后面再与购房者签订正式的商品房买卖合同。认购书、意向书等属于预约合同，一方不履行约定的需要承担相应的法律责任。

《民法典》颁布实施后，预约合同制度正式确立。开发商一旦在签订预约合同后不履行相关义务的，在未正式签订商品房买卖合同前，购房者可直接依据《民法典》的相关规定主张其承担违约责任。

【法条指引】

《民法典》

第四百九十五条　当事人约定在将来一定期限内订立合同的认购书、订购书、预订书等，构成预约合同。

当事人一方不履行预约合同约定的订立合同义务的，对方可以请求其承担预约合同的违约责任。

《最高人民法院关于审理商品房买卖合同纠纷案件
适用法律若干问题的解释》

第四条　出卖人通过认购、订购、预订等方式向买受人收受定金作为订立商品房买卖合同担保的，如果因当事人一方原因未能订立商品房买卖合同，应当按照法律关于定金的规定处理；因不可归责于当事人双方的事由，导致商品房买卖合同未能订立的，出卖人应当将定金返还买受人。

第五条 商品房的认购、订购、预订等协议具备《商品房销售管理办法》第十六条规定的商品房买卖合同的主要内容，并且出卖人已经按照约定收受购房款的，该协议应当认定为商品房买卖合同。

【案例分享】

签有认购书却无法订立房屋买卖合同，法院判决开发商承担违约责任

— 基本案情 —

原告：杨某某

被告：陈某、陈某1

被告：某房地产开发公司

2013 年，某房地产开发公司向杨某某借款 300000 元（注：陈某、陈某1 均系该房地产开发公司股东，实缴出资金额均为零元）。2013 年 4 月 18 日，杨某某通过其配偶银行账户转账 300000 元。后某房地产开发公司向杨某某支付利息至 2017 年，时至今日某房地产开发公司未能向杨某某偿还借款。

2020 年 10 月，某房地产开发公司与杨某某签订《商品房认购书》，约定：杨某某认购 ×× 城 ×× 栋 5 层 × 号房，买方向卖方支付定金 300000 元并签署本认购书。特别约定：1. 签署本认购书后，买方须按上述选择的付款方式办理相关手续；买方未能按照上述约定的付款方式按时付清相关款项以及签署《商品房买卖合同》并办理剩余贷款手续的，则被视为自动放弃其认购该房屋之权利，买方所交定金不予退还，卖方有权将该房屋出售给其他人，买方不得追讨。如果卖方在上述约定时间内将该房屋出售给其他人则需要双倍返还买方所交定金。2. 在双方未签署《商品房买卖合同》前，非卖方原因而致使该房屋不能出售时，卖方须在十日内退还买方所交定金（不计利息），在退还定金后，本认购书即时作废，双方权利义务自行终止。3. 买方应当按国家相关法律法规缴付相关税费。当日，某房地产开发公司向杨某某出具收据。

签订《商品房认购书》时，某房地产开发公司不具备修建涉案项目的条件。签订后，某房地产开发公司未取得预售许可证，至今未与杨某某签订《商品房买卖合同》，也未修建《商品房认购书》约定的楼盘。而该《商品房认购书》载明的 ×× 城 ×× 栋 5 层 × 号房所在楼盘系 ×× 号回迁房地块，

属于某建筑工程有限公司合法竞买取得。该地块及附属物现属于某建筑工程有限公司所有。

杨某某认为，某房地产开发公司至今未能与其签订《商品房买卖合同》，亦无法向其交付预售的房屋。其间杨某某曾多次催促某房地产开发公司，但某房地产开发公司以各种理由推脱。据查，涉案楼盘至今未取得预售许可证，导致认购协议书客观履行不能，杨某某认购房屋的目的已根本无法实现。为此，杨某某诉至法院。要求：1. 判令解除杨某某、某房地产开发公司签订的《商品房认购书》；2. 判令被告某房地产开发公司向原告杨某某返还购房款300000 元及支付资金被占用的利息损失；3. 判令被告陈某、陈某 1 二人对在本案判决被告某房地产开发公司要承担的债务在各自未实缴出资的范围内向原告承担连带清偿责任。

某房地产开发公司辩称，借款是事实，但是借款是将款转为购房款，公司不承担利息。被告陈某、陈某 1 二人既未出庭应诉，也未提交书面答辩意见。

— 法院认为 —

法院认为，杨某某与某房地产开发公司在本案中签订《商品房认购书》，约定杨某某认购某房地产开发公司开发的房屋，目的是将来在一定期限内签订商品房买卖合同。根据《中华人民共和国民法典》第四百九十五条第一款"当事人约定在将来一定期限内订立合同的认购书、订购书、预订书等，构成预约合同"的规定，该《商品房认购书》符合预约合同的特征，因此，本案案由应为商品房预约合同纠纷。

关于杨某某主张某房地产开发公司向其返还购房款 300000 元的问题。根据《中华人民共和国民法典》第五百六十六条第一款"合同解除后，尚未履行的，终止履行；已经履行的，根据履行情况和合同性质，当事人可以请求恢复原状或者采取其他补救措施，并有权请求赔偿损失"的规定，以及《最高人民法院关于审理商品房买卖合同纠纷案件适用法律若干问题的解释》第四条"出卖人通过认购、订购、预订等方式向买受人收受定金作为订立商品房买卖合同担保的，如果因当事人一方原因未能订立商品房买卖合同，应当按照法律关于定金的规定处理；因不可归责于当事人双方的事由，导致商品房买卖合同未能订立的，出卖人应当将定金返还买受人"的规定，合同解除后，某房地产开发公司应当返还杨某某购房款 300000 元。故对杨某某的上述请求予以支持。

关于杨某某主张某房地产开发公司支付资金被占用的利息损失的问题。

根据《中华人民共和国民法典》第四百九十五条第二款"当事人一方不履行预约合同约定的订立合同义务的,对方可以请求其承担预约合同的违约责任"的规定和《中华人民共和国民法典》第五百六十六条的规定,某房地产开发公司未履行预约合同义务,应当承担违约责任,杨某某有权请求某房地产开发公司赔偿利息损失。对利息的计算,以杨某某已支付的购房款300000元为基数,自借款结算后转为购房款之日即2020年10月19日起,按全国银行间同业拆借中心公布的一年期贷款市场报价利率计算至实际清偿之日止适当。

— 裁判结果 —

一、解除原告杨某某与被告某房地产开发公司于2020年10月19日签订的《××城商品房认购书》;

二、被告某房地产开发公司于本判决生效之日起三十日内返还原告杨某某购房款300000元;

三、被告某房地产开发公司于本判决生效之日起三十日内向原告杨某某支付利息;

四、被告陈某、陈某1对第二、三项判项在各自未实缴出资范围内向原告杨某某承担连带清偿责任。

注:本案例选自(2022)黔0625民初217号民事判决书

4. 达成悬赏任务,悬赏人拒兑承诺该如何处理?

社会上经常可以看到商家在电视或者网络平台发布悬赏广告,比如老顾客推荐新人消费或者促成交易可获得奖励。我们也经常会看到某人因贵重物品遗失或者心爱宠物走丢发布的悬赏"寻物启事",还会看到有人为了寻找失踪亲人发布的悬赏"寻人启事"。

上述提到的广告宣传或者"寻物(人)启事",发布者通常都表示完成悬赏目标后支付相应报酬或者奖励。根据《民法典》规定,悬赏人已公开声明对完成悬赏任务的人支付报酬的,悬赏人事后拒绝兑现承诺的,实现悬赏任务的人可向法院提起诉讼,主张相应的报酬。

【法条指引】

《民法典》

第四百九十九条 悬赏人以公开方式声明对完成特定行为的人支付报酬的,完成该行为的人可以请求其支付。

【案例分享】

达成悬赏任务被拒付奖励,法院判决悬赏人履行承诺

— 基本案情 —

原告:陈某某

被告:某置业集团公司

2014 年 11 月,陈某某与某置业集团公司签订《商品房买卖合同》,购买某置业集团公司开发的某庄园别墅第 E 幢 × 号房。经陈某某推荐,其父亲陈某认购某置业集团公司开发的某庄园别墅第 T 幢 × 号房,并于 2018 年 5 月交付购房定金五十万元,于 2018 年 6 月交付物业维修基金、契税等各项费用。2018 年 7 月,陈某与某置业集团公司签订《商品房买卖合同》,约定陈某正式购买某置业集团公司开发的认购房屋。

某置业集团公司于 2018 年 5 月制作《客户首访报备单》,记载客户为"陈某",推荐人为"陈某某",推荐渠道为"以老带新"。2018 年 6 月,某置业集团公司于制作的《客户推荐成交确认单》记载,推荐人为"陈某某",推荐奖励为"税前十万",新客户为"陈某",推荐人确认一栏由陈某某签字并按手印。某置业集团公司项目营销中心出具《关于业主陈某某适用老带新制度的情况说明》。但随后,公司研究认为陈某某的推荐行为不符合老带新政策,无需向陈某某支付十万元报酬款。

对此,陈某某认为某置业集团公司客户经理、销售总监、销售经理等人均已签字对此事进行了确认。陈某某为此曾多次催要"以老带新"奖励费用十万元,但是公司一直以种种理由拒不支付,双方为此发生争议。陈某某遂诉至法院,要求某置业集团公司支付购房"以老带新"奖励费用十万元。庭审中,某置业集团公司辩称,陈某某与陈某系父子关系,不属于政策规定的以老带新的范围,而且,虽然公司员工签字并确认了《客户推荐成交确认单》,但公司并未承诺给予陈某某十万元奖励。

— 法院认为 —

法院受理后认为:第一,悬赏广告,是指广告人以公开方式声明,对完

成特定行为的人给予一定报酬。所谓广告，就是以公开的方式声明，报刊、电视、广播等媒体的播放，街头张贴、宣传等都属于广告。陈某某提供的某置业集团公司的内部文件及录音证明，某置业集团公司针对购买某庄园别墅的老客户存在以老带新的宣传行为，并非针对陈某某一人发出的特定的要约。陈某某和某置业集团公司之间争议的是陈某某是否应当享受以老带新奖励的问题，而非某置业集团公司是否存在以老带新奖励的问题。陈某某提供的《客户首访报备单》《客户推荐成交确认单》《关于业主陈某某适用老带新制度的情况说明》以及谈话录音，特别是《关于业主陈某某适用老带新制度的情况说明》中确认张某某为置业顾问，上述证据材料能相互印证，能够证明某置业集团公司存在以老带新奖励的宣传行为，故本案系悬赏广告纠纷。某置业集团公司作为悬赏广告人，应对完成推荐新客户成交的老客户支付其承诺的报酬。第二，陈某某提供的《客户首访报备单》《客户推荐成交确认单》《关于业主陈某某适用老带新制度的情况说明》足以证明其作为某置业集团公司的老客户，已经推荐新客户陈某与公司成交。其中，《客户推荐成交确认单》明确记载以老带新奖励为"税前十万"，陈某某已经在推荐人确认一栏签字并按手印，应视为双方对给付以老带新奖励十万元一事已经达成一致意见，某置业集团公司应当依约向陈某某支付报酬十万元。

一审判决后，某置业集团公司不服提起了上诉，要求撤销原判。

二审法院认为，我国法律对于悬赏广告的发布形式并无限制性规定。某置业集团公司自述在销售中存在老带新政策的销售技巧的事实，且无法否认其作为一种销售技巧向一定群体购房客户公布宣传该政策的事实；而且从法律性质分析，公司销售中使用的向其客户介绍老带新奖励政策的销售技巧的行为类似以广告声明对完成一定行为的人给予报酬的悬赏广告。

— 裁判结果 —

一审法院判决：某置业集团公司于判决生效后立即向陈某某支付"以老带新"报酬十万元。

某置业集团公司不服提起了上诉，二审法院判决：驳回上诉，维持原判。

注：本案例选自（2020）吉 01 民终 503 号民事判决书

5. 履行债务未及时选择履行方式，选择权可以归谁？

社会生活中，债的履行选择方式往往是多样的。如一方获得钱款，另一方可选择不特定的货物。譬如在商场设立自动贩售机，购买者可在价格相同的货物中自由选择其中一件货物投币或者扫码支付。上述情形，民法通说一般称为"选择之债"。

《民法典》首次就债务履行的选择权及权利转移作出规定，即债务履行有多种选择的情形下，法律优先赋予债务人选择权。但是当债务人消极行使选择权时，该权利行使将移转至债权人。

【法条指引】

《民法典》

第五百一十五条　标的有多项而债务人只需履行其中一项的，债务人享有选择权；但是，法律另有规定、当事人另有约定或者另有交易习惯的除外。

享有选择权的当事人在约定期限内或者履行期限届满未作选择，经催告后在合理期限内仍未选择的，选择权转移至对方。

第五百一十六条　当事人行使选择权应当及时通知对方，通知到达对方时，标的确定。标的确定后不得变更，但是经对方同意的除外。

可选择的标的发生不能履行情形的，享有选择权的当事人不得选择不能履行的标的，但是该不能履行的情形是由对方造成的除外。

【案例分享】

债务人未选择债务履行方式，法院支持债权人享有选择权

—基本案情—

原告：陕西某生鲜配送企业

被告：王某某

2019 年 10 月 28 日，陕西某生鲜配送企业购买车牌号为陕 A×××××的二手长安牌厢式货车一辆，花费 20000 元。王某某在 2020 年 5 月 18 日驾驶该车行驶至西安市 ×× 路时发生交通事故，造成一名行人死亡、车辆受损的交通事故。同年 7 月 30 日，某生鲜配送企业和王某某就车辆赔偿事宜达成赔偿协议一份，主要内容是：王某某愿意对陕西某生鲜配送企业车损进行赔偿，方式是赔偿等性价比车辆一辆或者 9800 元整，事故车辆归王某某所有，履行时间为 2020 年 12 月 31 日前，车辆赔偿款 9800 元由王某某承担。后王

某某不按上述赔偿协议约定赔偿原告损失，并拒接陕西某生鲜配送企业电话。

陕西某生鲜配送企业遂诉至法院，诉请判令王某某归还陕西某生鲜配送企业事故车辆陕 A×××× 的损失费 9800 元，并判令王某某承担陕西某生鲜配送企业的交通费和诉讼费。

王某某在答辩期内未提出答辩意见。

— 法院认为 —

本案案涉侵害物权行为、达成赔偿协议等法律事实均发生在民法典施行之前，故应适用当时的法律、司法解释的规定。《中华人民共和国物权法》第三十七条规定："侵害物权，造成权利人损害的，权利人可以请求损害赔偿，也可以请求承担其他民事责任。"本案中，王某某侵害原告对于涉案车辆的物权，给陕西某生鲜配送企业造成损害，依法应当承担赔偿责任。事故发生后，双方经协商，就赔偿事宜达成和解协议，即由王某某选择向陕西某生鲜配送企业赔偿等性价比车辆一辆或者 9800 元，该协议系双方真实意思表示，不违反法律的强制性规定，协议成立有效，王某某应该严格履行协议义务。

关于王某某的赔偿方式问题，《最高人民法院关于适用〈中华人民共和国民法典〉时间效力的若干规定》第三条规定："民法典施行前的法律事实引起的民事纠纷案件，当时的法律、司法解释没有规定而民法典有规定的，可以适用民法典的规定。"本案所涉侵害物权行为、达成赔偿协议均发生在民法典施行之前，而当时的法律、司法解释并没有对选择之债中选择权归属与移转作出相关规定，而《中华人民共和国民法典》第五百一十五条规定："标的有多项而债务人只需履行其中一项的，债务人享有选择权；但是，法律另有规定、当事人另有约定或者另有交易习惯的除外。享有选择权的当事人在约定期限内或者履行期限届满未作选择，经催告后在合理期限内仍未选择的，选择权转移至对方。"本案中，赔偿协议约定了两种履行方式（交付车辆或者赔偿 9800 元），王某某只需履行其中一项，其具有选择权；享有选择权的王某某在履行期限（即 2020 年 12 月 31 日）届满未作选择，经催告后在合理期限内仍未选择的，选择权从王某某转移至原告。现原告选择王某某履行金钱偿还义务，符合法律规定，法院予以支持。

— 裁判结果 —

法院判决：被告王某某在本判决生效后三日内向原告陕西某生鲜配送企业赔偿车辆损失 9800 元、交通费 1000 元，共计 10800 元。如果未按本判决指定的期间履行给付金钱义务，应当依照《中华人民共和国民事诉讼法》第二百六十条之规定，加倍支付迟延履行期间的债务利息。

注：本案例选自（2022）陕 0525 民初 1860 号民事判决书

6. 高利放贷，约定利率超标能否获得法律支持？

人们借款主要通过两种方式，一是向正规且具备资质的金融机构贷款，譬如向银行、小额贷款公司、担保公司等贷款，二是向金融机构以外的其他主体借款，主要包括向自然人、法人（常见如公司）或者其他非法人组织借款。

目前，国家对高利放贷或高利转贷行为都是严厉禁止的。《民法典》在"借款合同"中也明确规定了"禁止高利放贷"。因此，借款超过法定利率范围部分的利息，法律不予支持和保护。

【法条指引】

《民法典》

第六百八十条　禁止高利放贷，借款的利率不得违反国家有关规定。

借款合同对支付利息没有约定的，视为没有利息。

借款合同对支付利息约定不明确，当事人不能达成补充协议的，按照当地或者当事人的交易方式、交易习惯、市场利率等因素确定利息；自然人之间借款的，视为没有利息。

《最高人民法院关于审理民间借贷案件适用法律若干问题的规定》

第二十五条　出借人请求借款人按照合同约定利率支付利息的，人民法院应予支持，但是双方约定的利率超过合同成立时一年期贷款市场报价利率四倍的除外。

前款所称"一年期贷款市场报价利率"，是指中国人民银行授权全国银行间同业拆借中心自 2019 年 8 月 20 日起每月发布的一年期贷款市场报价利率。

【案例分享】

金融机构违法高利放贷，法院裁判调整过高利息

— 基本案情 —

原告：某某银行 × × 分行

被告：王某某

2015 年 1 月，某某银行 × × 分行与王某某签订《个人信用贷款合同》。

同日，该分行向王某某发放贷款 50000 元，借据号为 R L ×××；贷款年利率为 21.6%；贷款用途为"旅游"；还款方式为"等额还款"；贷款期限为"24 个月，自 2015 年 1 月 28 日至 2017 年 1 月 28 日"。截至 2020 年 11 月 4 日，王某某已还款 12 期（第 12 期未完全履行），共计 20000 余元。被告自第 12 期（还款日：2016 年 1 月 28 日）起，未履行按时还款义务。截至 2020 年 11 月 4 日，尚欠本金 20000 余元，拖欠利息 45000 余元，拖欠复利 34000 余元。某某银行 ×× 分行索要无果，遂诉至法院。

某某银行 ×× 分行提出如下诉讼请求：1. 请求判令被告王某某偿还原告贷款本金 29715.02 元及利息 45335.39 元，复利 34148.44 元（其中，本金、利息、复利暂计至 2020 年 11 月 4 日，之后的利息、复利按照合同约定计算至实际给付完毕之日），合计：109198.85 元。其中被告逾期之后的利息包括应还正常本金利息和逾期本金利息，正常本金利息按照月利率 1.8% 计收，逾期本金利息根据逾期天数，按照日利率 0.09% 计收；应还复利根据逾期天数，按照日利率 0.09% 计收。2. 案件受理费 1242 元，由被告承担。

王某某未答辩。

— 法院认为 —

法院审理后认为，某某银行 ×× 分行系具备金融经营资质的金融机构，其以年息 21.6% 的利率标准，向王某某发放贷款，并且约定了上浮 50% 的逾期利息标准、按月结息的收回贷款利息方法，导致逾期贷款期间，按照约定计算的利息、罚息、复利，达到了惊人的月利率 46.225‰（即年利率 55.47%），远高于当时民间借贷利率限制红线（年利率 24%），更远高于现在民间借贷利率限制红线（一般不得高于年利率 15.4%）。虽然我国现行法律、法规、司法解释，对金融机构发放贷款的利率上限并未作出明确规定，但是，银行类金融机构相较于其他非银行金融机构，应当为社会提供更低利率的信贷服务。本案借款合同订立时，中国人民银行实行贷款基准利率上下限备案管理制度，现在，已实行各金融机构参照贷款市场报价利率对贷款利率自主定价管理制度。根据《中华人民共和国民法典》第六百八十条第一款规定，"禁止高利放贷，借款的利率不得违反国家有关规定"。无论实行贷款利率备案管理制度，还是实行参照贷款市场报价利率自主定价制度，都不允许我国境内的金融机构以数倍于贷款基准利率、数倍于贷款市场报价利率的标准发放贷款牟取暴利。

因王某某未到庭应诉，对王某某是否请求减少利息、逾期利息无法查明。但法院对王某某如申请减少利息、逾期利息的，应当将利息、逾期利息调整到何种标准，是能够查明的。某某银行 ×× 分行主张其利息、逾期利息自 2016 年 1 月 28 日起算，因截至该日，原贷款还款期限尚未到期，法院不予准许。根据最高人民法院《关于进一步加强金融审判工作的若干意见》（法发〔2017〕22 号）第二条第二项中关于"金融借款合同的借款人以贷款人同时主张的利息、复利、罚息、违约金和其他费用过高，显著背离实际损失为由，请求对总计超过年利率 24% 的部分予以调减的，应予支持"的规定，以及参照《最高人民法院关于审理民间借贷案件适用法律若干问题的规定》第二十五条关于"出借人请求借款人按照合同约定利率支付利息的，人民法院应予支持，但是双方约定的利率超过合同成立时一年期贷款市场报价利率四倍的除外。前款所称'一年期贷款市场报价利率'，是指中国人民银行授权全国银行间同业拆借中心自 2019 年 8 月 20 日起每月发布的一年期贷款市场报价利率"的规定，某某银行 ×× 分行主张的利息、逾期利息，在 2019 年 8 月 20 日前，利息标准不能超过年利率 16%，逾期利息标准不能超过年利率 24%，2019 年 8 月 20 日后，利息标准不能超过一年期贷款市场报价利率的 2.66 倍（即一般不得超过年利率 10.2666%），逾期利息标准不能超过一年期贷款市场报价利率的四倍（即一般不得超过年利率 15.4%）。

参照《最高人民法院关于审理买卖合同纠纷案件适用法律问题的解释》（2020 年修正）第十八条第四款"买卖合同没有约定逾期付款违约金或者该违约金的计算方法，出卖人以买受人违约为由主张赔偿逾期付款损失，违约行为发生在 2019 年 8 月 19 日之前的，人民法院可以中国人民银行同期同类人民币贷款基准利率为基础，参照逾期罚息利率标准计算；违约行为发生在 2019 年 8 月 20 日之后的，人民法院可以违约行为发生时中国人民银行授权全国银行间同业拆借中心公布的一年期贷款市场报价利率（LPR）标准为基础，加计 30%-50% 计算逾期付款损失"的规定，银行可以在贷款基准利率、贷款市场报价利率基础上适当上下浮动，对执行的贷款利息、逾期利息标准进行定价，但不能以数倍于贷款基准利率、贷款市场报价利率的标准，作为实际执行贷款利率的定价标准。

经法院审判委员会研究决定：自 2021 年 10 月 15 日起，在金融借款合同纠纷案件、信用卡纠纷案件中，贷款人同时主张的利息、复利、罚息、违约金和其他费用总计超过年利率 24% 的部分予以调减，调减为总计不超过年利率 24% 为限。因此，原告主张的年利率 24% 范围内的利息、逾期利息，属于本案能够查明的事实。依照《中华人民共和国民事诉讼法》第一百五十六条关于"人民法院审理案件，其中一部分事实已经清楚，可以就该部分先行判决"的规定，法院对年利率 24% 范围内的利息、逾期利息予以支持。原告对其他利息，可待找到被告后，另行主张权利。

虽然法院支持原告按年利率 24% 计收利息、复利、罚息，但综合费率仍然过高。法院希望，某某银行 ×× 分行能够参照本地金融机构计收贷款利息的一般标准，主动降低利息、复利、罚息标准，最高不超过一年期贷款市场报价利率的四倍（即年利率 15.4%）。

— 裁判结果 —

王某某于本判决发生法律效力之日起十日内偿还某某银行 ×× 分行贷款本金 29715.02 元。

王某某于本判决发生法律效力之日起十日内偿还某某银行 ×× 分行贷款利息、罚息、复利（自 2016 年 1 月 28 日起至实际给付之日止，以 29715.02 元为基数，按年利率 24% 计算）。

注：本案例选自（2021）鲁 1302 民初 13818 号民事判决书

7. 政策调整致使合同继续履行显失公平，该如何处理？

合同履行过程中，出现国家政策调整的情形，继续交易将对合同当事方造成严重影响或者显失公平的，受影响一方可以请求解除合同。

《民法典》确立了"情势变更"制度，一旦客观情况发生重大变化，经认定为属于"无法预见、不属于商业风险"的，即便非全然不能实现合同目的，受影响方也可请求变更或解除合同，由法院或者仲裁机构基于事实及公平原则作出裁判，维护合同当事方的合法权益。

【法条指引】

《民法典》

第五百三十三条 合同成立后，合同的基础条件发生了当事人在订立合同时无法预见的、不属于商业风险的重大变化，继续履行合同对于当事人一方明显不公平的，受不利影响的当事人可以与对方重新协商；在合理期限内协商不成的，当事人可以请求人民法院或者仲裁机构变更或者解除合同。

人民法院或者仲裁机构应当结合案件的实际情况，根据公平原则变更或者解除合同。

【案例分享】

国家政策调整影响合同继续履行，法院判决解除合同

— 基本案情 —

原告：马某

被告：某教育科技有限公司

2021 年 4 月 12 日，某教育科技有限公司与马某签订合作协议，约定马某在某教育科技有限公司的咨询指导下开展约定的项目课程，并约定项目课程的指定经营区域范围、咨询服务费及课程内容等。马某按照协议约定支付相应服务费用 40000 元。双方随后还为此签订相关合作补充协议及《支持服务确认表》《课程课件资源签收证明》等材料。2021 年 6 月 14 日，省教育厅印发《幼儿园与小学科学衔接实施方案》的通知，明确严禁校外培训机构以任何名目开设幼小衔接班。2021 年 7 月 24 日，中共中央办公厅、国务院办公厅印发《关于进一步减轻义务教育阶段学生作业负担和校外培训负担的意见》，明确严禁以学前班、幼小衔接班、思维训练班等名义面向学龄前儿童开展线下学科类（含外语）培训（即"双减政策"）。某教育科技有限公司与马某的合作项目已无法继续开展。

马某主张因"双减政策"导致合同无法履行，故依据情势变更的规定要求解除合同，并要求退还已付的服务费。某教育科技有限公司同意解除合同，但称公司已依约提供了相关课程服务，不同意马某的退费请求。

— 法院认为 —

法院受理后，对于案涉合同的成立生效以及是否符合《民法典》"情势变更"原则认定如下：

首先，合作协议及补充协议系当事人真实意思表示，内容不违反法律、行政法规的强制性规定，为有效合同，应受法律保护。其次，关于马某提出的因"双减政策"导致合同无法履行，请求法院依"情势变更"的规定解除合同的问题。根据《民法典》第五百三十三条规定："合同成立后，合同的基础条件发生了当事人在订立合同时无法预见的、不属于商业风险的重大变化，继续履行合同对于当事人一方明显不公平的，受不利影响的当事人可以与对方重新协商；在合理期限内协商不成的，当事人可以请求人民法院或者仲裁

机构变更或者解除合同。人民法院或者仲裁机构应当结合案件的实际情况，根据公平原则变更或者解除合同。"本案因"双减政策"影响，案涉合同的基础条件发生了变化，已无法履行，故马某要求解除合同的诉讼请求，法院予以支持。

— 裁判结果 —

法院判决解除马某与某教育科技有限公司于 2021 年 4 月 12 日签订的《某某合作协议》及相关合作补充协议。同时，某教育科技有限公司于判决生效后七日内向马某退还服务费 40000 元。

一审判决作出后，某教育科技有限公司不服提起上诉，二审法院判决：驳回上诉，维持原判。

注：本案例选自（2022）京 02 民终 13916 号民事判决书

8. 发现债务人转让财产逃债，债权人该如何维权？

都说"借钱容易还钱难""欠债的人是大爷"。人们之所以有此印象，原因是不少人出借钱款后，债务人不如期还债甚至拒绝还债。一旦出现赖账，债权人想要讨回欠款往往难度不小。当债务人客观上确无财产还债的，这种情形还算债权人"倒霉"。但有些情况则是债务人明明尚有财产可以还债，却选择拒绝还债或者转让财产逃债。故意转让财产逃债对于债权人来说显然是无法接受的，属于明显严重损害债权人财产权益的行为，并明确为法律所否定。遇到这种情况，债权人该如何维权？

根据《民法典》规定，债权人对于债务人无偿和不合理低价转让财产的行为享有撤销权。例如债权人发现债务人故意放弃债权、恶意延长到期债权的履行期限、无偿转让财产或者以不合理低价转让财产等情形，债权人可通过诉讼请求人民法院依法撤销债务人转让财产逃债的行为，维护债权人自身财产利益。

【法条指引】

《民法典》

第五百三十八条　债务人以放弃其债权、放弃债权担保、无偿转让财产等方式无偿处分财产权益，或者恶意延长其到期债权的履行期限，影响债权人的债权实现的，债权人可以请求人民法院撤销债务人的行为。

第五百三十九条　债务人以明显不合理的低价转让财产、以明显不合理的高价受让他人财产或者为他人的债务提供担保，影响债权人的债权实现，债务人的相对人知道或者应当知道该情形的，债权人可以请求人民法院撤销债务人的行为。

【案例分享】

债务人恶意卖房逃债，法院判决撤销卖房行为

一 基本案情 一

　　原告：门某某

　　被告：孙某某、刘某、王某

2021 年 4 月，孙某某向门某某借款 25 万元，门某某向孙某某银行卡转账 25 万元。后孙某某向门某某出具借条，孙某某儿子陈某在借条"担保人"处签字。同日，孙某某作为卖方与门某某签订《房屋买卖协议》，约定被告孙某某将其名下位于某小区房屋以 20 万元的价格出售给门某某。期限届满后，孙某某及其子陈某未依约返还上述借款本息。同年 8 月，孙某某与刘某、王某二人又签订《房屋买卖协议》一份，约定将孙某某名下位于某小区房屋以 22 万元价格出售给刘某、王某。孙某某与刘某、王某双方在签订协议当天办理房产过户手续，将上述房屋过户至刘某、王某名下。2021 年 8 月，门某某得知上述房屋的转让事宜后，认为孙某某并非真实卖房屋，其无偿转让财产的行为，损害了债权人的利益，遂诉至法院。

此外，因孙某某拖欠门某某借款，门某某将孙某某、陈某诉至法院，要求其返还上述借款本金 25 万元及利息。法院于 2022 年 4 月作出民事判决书（已生效），判决孙某某返还门某某借款本息并支付门某某为实现债权支出的其他费用；陈某对上述债务承担连带保证责任。

庭审中，刘某、王某确认其与孙某某签订的《房屋买卖协议》，并称虽名为房屋买卖，但实为"以物抵债"。为此，刘某、王某向法庭出示一份由孙某某和陈某 2021 年 1 月出具的借款金额为 30 万元的借条，同时提供了刘某向陈某转款的微信和银行流水记录，另出示刘某为陈某垫付购车款的记录（2021 年 9 月）。有关 30 万元的借条，刘某表示借条体现的是 2019 年至 2021 年期间孙某某、陈某共计向刘某借款 30 万元。陈某庭审则表述 30 万元的借条是在借条出具以前，刘某以两笔现金交付 30 万元所形成的借条。门某某则向法庭出示一段来自刘某的自述录音，录音中含有刘某所述的"我就是给他

顶个名，我给他背一笔贷款"的内容。

— 法院认为 —

法院受理后认为，门某某对孙某某享有真实、合法的债权，该事实已有生效民事判决书确认，但孙某某在尚未清偿上述债务的情况下，将其名下的房屋过户至刘某、王某名下。根据庭审情况，法院认定刘某与陈某存在金钱往来。刘某主张案涉房屋系以物抵债，并提出其对孙某某及陈某享有 30 万元债权，其债权来源为其向陈某多次转款以及为陈某垫付的购车款，但该抗辩理由与陈某庭审述称 30 万元债务系出具欠条前两三天，刘某分两笔以现金方式交付相互矛盾，且刘某提供的为陈某垫付购车款的日期为 2021 年 9 月，此与借条出具时间 2021 年 1 月亦相互矛盾。结合门某某提供的录音材料，法院认定刘某与孙某某无债权债务关系，孙某某将名下房屋过户至刘某名下，实为其子陈某以刘某的名义从银行贷款，故对刘某提出以物抵债的抗辩理由不予采信。结合刘某、王某与孙某某及陈某之间关系，以及刘某、王某取得房屋后并未实际居住，也未出租收益，而是交由孙某某继续居住的事实，不排除孙某某将房屋转至被告刘某、王某名下有逃避债务的可能。孙某某在自身债务尚未清偿的情况下，将其名下房屋过户至刘某、王某名下，双方既不存在真实的房屋买卖关系，也不存在以物抵债的行为，刘某、王某亦未支付相应对价，该行为对门某某的债权造成损害。门某某要求撤销案涉《房屋买卖协议》，于法有据，予以支持。

— 裁判结果 —

一审判决撤销孙某某与被告刘某、王某于 2021 年 8 月签订的某某小区房屋《房屋买卖协议》。

刘某、王某不服一审判决提起上诉，二审法院依法作出判决：驳回上诉，维持原判。

注：本案例选自（2022）辽 11 民终 844 号民事判决书

9. 卖家出售不属于自己的财产，买家发现后怎么处理?

现实生活中，部分人会将不属于或者不完全属于自己的财产进行交易，买家有时在交易过程中未及时发现。譬如说，未经配偶同意将夫妻名下共有的房屋擅自出售，把自己借来的物品转手出售等等。

过往发生上述情况，根据原《中华人民共和国合同法》第五十一条规定，卖家没有获得财产所有人的事后追认或者交易后没有获得财产处分权的，买卖双方的交易合同可能会因此无效。但总结司法实践遇到的问题，根据《最高人民法院关于审理买卖合同纠纷案件适用法律问题的解释》（2012 年施行，现已被修改）第三条的规定，对于合同一方主张合同无效持否定意见。现在，《民法典》吸收最高人民法院的上述规定，对于卖家没有获得处分权导致交易不能完成的，买家可基于有效的合同关系，请求解除合同，并要求卖方承担违约责任。

【法条指引】

《民法典》

第五百九十七条 因出卖人未取得处分权致使标的物所有权不能转移的，买受人可以解除合同并请求出卖人承担违约责任。

法律、行政法规禁止或者限制转让的标的物，依照其规定。

《最高人民法院关于审理买卖合同纠纷案件适用法律问题的解释》
（2012 年施行，现已被修改）

第三条 当事人一方以出卖人在缔约时对标的物没有所有权或者处分权为由主张合同无效的，人民法院不予支持。

出卖人因未取得所有权或者处分权致使标的物所有权不能转移，买受人要求出卖人承担违约责任或者要求解除合同并主张损害赔偿的，人民法院应予支持。

【案例分享】

无权出售他人汽车，法院判决返还双倍定金

—基本案情—

原告：何某某

被告：梁某某、邓某某

被告：某汽车咨询服务部

2020 年 10 月，何某某与某汽车咨询服务部、邓某某（邓某某系某汽车咨询服务部的经营者）签订《汽车转让合同》。根据合同约定，何某某向梁某某购买粤 Y 牌汽车一辆，价款为 20 余万元，何某某须前期支付 20000 元定金，待过户时支付余款 18 万余元。双方在上述合同中手写约定，某汽车咨询服务部、邓某某保证标的车辆只有两位车主（即李某某和梁某某），何某某支

付定金后卖方不能卖给第三方，否则要赔偿双倍定金；何某某应在 2020 年 11 月 12 日前交清余款，否则当何某某违约处理，没收定金。在签订合同当日，何某某向某汽车咨询服务部、邓某某支付定金 20000 元。另外《汽车转让合同》的合同卖车人处写明"梁某某（邓某某代签）"，并加盖了某汽车咨询服务部公章。双方在 2020 年 11 月 12 日办理过户手续。现因梁某某涉及其他案件纠纷导致案涉汽车被法院查封，造成无法交易过户。故何某某上诉至法院，要求梁某某、某汽车咨询服务部、邓某某向何某某双倍返还定金 4 万元并支付利息。

庭审中，梁某某辩称：自己就没有委托某汽车咨询服务部销售案涉汽车，也没有签订《汽车转让合同》，自己也没有授权某汽车咨询服务部代其签名。梁某某自己是案涉汽车的权属人，自己于 2020 年 9 月将涉诉车辆出售给妹夫朋友吴某，后吴某告知涉诉车辆被法院查封后，梁某某将购车款退还给吴某指定账户。至于吴某与某汽车咨询服务部关系并不清楚。

某汽车咨询服务部、邓某某共同辩称：1. 2020 年 9 月，吴某将涉诉车辆交给邓某某代卖，若邓某某将车辆卖出需支付 20 万元给吴某，超出部分属邓某某的收益；若邓某某无法将车辆卖出，邓某某需将车辆返还给吴某；2. 邓某某拿到涉诉车辆后，对涉诉车辆重新修理和清洁并支出了相关费用；3. 邓某某认为自己没有违约，且也有损失，不同意退还定金。

— 法院认为 —

法院审理后认为：首先，本案合同的当事人是何某某和某汽车咨询服务部、邓某某。第一，梁某某没有在涉诉合同上签名；第二，没有证据证实梁某某对涉诉交易知情；第三，涉诉合同上由邓某某在合同卖车人处签写"梁某某（邓某某代签）"并加盖某汽车咨询服务部公章；第四，涉诉交易定金 20000 元由某汽车咨询服务部、邓某某收取；第五，某汽车咨询服务部、邓某某确认涉诉交易的相对方为何某某。

其次，案涉《汽车转让合同》符合平等自愿、协商一致的原则，双方意思表示真实，其内容没有违反法律或行政法规的强制性规定，合法有效，双方应按合同履行各自义务。

最后，鉴于何某某与某汽车咨询服务部、邓某某均要求解除合同，故法院确认合同在 2021 年 5 月解除。根据《中华人民共和国民法典》第五百九十七条规定，因出卖人未取得处分权致使标的物所有权不能转移的，买受人可以解除合同并请求出卖人承担违约责任。本案中，涉诉车辆的权属人为梁某某，某汽车咨询服务部、邓某某在未取得涉诉车辆所有权的情况下与何某某签订《汽车转让合同》属无权处分，且涉诉车辆因被法院查封而导致合同目的无法实现，由此产生的交易风险和法律后果应由某汽车咨询服务部、邓某某自行承担。何某某请求某汽车咨询服务部、邓某某双倍返还定金40000元的主张，于法有据，法院予以支持。鉴于双倍返还定金与计付利息均属于违约责任的承担方式，何某某另外再主张计付利息属于重复主张权利，法院不予支持。

— 裁判结果 —

一、某汽车咨询服务部、邓某某应于本判决发生法律效力之日起十日内双倍返还定金40000元予何某某。

二、驳回原告何某某的其他诉讼请求。

注：本案例选自（2021）粤0605民初6772号民事判决书

10. 房屋租赁合同到期后，同等条件下原租户能否优先承租？

租赁关系是最常见的民事关系之一。随着社会的日益进步，如今日常生活中充斥着方方面面、各式各样的租赁活动。最常见的租赁有租赁房屋、租赁商铺、租赁汽车等。尤其是租赁房屋、租赁商铺，均涉及承租人的居住生活或者经营经商，可谓事关百姓民生。因此此类租赁关系的持续、稳定也是民事法律立法关注的重点之一。

《民法典》施行前，关于房屋租赁合同到期后，在同等条件下能否继续优先承租的问题，主要看双方是否曾对此作出约定，实际上当时法律、司法解释对此并无明确规定。如今根据《民法典》的规定，即便出租方和承租方没有约定，租赁合同到期后，房屋的承租方在同等条件下，民法赋予其"优先承租"的权利，即法律将"优先承租权"正式上升至法定权利的地位。从此，承租人可"大胆"提出优先承租权了。

【法条指引】

《民法典》

第七百三十四条 租赁期限届满，承租人继续使用租赁物，出租人没有提出异议的，原租赁合同继续有效，但是租赁期限为不定期。

租赁期限届满，房屋承租人享有以同等条件优先承租的权利。

【案例分享】

仓库租赁到期原承租方主张优先承租，法院判决部分支持

— 基本案情 —

原告：王某某

被告：某粮油购销总公司

被告：某村村民委员会

被告：贺某某

2018 年 5 月 15 日，王某某与某粮油购销总公司签订租赁合同，约定某粮油购销总公司将位于某市某镇原某粮站的 ××5 号、××6 号仓库（包括住宿楼、杂屋）出租给王某某使用，期限三年，从 2018 年 6 月 1 日至 2021 年 5 月 31 日，年租金 28000 元。王某某租赁经营期间，粮油总公司对涉案仓库进行了维修，维修款 150 万元由某村村委会支付。王某某的租赁期限届满后，某粮油购销总公司在 2021 年 5 月 31 日分别与某村村委会和贺某某签订新的租赁合同，将原租给王某某的仓库分别出租给某村村委会和贺某某，期限均为三年，从 2021 年 6 月 1 日至 2024 年 5 月 31 日，并分别约定了相应年租金。王某某认为己方对原某粮站的 ××5 号、××6 号仓库享有优先承租权，并要求行使优先承租权，故诉至法院。王某某请求法院依法撤销某粮油购销总公司分别与某村村委会、贺某某签订的租赁合同，并请求法院判令某粮油购销总公司继续与己方签订租赁合同。

— 法院认为 —

法院审理后认为，承租人的优先承租权，已从合同约定权利上升为法定权利，《民法典》第七百三十四条第二款将其阐述为："租赁期限届满，房屋承租人享有以同等条件优先承租的权利。"法条的规定虽然简单，但实际隐含着以下几个方面的含义：一是需满足同等条件。优先权必须在同等条件下才能被行使，承租人行使该权利时续租的租赁条件应当与第三人的同等；二是需在合理期限内主张；三是需存在合法有效的租赁关系。故民法典规定的优先承租权性质上是一种形成权。

本案某粮油购销总公司分别与某村村委会和贺某某签订仓库租赁合同，因不存在欺诈、胁迫等法定撤销的情形，王某某无权要求撤销，故对王某某请求撤销该两份合同的诉讼请求，法院不予支持。本案争议的焦点是涉案仓

库的优先承租权问题，王某某是合法有效的租赁合同的承租人，享有合同约定的优先承租权。关于涉案 ××5 号仓库，某粮油购销总公司对其进行了维修改造，由某村村委会负担维修款。在某村村委会要求承租的情况下，使王某某行使优先权要求续租的租赁条件与某村村委会的不同等，原告也未明确表示要达到与某村村委会承租相同的条件，应视为王某某未满足同等条件，故王某某已丧失对涉案 ××5 号仓库的优先承租权。关于涉案 ××6 号仓库，王某某行使优先权要求续租的条件与贺某某是同等的。因此，法院确认，某粮油购销总公司、王某某成立与某粮油购销总公司、贺某某之间合同条件一致的租赁合同。

法院认定某粮油购销总公司、王某某合同成立，并不导致某粮油购销总公司、贺某某之间合同无效，而是同时存在两个具有竞争关系的租赁合同，在某粮油购销总公司、王某某之间租赁合同具有优先履行顺位时，王某某可主张实际履行，贺某某则可向某粮油购销总公司主张不能履行的违约责任。反之，王某某可向某粮油购销总公司主张违约责任，要求某粮油购销总公司赔偿损失。根据《民法典》第五百八十四条的规定，此时的赔偿范围，包括合同履行后可以获得的利益。

— 裁判结果 —

法院判决某粮油购销总公司于本判决生效之日起十日内与王某某签订和某粮油购销总公司、贺某某于 2021 年 5 月 31 日所签租赁合同条件一致的租赁合同；驳回王某某的其他诉讼请求。

王某某不服一审判决提起上诉，二审法院依法作出判决：驳回上诉，维持原判。

注：本案例选自（2022）湘 09 民终 7 号民事判决书

11. 业主拖欠物业费，物业能否以断水断电方式催缴？

如今越来越多的业主委托物业公司管理小区，业主则向物业公司支付物业费。一般来说，物业公司既然依约提供了物业服务，业主缴纳物业费是其应尽的合同义务。一些业主未及时向物业公司支付物业费，物业公司常以通知发函方式催告，或者直接向法院起诉请求业主缴纳物业费。但少部分物业公司直接采取断水断电方式向业主催缴物业费，业主缴清后才能恢复供水供电。

对于物业公司采取限制业主水电使用借以催缴物业费的行为，以往的司法实践中各地法院审理并无统一的裁判尺度。《民法典》颁布后，物业公司以断水断电的方式催缴物业费的行为被明确禁止。因此，业主一旦在生活中遇到此种情况，可以向人民法院起诉，要求物业公司恢复供水供电，甚至可要求物业公司赔偿为此产生的损失。

【法条指引】

《民法典》

第九百三十七条　物业服务合同是物业服务人在物业服务区域内，为业主提供建筑物及其附属设施的维修养护、环境卫生和相关秩序的管理维护等物业服务，业主支付物业费的合同。

物业服务人包括物业服务企业和其他管理人。

第九百四十四条　业主应当按照约定向物业服务人支付物业费。物业服务人已经按照约定和有关规定提供服务的，业主不得以未接受或者无需接受相关物业服务为由拒绝支付物业费。

业主违反约定逾期不支付物业费的，物业服务人可以催告其在合理期限内支付；合理期限届满仍不支付的，物业服务人可以提起诉讼或者申请仲裁。

物业服务人不得采取停止供电、供水、供热、供燃气等方式催交物业费。

【案例分享】

未交物业费被物业停电，法院判决恢复供电并赔偿损失

一基本案情一

原告：蒋某、李某

被告：某物业公司

蒋某、李某是夫妻关系。2020年10月，某法院在网上发布了某市××中路220-80×室（以下简称80×室房屋）、220-8××室（以下简称8××室房屋）（两房屋合称"案涉房屋"）的网络拍卖公告，两处房屋的"竞买公告"标的物估值中的税费情况（包括但不限于）均写明"拖欠的物业费、取暖费、水电煤费、其他费用由买受人承担"。同年11月，蒋某通过司法网络竞拍方式买得两屋。次日，蒋某取得法院出具的《成交确认书》，其中载明网络拍卖中竞买成功的用户，必须依照标的物《竞买须知》《竞买公告》要求，按时交付标的物网拍成交余额，办理相关手续。同年12月，蒋某、李某办理了案涉房屋的不动产权证书，此后，因案涉房屋未供电，蒋某、李某多次与

对方协商，某物业公司表示需要先结清前业主欠缴的物业费，双方协商未果。蒋某曾为此到案涉房屋所在的住建局投诉某物业公司，物业公司则反驳表示根据《前期物业管理条例》，其有权限制其享受有关物业服务。

2021 年 2 月，蒋某委托装修公司对案涉房屋中的隔断进行了拆除。2021 年 3 月，某物业公司拒绝让装修公司入场施工、拒绝送电。蒋某、李某认为，某物业公司的行为导致二人至今无法正常入户并使用案涉房屋，造成额外支付的房租损失与房屋空置期间的可获租金利益损失。为此，蒋某、李某诉至法院，要求某物业公司排除妨碍，向案涉房屋正常供电，并允许其委托的装修公司进场施工，同时要求某物业公司赔偿房租及租金收益损失。

庭审中，某物业公司辩称：1. 公司一直为二人提供全部物业服务，未给蒋某、李某增设使用案涉房产的障碍，相反蒋某、李某接受正常物业服务后并未支付相应物业费用，企图以诉讼方式逃避合同义务履行；2. 蒋某在参与法拍时是知悉案涉房产原房东拖欠物业费的情况，公司当时有向法院进行申报，而且蒋某也知道相关欠款需要买受人承担，蒋某取得案涉房屋后长时间拒绝缴纳物业费，增加公司的运用压力和对其他已缴费的业主不公平；3. 大厦的供电系统是二次供电，公司购买电力部门的高压商业用电，通过变压将电力供给其他业主，如果没有公司管理，所有业主均无法正常用电，不排除是蒋某、李某二人为少交或不交物业费才起诉；4. 公司不存在所谓其妨碍蒋某装修案涉房屋的情形。

— 法院认为 —

一审法院审理后认为，蒋某、李某系案涉房屋所有权人，某物业公司系为包括案涉房屋在内的业主提供建筑物及其附属设施的维修养护、环境卫生和相关秩序的管理维护等物业服务的单位，应当配合业主办理相关物业管理手续。虽双方对于交纳物业费存在争议，但电力资源的供应属于公共服务的提供，某物业公司并不是电力资源服务的提供者。即便本案中出于管理方便的需要，供电企业采取授权的方式委托某物业公司进行一定程度的管理，由某物业公司通过二次供电将电力提供给业主，但是电力的供应主体始终是供电企业，最终用户系各业主。因此，某物业公司以蒋某、李某欠缴物业费为由拒绝办理物业相关手续，缺乏法律依据，其可依约依法另行主张物业费，但其拒绝办理供电手续的行为侵害了蒋某、李某对案涉房屋的使用权，故蒋某、李某请求某物业公司向案涉房屋正常供电，于法有据，法院予以支持。同样，蒋某、李某作为业主有权对自己的房屋进行合法合规的装饰装修，某物业公司不得无正当理由进行阻挠，否则因此造成的相应损失，某物业公司应当予以赔偿。

— 裁判结果 —

一审法院判决：某物业公司于本判决生效之日起十日内配合蒋某、李某办理案涉房屋的用电手续并正常供电，并赔偿蒋某、李某经济损失。

某物业公司不服提起上诉，二审法院判决：驳回上诉，维持原判。

注：本案例选自（2021）苏02民终6686号民事判决书

12. 旅客违反运输义务，承运人有权拒绝运输吗？

随着国家公路和铁路网线日益完善，陆运、空运或者海运出行方式都发生极大改变，人们日常出行、探亲和旅游都愈加便利。但同时，一些人的素质却未能赶上交通的发展速度。新闻媒体中屡屡报道有人坐飞机、乘高铁霸座、占座、票不对座或者恶意享受购票折扣等，如今在面对这样的情况时，法律赋予了运输部门说"不"的权利，即运输部门可以拒绝承运。

【法条指引】

《民法典》

第八百一十五条 旅客应当按照有效客票记载的时间、班次和座位号乘坐。旅客无票乘坐、超程乘坐、越级乘坐或者持不符合减价条件的优惠客票乘坐的，应当补交票款，承运人可以按照规定加收票款；旅客不支付票款的，承运人可以拒绝运输。

实名制客运合同的旅客丢失客票的，可以请求承运人挂失补办，承运人不得再次收取票款和其他不合理费用。

【案例分享】

旅客缺少证件登机被拒，诉至法院被驳回

— 基本案情 —

原告：王某某

被告：某航空股份有限公司

第三人：某旅行社有限公司

2021年7月，王某某为前往美国留学通过某旅行社有限公司购买了2021

年 8 月 16 日兰州至香港的联程机票（中转北京），承运人为某航空股份有限公司。同时，王某某又购买同年 8 月 18 日香港至美国塔尔萨国际机场的联程机票（中转），承运人为大韩航空。王某某在购买上述机票时，网页上以弹窗方式出现"中国香港入境提醒"。2021 年 8 月 16 日，王某某到达兰州中川机场办理登机手续时，被告知因其无法提供香港通行证导致其无法办理北京飞往香港的登机手续，随后王某某乘坐飞机至北京，但基于同一原因其后续行程未能继续，王某某随后通过某旅行社有限公司办理了退票手续。之后，王某某购买了 2021 年 8 月 19 日自上海至美国塔尔萨国际机场的机票。后经法院查明，某航空股份有限公司与某旅行社有限公司签订了《航空旅客运输销售代理协议》，委托该公司在中国大陆地区作为代理人。2020 年 7 月 14 日，中国外交部驻港特派员公署官网发布"香港国际机场目前暂不为出发地或目的地为中国内地的旅客提供中转服务"告示。

原告王某某提出如下诉讼请求：1. 判令某航空股份有限公司向王某某支付退票手续费 3270 元；2. 判令某航空股份有限公司向王某某赔偿损失 38102 元及利息（自 2021 年 8 月 20 日起计算至实际赔偿之日止，按照全国银行间同业拆借中心公布的同期贷款市场报价利率计算）。

某航空股份有限公司辩称：1. 王某某于 2021 年 7 月 4 日通过某旅行社有限公司购买了 2021 年 8 月 16 日兰州至北京及 8 月 17 日北京至香港的联程机票，票价为 3250 元。2021 年 8 月 16 日，王某某到达兰州中川机场后，机场工作人员根据中航信订座离港系统内王某某客票信息及香港入境政策要求旅客出示香港通行证。王某某因无法出示证件，要求先行飞往北京，航空公司为其办理了兰州至北京的登机手续。到达北京后，王某某要求航空公司值机人员为其办理北京至香港以及后续航班的乘机手续，但因王某某无法提供入境香港的有效证件，所持并非联程客票，且后续航段承运人并非中国某航空股份有限公司，故无法办理后续登机牌。2021 年 8 月 17 日，王某某通过某旅行社有限公司提交了北京至香港的退票申请，现已通过该公司退还票款 1895 元；2. 王某某通过某旅行社有限公司购买的飞机目的地为香港，根据《中华人民共和国香港特别行政区基本法》第二十二条第四款的规定，中国其他地区的人进入香港特别行政区须办理批准手续。根据某航空股份有限公司《旅客、行李运输总条件》第十四条行政手续第 14.2 旅行证件条款的约定，公司根据香港特区政府入境规定要求王某某出示香港通行证合理合法；3. 自 2020 年 6 月 15 日起，香港机场要求转机旅客需要符合以下四个条件：第一，旅客必须使用同一张联程机票，即行程包含在单次预订中；第二，必须通程值机，行李直挂目的地；第三，中转停留时间在 24 小时内；第四，从海外地区和台湾出发至香港转机须持 48 小时核酸阴性证明。王某某在某旅行社有限公司分别购买了兰州至香港、香港至塔尔萨两张客票，并非单次预订的一张客票，不符合香港机场对于转机旅客的要求，某旅行社有限公司已向王某某告知了上述政策及运输总条件，王某某因个人原因导致后续行程中断，损失应由其个人承担。综上，请求驳回王某某的全部诉讼请求。

某旅行社有限公司辩称：1. 公司仅为机票服务行业，不是本案运输合同主体；2. 公司已向王某某出具了机票，也在其后协助办理了退票手续，在此过程中，公司已向王某某告知了转机须知，并通过弹窗向其告知了香港转机注意事项；3. 公司作为机票预订服务方已经履行了网络服务的合同义务，不存在任何过错。

— 法院认为 —

本案是航空旅客运输合同纠纷，保证旅客合法、顺利地转机或入境是合同双方在订立合同时不言自明的内容，也是订立合同的目的。双方在履行中都应积极作为，为达到合同目的共同努力，这是双方应尽的附随义务。从 2020 年 7 月 14 日中华人民共和国外交部驻香港特别行政区特派员公署官网发布的告示看，可以通过香港过境的旅客需要具备两个条件，一是有联程机票；二是已在出发地办理好了行李直托等手续。对于此两项条件，某旅行社有限公司在王某某购买兰州飞香港的机票时通过弹窗方式发出了提醒，据此可以认定某航空股份有限公司、某旅行社有限公司均已就前往香港所注意事项尽到了提示告知义务，其在案涉旅客运输合同的履行中不存在过错，王某某要求某航空股份有限公司、某旅行社有限公司承担赔偿责任没有事实和法律依据，法院依法不予支持。

— 裁判结果 —

法院判决驳回王某某的全部诉讼请求。

注：本案例选自（2021）甘 0191 民初 5001 号民事判决书

13. 侨联的合法权益受法律的平等保护吗?

侨联全称为归国华侨联谊会,是由归国华侨、侨眷组成的具有统一战线性质的人民团体,其合法权益受到法律的保护。侨联的全国组织是中华全国归国华侨联合会,中国侨联的最高领导机关是全国归侨侨眷代表大会及其选举产生的中国侨联委员会。

各级侨联具有法人资格,依法独立享有民事权利和承担民事义务,其参与民事活动时,受到法律的平等保护。

【法条指引】

《民法典》

第四百六十五条　依法成立的合同,受法律保护。

依法成立的合同,仅对当事人具有法律约束力,但是法律另有规定的除外。

第五百七十七条　当事人一方不履行合同义务或者履行合同义务不符合约定的,应当承担继续履行、采取补救措施或者赔偿损失等违约责任。

【案例分享】

侨联与其他单位订立的合同受到法律保护

— 基本案情 —

原告:某市归国华侨联合会

被告:某市华南建设发展有限公司

原告与被告于 1997 年 4 月 15 日签订《协议书》约定:双方合作将某市侨联旧会所,改建成 9 层综合性大楼,定名为"某市侨联大厦";原告提供土地,负责完成旧房拆迁和办理有关手续,被告负责组织施工和建设资金的投入;大厦建成后、原告分得 4—8 层办公楼、4—5 层住房;被告分得停车场和 1—3 层商场,6—7 层住房。被告每年上缴原告 30 万元。上缴时间从大厦建成交付使用之日起。考虑到物价上涨因素,被告每三年按房租上涨比例增加上缴原告的金额。被告若违约或拖延上缴原告的资金,原告有权收回商场的店面;双方合作期限为 55 年,期满后整座大厦建筑物及设备归原告所有。1997 年 6 月 21 日双方签订《补充协议》,对双方合作建设某市侨联大厦的资金预算进行约定,并约定被告应自大厦的商场投入使用起向原告缴交每年 30 万元。1997 年 10 月 5 日双方签订《补充协议二》,约定双方合作建设的大厦在原来设计方案的基础上再增加一层，并对建成后大厦的使用权的分配进行相应变更。

某市侨联大厦于 1998 年间竣工，原、被告按《协议书》及《补充协议》《补充协议二》的约定对某市侨联大厦的使用权进行分配和管理。被告按协议约定每年缴交原告 30 万元至 2016 年。自 2017 年起，被告仅于 2020 年 1 月 17 日支付 10 万元给原告。至今被告尚拖欠原告 2017—2021 年度的款项 140 万元。

某市归国华侨联合会向法院提起诉讼，请求：1. 请求判令被告向原告支付 140 万元及利息（利息自起诉之日起至实际付款之日止，按全国银行间同业拆借中心发布的贷款市场报价利率计算）；2. 本案诉讼费、保全费等由被告负担。

— 法院认为 —

原、被告签订的合作协议签订的《协议书》及《补充协议》《补充协议二》是双方的真实意思表示，内容没有违反法律规定，合法有效。被告自 2017 年起未按协议约定支付原告款项，是违约行为。原告要求被告支付尚欠的 140 万元并支付自起诉之日起至实际付款之日止按全国银行间同业拆借中心发布的贷款市场报价利率计算的利息的诉讼请求，符合原、被告间的合同约定及法律规定，予以支持。

— 裁判结果 —

一审法院判决如下：

被告某市华南建设发展有限公司应于本判决生效后五日内支付原告某市归国华侨联合会 2017—2021 年度的款项 140 万元，并支付自 2023 年 1 月 19 日起至付清款项之日止按中国人民银行授权全国银行间同业拆借中心公布的同期一年期贷款市场报价利率计算的利息。

案件受理费 17400 元，由某市华南建设发展有限公司负担。

注：本案例选自（2023）闽 0581 民初 1192 号民事判决书

第四章　人格权篇

1. 在自家门口安装监控摄像头，是否侵害邻居隐私权？

若摄像头所覆盖的范围涉及邻里居住的范围，是构成侵权的。根据《民法典》规定，自然人的私人生活安宁与私人信息秘密依法受到法律保护。而行踪信息确实能够反映特定自然人活动情况，具有识别特定自然人的功能，属于重要的个人隐私信息。

于自家门口安装摄像头在保护自身居住安全方面具有一定合理性，但民事主体在维护自身合法权益的同时，也负有不妨碍他人合法权益的义务，要在维护自身安全和尊重他人隐私之间取得平衡。如果安装的摄像头涉及邻居的家门口或窗户，则不可避免地对邻居的个人隐私造成侵犯，属于侵权行为，邻居可以要求拆除摄像头或调整摄像头的位置。

俗话说"远亲不如近邻"，在处理邻里关系时更应与邻为善，换位思考，努力站在对方的角度上思考问题，努力构建和谐的邻里关系，真正做到睦邻友好、和谐相处。

【法条指引】

《民法典》

第一千零三十二条　自然人享有隐私权。任何组织或者个人不得以刺探、侵扰、泄露、公开等方式侵害他人的隐私权。

隐私是自然人的私人生活安宁和不愿为他人知晓的私密空间、私密活动、私密信息。

【案例分享】

家门口安装摄像头，侵犯邻居的隐私权

— 基本案情 —

原告：杨某

被告：王某

杨某在北京市顺义区某小区拥有房屋一套，该房屋所有权证登记在杨某和黄某名下。杨某与王某南北相邻，杨某居南，王某居北，杨某进入其宅院需经过王某房屋东西两侧道路。

王某房屋安装八个摄像头，八个摄像头可通过电脑终端和王某手机上安装的 APP 两种途径操作显示，该摄像头摄录的影像可以存储一定的期限。王某房屋西侧南数第一个摄像头主要覆盖的范围为王某房屋西侧花园，但该摄像头可以通过西侧入户门观察到王某房屋西侧道路的情况；西侧南数第二个摄像头覆盖范围仅为王某房屋西侧花园；西侧采光井上方摄像头和北侧两个摄像头均可以清晰显示王某北侧和西侧道路情况；东数第一个和第二个摄像头可以观察到王某房屋东侧道路的情况；南数第一个摄像头覆盖范围为王某家的储藏室和垃圾桶，该摄像头显示图像的上方未显示杨某房屋宅院内情况。杨某认为王某安装的摄像头侵犯了其隐私权，要求王某拆除。双方协商未果，后杨某将王某告上了法庭。

原告向法院起诉请求：判令被告立即停止侵害行为，拆除位于北京市顺义区 ××× 号房屋周围的八个室外监控摄像头。

被告王某辩称，不同意原告的诉讼请求，安装摄像头是为了自身安全，被告所居住的房屋位于小区的西南端，曾发生过安全事件，被告的房屋及他人财产发生过被侵犯的事实。被告安装摄像头参考了小区其他业主的位置、方向和高度，是常规的风险点。摄像头的监控画面已经控制到最小了，只对靠近建筑物对房屋有风险的人和事进行监控。摄像头没有拍摄、窥视、窃听他人私密活动和私密空间。对于原告进入公共领域的活动并非原告的隐私，所以被告安装摄像头的行为并没有侵犯原告的隐私，综上所述，被告安装摄像头的行为是为了保护自己的财产，没有侵犯原告的隐私，请求依法驳回原告的诉讼请求。

— 法院认为 —

根据《中华人民共和国民法典》之规定，自然人享有隐私权。任何组织

或者个人不得以刺探、侵扰、泄露、公开等方式侵害他人的隐私权。本案中，王某安装的摄像头虽然没有直接摄录杨某家的大门和宅院，但是其安装的摄像头具有存储功能，其可以通过手机和电脑客户端操控摄像头，杨某认为上述摄像头侵犯其合法权益，法院认为其主张成立，理由如下：首先涉诉房屋西侧南数第一个摄像头和采光井上方摄像头以及北侧两个摄像头和东侧两个摄像头所覆盖的范围是进入杨某宅院的必经通道，该两侧道路为王某、杨某及其邻居共同使用，相对于社会公共空间，该两条道路通行使用人员更为具体特定，通行目的更容易判断，王某安装的西侧南数第一个摄像头、采光井上方摄像头和北侧两个摄像头以及东侧两个摄像头较为清晰地采集到了杨某及其家人和朋友日常进入其住宅的情况，包括出行人员、出行规律和访客来往等信息，上述信息与杨某的私人生活习惯以及家庭、财产安全等直接关联，具有一定的私密性，属于法律规定的隐私的范畴，受到法律的保护。王某安装摄像头摄录和存储上述杨某上述信息的行为，侵犯了杨某的个人隐私。其次，依据《中华人民共和国个人信息保护法》的规定，在公共场所安装图像采集、个人身份识别设备，应当为维护公共安全所必需，遵守国家有关规定，并设置显著的提示标识。所收集的个人图像、身份识别信息只能用于维护公共安全的目的，不得用于其他目的；取得个人单独同意的除外。个人对其个人信息的处理享有知情权、决定权，有权限制或者拒绝他人对其个人信息进行处理；法律、行政法规另有规定的除外。本案中，王某安装摄像头的行为是为了保护自身的人身和财产安全，并非为了维护公共安全所需，且其安装的摄像头必然会对杨某及其家人进出其宅院的情况进行摄录并保存，在未征得杨某同意的情况下，必然侵犯了杨某对其个人信息处理的知情权和决定权，故其有权拒绝王某继续对其个人信息进行处理。因此，王某安装西侧南数第一个摄像头和采光井上方摄像头以及北侧两个摄像头和东侧两个摄像头侵犯了杨某的个人隐私，故对杨某要求拆除上述摄像头的诉讼请求，法院予以支持。

关于王某安装的房屋西侧南数第二个摄像头，该摄像头的摄录范围仅覆盖王某的花园，房屋南侧的摄像头的范围为王某的储藏室和垃圾桶，上述两个摄像头虽不能显示杨某宅院内情况，但该两个摄像头均在王某的掌控之下，且该两个摄像头角度亦可调整，使得杨某的个人信息处于被侵犯的危险之下，故对杨某要求拆除上述两个摄像头的诉讼请求，法院予以支持。

—裁判结果—

被告王某于本判决生效之日起十五日内将其安装在位于北京市顺义区

×××号房屋室外的八个摄像头拆除。

注：本案例选自（2021）京0113民初16799号民事判决书

2. 以真实事件用真人名称创作的文学作品侵权吗？

若是作品中含有侮辱、诽谤内容，则构成侵权。在网络上写文章或者开通公众号进行网络文学创作门槛并不高，不少普通用户也热衷在网络上"写文章"，甚至以此涨粉。以真人真事或者特定人为描述对象的文学、艺术作品，向来具有极大的吸引力。但比起虚构的故事，其在可创作情节的尺度、对他人名誉权的尊重等方面均有更高的注意义务。一旦不慎，即有可能触及侵权风险。

文学创作是公民的自由，但作者在行使文学创作自由权的同时，须注意把握分寸和明确法律边界，尤其在以真人真事或者特定人为描述对象时，切勿打着文学创作的幌子试图逃避对他人名誉权侵害的追责。

【法条指引】

《民法典》

第一千零二十七条 行为人发表的文学、艺术作品以真人真事或者特定人为描述对象，含有侮辱、诽谤内容，侵害他人名誉权的，受害人有权依法请求该行为人承担民事责任。

行为人发表的文学、艺术作品不以特定人为描述对象，仅其中的情节与该特定人的情况相似的，不承担民事责任。

【案例分享】

职员以同事为原型写狗血剧情被判赔

—基本案情—

原告：项某、谭某

被告：徐某

项某系某集团控股有限公司办公室行政专员，从事盖章等公章管理工作。谭某系该公司投资发展部部门经理。徐某系该公司办公室职员。2010年8月21日，项某与前妻杜某登记离婚，二人育有一子项某1，1991年3月10日出生。2014年9月27日，项某与谭某登记结婚。2019年7月19日，徐某在其微信公众号"火柴的命运"上发表《抛妻弃子的项公》一文，文中写道："这里说的项公，是一个姓项的男子。为了和公司投资部的一位谭姓科级经理结婚，项某抛妻弃子……因为投资部谭某的关系，公司重用他，让他专门负责保管公司的公章。他的工作，就是每天给文件盖章……现在，这一对狗男女，每天上班下班都是一起，还手挽手的，让人恶心……"该文中人物姓氏、工作情况、家庭情况与项某、谭某身份信息基本一致。2019 年 7 月 26 日，谭某因失眠、疲乏、心悸近一周，前往某医院门诊神经内科就诊，花费医药费93.91 元。

原告向法院起诉请求：1. 徐某向其公开赔礼道歉，消除影响，恢复名誉，道歉内容须经法院认可；2. 徐某赔偿其精神损失费共计 20000 元；3. 徐某承担本案诉讼费及项某、谭某为制止徐某侵权行为所支出的公证费、律师费。

被告徐某辩称，本文属文学作品，不能将小说人物与现实混同，不承认侵犯原告名誉权。

— 法院认为 —

法院认为，徐某以项某、谭某为原型在其微信公众号"火柴的命运"上发表《抛妻弃子的项公》，文中人物姓氏、工作情况、家庭情况明显指向项某、谭某，徐某并无证据证明项某跟前妻杜某离婚与谭某有直接联系，亦无证据证明公司因谭某的关系而重用项某的事实，项某没有义务证明自己离婚的起因以及是否为过错方，徐某在文中主观臆测项某为与谭某结婚而抛妻弃子，和公司重用项某是因为谭某的关系，无任何事实根据，系徐某的主观臆想，损害了项某、谭某的名誉，即便徐某的陈述全部或者部分属实，徐某的行为也构成了对项某、谭某隐私权的侵犯；另外，文中"狗男女"的表述在徐某微信公众号传播范围内在一定程度上对项某、谭某的人格进行贬损，构成侮辱，该文在一定范围内造成项某、谭某的社会评价降低，徐某行为主观过错明显，具有违法性，给项某、谭某名誉权造成侵害，应承担相应的法律责任。因该文章已删除，故徐某应向项某、谭某赔礼道歉、消除影响、恢复名誉。

徐某的侵权行为，势必给项某、谭某带来心理创伤及精神损害，谭某前往某医院门诊神经内科就诊的时间也与徐某发文的时间相符，综合考量徐某的过错程度、侵权情节、侵权事由、侵权所造成的后果等因素，一审法院确定徐某向项某、谭某支付精神损害抚慰金 4000 元。

一审判决不久，被告徐某不服，提起上诉。

二审法院认为：本案二审的争议焦点为一审法院认定徐某侵犯项某、谭某的名誉权有无不当。本案中，徐某以项某、谭某为原型，在其微信公众号"火柴的命运"上发表案涉文章，文章中有侮辱他人人格的内容，对项某、谭某的人格构成贬损，在一定范围内造成项某、谭某的社会评价降低，徐某主观过错明显，行为具有违法性，侵害了项某、谭某的名誉权。《中华人民共和国民法通则》第一百二十条第一款规定，公民的姓名权、肖像权、名誉权、荣誉权受到侵害的，有权要求停止侵害，恢复名誉，消除影响，赔礼道歉，并可以要求赔偿损失。因该文章现已删除，故徐某应向项某、谭某赔礼道歉、消除影响、恢复名誉以及赔偿损失。一审法院综合考量徐某的过错程度、侵权情节等因素，判决徐某在案涉微信公众号上发布道歉函，并赔偿精神损害抚慰金，以及对项某、谭某为制止侵权行为所支付的合理开支予以支持并无不当。徐某的上诉请求缺乏事实和法律依据，法院不予支持。

— 裁判结果 —

一审判决结果：

一、徐某于判决生效之日起十日内在微信公众号"火柴的命运"上发布道歉函（内容需经法院审核），该微信公众号如不能发布或逾期未发布的，将判决书发布于《江苏法制报》，所需费用由徐某承担；

二、徐某于判决生效之日起十日内赔偿项某、谭某精神损害抚慰金4000元；

三、徐某于判决生效之日起十日内赔偿项某、谭某公证费、律师费合计9040元；

四、驳回项某、谭某的其他诉讼请求。

被告徐某不服提起上诉，二审法院终审判决：驳回上诉，维持原判。

注：本案例选自（2020）苏01民终1881号民事判决书

3. 殴打他人，不构成刑事犯罪，就不承担法律责任吗？

需要承担法律责任。法律规定，殴打他人导致他人轻伤以上的，可能需要承担刑事责任；殴打他人如果导致他人轻微伤，虽不构成刑事犯罪，但也是侵害他人健康权的行为，需要承担相应的法律责任。殴打他人，构成轻微伤，公安机关可以依据《中华人民共和国治安管理处罚法》的相关规定，给予行为人以行政拘留或罚款的行政处罚。同时，侵权人还要承担相应的民事赔偿责任。

【法条指引】

《民法典》

第一千零四条 自然人享有健康权。自然人的身心健康受法律保护。任何组织或者个人不得侵害他人的健康权。

第一千一百七十九条 侵害他人造成人身损害的，应当赔偿医疗费、护理费、交通费、营养费、住院伙食补助费等为治疗和康复支出的合理费用，以及因误工减少的收入。造成残疾的，还应当赔偿辅助器具费和残疾赔偿金；造成死亡的，还应当赔偿丧葬费和死亡赔偿金。

《中华人民共和国治安管理处罚法》

第四十三条 殴打他人的，或者故意伤害他人身体的，处五日以上十日以下拘留，并处二百元以上五百元以下罚款；情节较轻的，处五日以下拘留或者五百元以下罚款。

有下列情形之一的，处十日以上十五日以下拘留，并处五百元以上一千元以下罚款：

（一）结伙殴打、伤害他人的；

（二）殴打、伤害残疾人、孕妇、不满十四周岁的人或者六十周岁以上的人的；

（三）多次殴打、伤害他人或者一次殴打、伤害多人的。

【案例分享】

侵犯他人健康权，法院判决赔偿

一 基本案情 一

原告：黄某某

被告：王某

2022 年 6 月 7 日 9 时许，业主王某等一行人到洋县 ×× 公司反映业主房屋房产证迟迟未办理及房屋存在质量问题。在该公司二楼活动室门口，被告王某和该公司职工李某某相遇，双方发生争执，王某对李某某进行了厮打，后王某和几名业主又到吕某某的办公室，当时该公司职工黄某某、吕某某及李某三人正在办公室商量解决小区维权一事。被告王某进屋后发现原告黄某某在沙发上坐着，就对黄某某说："从去年到现在我们的房产证还没有办下来，房屋的墙面裂缝问题也不给解决。"边说就用其随身携带喝水的杯子向原告黄某某的头部和左眼眶处进行击打，致原告黄某某左眼角淤青肿胀。当日，原告到医院住院治疗，同月 17 日出院，医生诊断为：1. 头部损伤；2. 左眼眶挫伤；3. 双侧上颌窦炎；4. 双侧筛窦炎。原告支付住院医疗费 2132.67 元，支付门诊费 168 元。同年 7 月 13 日，被告被洋县公安局处以拘留五日，并处罚款 200 元的行政处罚。

原告向法院提起诉讼并请求：1. 判令被告赔偿原告医疗费、误工费等经济损失共计 5980 元；2. 本案诉讼费由被告承担。

被告王某辩称："因为他们公司房产证迟迟未给我们办理，还有房子质量有问题，为什么我不打别人，打他原告，因为事发前原告把我屁股捏了一下，所以我才还手打他的。此事是因为群体利益才发生的，不是我个人的利益，应该让全小区的业主都知道。无论法院怎么判决，我都会上诉，我也会将法院的判决张贴至全小区，让大家都知道这事。原告说我打他，请拿出证据证明。"

— 法院认为 —

自然人享有健康权，任何组织或者个人不得侵害他人的健康权。行为人因过错侵害他人民事权益造成损害的，应当承担侵权责任。被告王某到 ×× 公司反映业主房屋房产证办理情况及房屋质量问题是其维护合法权益的行为，本应当采取冷静、理智的方式进行，但其到原告所在公司后情绪激动，先后与公司两名工作人员发生冲突，并对原告进行殴打，导致原告受伤住院治疗，被告的行为已构成侵权，应对原告黄某某因伤产生的经济损失承担赔偿责任。对于被告王某辩称原告捏其屁股对其造成身体和心理上双重伤害，其才打原告，对此原告不认可，被告未提交证据证明其主张，因此该辩解理由不能成立。

最终经法院核实，原告黄某某因伤产生的经济损失为 5360 元。

— 裁判结果 —

被告王某赔偿原告黄某某医疗费、误工费、护理费等经济损失共计 5360 元。

注：本案例选自（2022）陕 0723 民初 2582 号民事判决书

4. 死者生前未明确是否捐献遗体，死后子女能否决定捐献遗体？

能。《民法典》的实施后有助于鼓励遗体、人体器官的捐献。一位名人曾经说："能将自己的生命寄托在他人的记忆中，生命仿佛就加长了一些；光荣是我们获得的新生命，其可珍贵，实不下于天赋的生命。"生命因为它的短暂独一而变得可珍可贵，如今越来越多的人意识到遗体器官捐献的意义，自愿加入捐赠遗体器官的这一序列中来，使生命的价值得以永恒。

"虽然无法改变亲人生命的长度，但是可以决定亲人生命的宽度"。只要死者生前未明确表示不同意，死亡后，其配偶、成年子女、父母可以共同书面决定捐献。若违反死者生前的意志或未经过近亲属的一致同意，冒名或强制签署捐赠协议是无效的。

【法条指引】

《民法典》

第一千零六条 完全民事行为能力人有权依法自主决定无偿捐献其人体细胞、人体组织、人体器官、遗体。任何组织或者个人不得强迫、欺骗、利诱其捐献。

完全民事行为能力人依据前款规定同意捐献的，应当采用书面形式，也可以订立遗嘱。

自然人生前未表示不同意捐献的，该自然人死亡后，其配偶、成年子女、父母可以共同决定捐献，决定捐献应当采用书面形式。

【案例分享】

捐赠遗体未经本人生前及子女的同意，捐赠协议无效

— 基本案情 —

原告：陈某 1

被告：陈某 2

被告：呼和浩特市红十字会

第三人：内蒙古医科大学

陈某某系原告父亲，2016 年 8 月 1 日被告陈某 2 冒充陈某某填写了被告呼和浩特市红十字会制备的《呼和浩特市遗体捐献申请登记表》，并冒充陈某某在遗体捐献申请书上签了字。被告没有依照《呼和浩特市遗体捐献申请登

记表》对捐献人捐献行为意思表示的真实性进行审核，产生了虚假的遗体捐献。2016 年 8 月 18 日陈某某因病在家中去世，第三人内蒙古医科大学依照虚假的遗体捐献申请登记表将陈某某的遗体拉走，现遗体仍存放在第三人内蒙古医科大学处。

原告向法院起诉请求：1. 确认陈某某遗体捐献申请无效，并判令第三人内蒙古医科大学返还原告父亲陈某某遗体；2. 判令被告呼和浩特市红十字会赔偿原告精神损害赔偿金 5 万元整；3. 判令本案诉讼费由被告承担。

被告呼和浩特市红十字会辩称，原告及陈某 2 是不是陈某某的子女不清楚，遗体现在还在第三人内蒙古医科大学处，没有进行处理，红十字会属于非营利性机构。对原告的第二项诉讼请求不认可，不承担赔偿原告精神损害赔偿金义务。

第三人内蒙古医科大学述称，如果证据充分，可以无偿返还捐献者的遗体。

— 法院认为 —

法院认为，本案系一般人格权纠纷。原告以遗体捐献者陈某某之女的身份提起本案诉讼，认为陈某某生前并无捐献遗体的真实意思表示，案涉《呼和浩特市遗体捐献申请登记表》中申请人处签名系陈某 2 冒充陈某某所签写，该遗体捐赠行为并非陈某某及其家属的真实意愿。对此，原告向法庭提交了陈某 2 本人作出的《声明》一份，被告陈某 2 在该声明中对以上事实进行了书面确认。另外根据原告提交的陈某某住院病历显示，陈某某在 2016 年 8 月 1 日即申请遗体捐赠的当日，病情危重，无法自诉。结合以上证据，可以认定捐献遗体并非陈某某的真实意思表示。另外原告作为陈某某家属也拒绝捐赠逝者遗体，李某某、赵某某作为陈某某家属也同意陈某某遗体由原告陈某 1 安葬，故原告主张确认陈某某遗体捐赠申请行为无效，具有事实及法律依据，法院依法予以支持。第三人内蒙古医科大学在庭审中表示陈某某遗体现仍完整保存于第三人内蒙古医科大学处，未进行医学解剖试验研究，故原告主张第三人内蒙古医科大学返还陈某某遗体的请求具有可履行内容，法院依法予以支持。根据《最高人民法院关于确定民事侵权精神损害赔偿责任若干问题的解释》第七条之规定"自然人因侵权行为致死，或者自然人死亡后其人格或者遗体受到侵害，死者的配偶、父母和子女向人民法院起诉请求赔偿精神损害的，列其配偶、父母和子女为原告"，本案中陈某某亲属李某某、赵某某均同意由原告追回陈某某遗体安葬并放弃精神损失费，故原告陈某 1 在本案中主体适格。关于原告主张的精神损害赔偿金，根据原告提交的证据可以确定，被告陈某 2 伪造陈某某签名捐赠其遗体，侵害了陈某某本人及其家属的人格利益，侵权主体应为被告陈某 2，原告主张被告呼和浩特市红十字会承担赔偿责任，依法无据，法院依法不予支持。

— 裁判结果 —

一、确认陈某某于 2016 年 8 月 1 日作出的遗体捐赠申请行为无效；

二、第三人内蒙古医科大学于本判决生效之日起十五日内向原告及其家属返还陈某某遗体；

三、驳回原告的其他诉讼请求。

注：本案例选自（2019）内 0103 民初 3757 号民事判决书

5. 死者的肖像权受法律保护吗？

受法律保护。根据《民法典》的相关规定，自然人死亡意味着民事权利主体的消亡，但其肖像却会继续存在，且承载着死者近亲属或继承人一定的精神和财产利益。他人未经死者近亲属或继承人同意擅自使用死者肖像的等侵害肖像权的行为，应当承担相应的民事责任。

【法条指引】

《民法典》

第九百九十四条 死者的姓名、肖像、名誉、荣誉、隐私、遗体等受到侵害的，其配偶、子女、父母有权依法请求行为人承担民事责任；死者没有配偶、子女且父母已经死亡的，其他近亲属有权依法请求行为人承担民事责任。

【案例分享】

侵犯死者的肖像权，要担责

— 基本案情 —

原告：光某

被告：汉家公司

原告父亲为刘某 1，母亲为刘某 2，祖父为刘某。刘某于 1870 年出生，1941 年去世，系著名茶叶专家。1893 年，刘某应俄国茶商邀请前往格鲁吉亚的巴统，将中国的茶树和茶籽带到俄国，通过海上丝绸之路，建立起中格之间种茶、制茶技术传播之路，也开启了俄国历史上第一次的种茶事业，其培育生产的茶叶在1900年的法国巴黎世界工业博览会上获得过金质奖，因其对发展种茶事业有功，被沙皇政府和苏联政府授予过多枚勋章。刘某在俄国建立自己的茶叶庄园，在当地，人们习惯将红茶称为"刘茶"。刘某被尊为格鲁吉亚的"茶叶之父""红茶大王"。有关刘某对茶文化贡献的文章，在中国媒体上亦有广泛报道，如中国新闻网、人民网、茶网等网站，中国商务部官网上也有刘某的官方记载。刘某为中国茶文化的传播和中苏（俄）两国人民的友谊事业做出了卓越贡献，是中国茶文化史上的重要人物之一，享有盛誉，其事迹广为流传，被历史铭记。

2014年4月，被告在北京市朝阳区农业展览馆推销其产品，在这次推销活动中，被告在宣传及产品包装上使用刘某的姓名及刘某与家人的照片。在其产品中使用"刘×绿茶王""刘×黑茯茶""刘×世界茶王"等，且在其官网大量使用刘某的生平事迹，并称刘某为被告法定代表人的祖辈。事实上，被告的上述行为并未获得许可，且被告法定代表人与刘某无亲属关系。

原告向法院起诉请求：1.确认被告侵犯了刘某的姓名权、肖像权；2.判令被告停止在其生产销售的产品上及在商业推广中使用刘某的肖像、姓名的行为；3.判令被告销毁全部侵权的产品包装，删除其对外宣传中涉及侵害刘某的肖像权、姓名权相关内容；4.判令被告在全国性媒体及其官方网站、天猫商城首页的显著位置刊登声明，声明刘某1及其家属从未授权被告使用其姓名、肖像的事实，并向原告赔礼道歉；5.判令被告向原告支付赔偿金500万元；6.判令被告赔偿原告因本案发生的调查费、公证费及其他合理支出共计27983.10元。

被告汉家公司答辩称：1.（1）原告无权主张权利，根据原告所提供的证据，不能证明其身份，更不能证明其与刘某之间的关系；（2）无法确认该刘某就是"茶叶之父"的刘某；（3）关于原告对于刘某的生平陈述仅仅能说明刘某在格鲁吉亚茶叶行业影响力大，并没有其家属的相关报道，所谓的报道也是新闻、杂志、小说，无法辨别姓氏来源，即便是商务部官网也没有相关家属的报道，所以原告无法证明与刘某之间存在关系，无权主张权利；2.被告并不存在侵权的事实，被告宣传刘氏茶叶，刘某曾是刘氏的学徒，根据史料记载，也是汉家刘氏传承人之一，使用刘某的名字，主要是用于宣传茶叶文化，也体现刘氏茶叶的传承，客观上，被告没有侵权的行为；主观上，不存在侵权的故意；3. 被告使用刘某的姓名，是用于宣传茶叶，传承文化，并没有任何盗用或者冒用的行为，同时，刘某肖像权保护超过了法定期限，刘某 1941 年去世，根据《著作权法》第二十一条规定，期限是去世后 50 年，刘某肖像权保护应该截止至 1991 年 12 月 31 日。综上，原告无权向被告主张权利，请求法院予以驳回。

— 法院认为 —

一审法院经审理认为，自然人依据法律的确认对人格独立、自由、平等、生命、健康、名誉、荣誉、肖像等方面享有人格利益，享有姓名权、肖像权、名誉权、荣誉权、隐私权、婚姻自主权等权利。自然人的人格权始于出生，终于死亡。但公民死亡后，其肖像权应依法保护，任何污损、丑化或擅自以营利为目的使用死者肖像构成侵权的，死者近亲属有权向人民法院提起诉讼。此外，自然人姓名是区分自然人的标志，死者的近亲属对于死者姓名享有精神利益。本案中，结合原告提交的《公证书》及照片等相关证据，可以认定被告未经许可，在其官方网站刊登相应文章，借用刘某之姓名及肖像，宣传被告及其产品，并且在实物产品中使用刘某的肖像和姓名。被告作为茶叶产品的生产经营者，其使用行为具有明显的营利目的，应承担侵权责任。原告要求确认被告侵犯刘某的姓名权及肖像权，鉴于刘某已死亡，死者并不是人格权的权利主体，故法院不予支持。对于原告要求被告停止在其生产销售的产品及商业推广使用刘某的肖像、姓名的行为，删除其对外宣传中涉及侵害刘某的肖像权、姓名权相关内容，鉴于被告已停止上述侵权行为，故法院不予支持。对于原告要求被告销毁全部侵权产品包装并赔礼道歉、赔偿损失的诉讼请求，鉴于被告确有侵权行为，法院予以支持。赔礼道歉方式及赔偿数额由法院结合被告使用刘某照片、姓名的数量、位置、时间、形式、范围及其主观恶意程度、侵权行为的具体情节等因素予以确定。

一审判决不久，被告不服，提起上诉。

二审法院经审理认为，结合原告提交的人事档案资料、官方媒体报道、公证书及照片等相关证据及双方陈述，可以认定汉家公司于其所售产品上印刷的照片、网页宣传中使用的刘某姓名与刘某本人的肖像、姓名具有同一性，同时也可以认定原告与刘某之间的祖孙关系，故法院对原告的相关陈述予以认定。汉家公司虽对此提出异议，但未提交足以否定原告与刘某身份关系的证据，亦未提交否定刘某肖像及姓名同一性的证据，故法院对其该项上诉理由不予采纳。公民死亡后，肖像权应依法保护，任何污损、丑化或擅自以营利为目的使用死者肖像构成侵权的，死者的近亲属有权向人民法院提起诉讼。本案中，汉家公司在未取得刘某近亲属授权同意的情况下，以营利为目的使用刘某姓名、肖像的行为构成侵权，原告有权提出相应诉讼主张。一审判决汉家公司销毁印有刘某肖像及姓名的产品、赔礼道歉并赔偿原告相关损失，并无不当，法院予以维持。

— 裁判结果 —

一审判决结果：

一、汉家公司于判决生效后七日内销毁全部印有刘某肖像及姓名的产品包装；

二、汉家公司于判决生效后七日内向原告书面赔礼道歉，致歉内容需经法院审核认可；如逾期未履行上述判决义务，将由法院选择确定在全国范围内公开出版发行的一家报刊上登载本案判决书主要内容，费用由汉家公司负担；

三、汉家公司于判决生效后七日内赔偿原告损失 100 万元、维权费用 14071 元；

四、驳回原告其他诉讼请求。

被告汉家公司不服提起上诉，二审法院终审判决：驳回上诉，维持原判。

注：本案例选自（2019）京 03 民终 14655 号民事判决书

6. 新闻报道中可以使用他人肖像吗？

新闻报道中在不刻意贬损他人的情况下，可以使用他人肖像。通常情况下，未经肖像权人的同意，任何组织和个人均不得制作、使用、公开肖像权人的肖像。但是，在社会实践中，一些特殊情形下需要对于肖像权的保护做出一定的限制，也就是肖像权的合理使用情形。

新闻媒体实施新闻报道关涉公共利益，经常需要使用与报道相关的当事人的肖像，许多事件本身是通过现场拍摄来报道的，如果不能利用肖像，则新闻报道无法进行。新闻报道一般不会对当事人的人格利益造成损害，人格尊严也不会因此贬损。根据法律规定，新闻媒体实施新闻报道，在"不可避免"的情形下，可以不经肖像权人同意制作、使用、公开其肖像。

【法条指引】

《民法典》

第一千零一十九条　任何组织或者个人不得以丑化、污损，或者利用信息技术手段伪造等方式侵害他人的肖像权。未经肖像权人同意，不得制作、使用、公开肖像权人的肖像，但是法律另有规定的除外。

未经肖像权人同意，肖像作品权利人不得以发表、复制、发行、出租、展览等方式使用或者公开肖像权人的肖像。

第一千零二十条　合理实施下列行为的，可以不经肖像权人同意：

（一）为个人学习、艺术欣赏、课堂教学或者科学研究，在必要范围内使用肖像权人已经公开的肖像；

（二）为实施新闻报道，不可避免地制作、使用、公开肖像权人的肖像；

（三）为依法履行职责，国家机关在必要范围内制作、使用、公开肖像权人的肖像；

（四）为展示特定公共环境，不可避免地制作、使用、公开肖像权人的肖像；

（五）为维护公共利益或者肖像权人合法权益，制作、使用、公开肖像权人的肖像的其他行为。

【案例分享】

钟某与某杂志社肖像权纠纷案

一 基本案情 一

原告：钟某

被告：某杂志社

某杂志社在 2021 年第 9 期（总第 1613 期）使用钟某照片；淘宝店铺"上海电视杂志社"于 2021 年 3 月 2 日发布信息"亲，这些是我家新品，欢迎选购，么么哒"，信息下有一张涉案杂志照片；新浪微博用户"上海电视互动公社"（UID：1718417971）在 2021 年 3 月 1 日发布介绍《锦心似玉》中钟某演出的推介小文（共两句），推介小文下方为当期杂志照片一张；其中，在涉案杂志中有三张现代装照片和两张钟某出演影视剧《锦心似玉》时的剧照；三张现代装照片购买自"视觉中国"网站，共计使用 4 次：封面一张、目录页一张，杂志第 14 页和第 17 页各一张；在淘宝店铺和微博上的照片内容为涉案杂志当期封面。

原告钟某以某杂志社侵犯了肖像权为由向法院起诉，并请求：1. 要求杂志社删除其所属的淘宝店铺和微博账户上所有侵犯钟某肖像权、姓名权的照片；2. 要求杂志社在《中国新闻出版报》上向钟某公开赔礼道歉，致歉内容应包含本案判决书案号及侵犯钟某肖像权、姓名权的具体侵权情节，致歉版面面积不小于 6.0cm×9.0cm，致歉时间不少于 30 日，致歉内容需经法院及钟某审核认可；3. 要求杂志社赔偿经济损失 200000 元，律师费 4000 元，公证费 1000 元，差旅费 2175 元。

被告杂志社辩称：1. 涉案照片的取得未侵犯原告肖像权；2. 被告使用原告照片及姓名属于新闻报道中的合理使用，不需经过原告同意，且实际使用中亦未侵犯其肖像权、姓名权；3. 被告使用原告照片和姓名，并非为营利目的。综上，被告认为其使用原告照片及姓名系合理使用，未侵犯原告肖像权、姓名权，故请求驳回原告全部诉请。

一 法院认为 一

一审法院审理后认为，本案争议的焦点有以下几点：一为钟某对于《上海电视》杂志社使用的三张现代装照片及两张剧照是否均享有肖像权。一审法院认为，钟某对于涉案照片均享有肖像权。理由在于：角色上会承载表演者的人格特征，人物剧照能清晰再现表演者面部形象特征，故表演者对角色形象上体现的个人形象即肖像享有肖像权。二为《上海电视》杂志社使用钟某照片是否侵犯其肖像权。一审法院认为，《上海电视》杂志社未侵犯钟某肖像权。第一，从影视类杂志的特点来看，其必须大量使用图片。电视节目的主要特点是视听合一、动态演示、直观性与感染力非常强，其观众一般为社会大众、普通百姓。第二，从涉案杂志属性来讲，该杂志属于以娱乐文化类报道为主的媒体，杂志内容主要是对当时受关注的电视剧及相关人物、电视类娱乐节目等的评论、报道。第三，从使用目的来讲，涉案杂志使用钟某肖像照片系为配合期刊文章《钟某：时光温厚，且待我行》报道、宣传《锦心似玉》剧集。第四，从使用效果来讲，涉案照片和文字均未丑化、污损钟某，且系完全肯定、高度赞扬，对钟某公众形象有积极意义。第五，从使用方式来讲，在使用钟某照片及在涉案文章中，并没有利用钟某肖像做广告、商标，钟某照片及涉案文章中并无任何商业元素，未让读者产生以钟某肖像及姓名做广告、进行产品推荐的观感。因此，一审法院认为，涉案杂志社使用钟某肖像系对钟某肖像的合理使用。

— 裁判结果 —

一审法院判决：驳回钟某的全部诉讼请求。

原告钟某不服提起上诉，二审法院判决：驳回上诉，维持原判。

注：本案例选自（2022）沪 02 民终 4039 号民事判决书

7. 离婚后，一方是否有权单方变更子女姓名？

法律规定，孩子可以跟父亲姓，也可以跟母亲姓。在夫妻双方离婚后，如果一方将孩子的姓氏改为夫妻之外的第三姓，有违社会公序良俗，对方可以通过提起民事诉讼来起诉直接抚养一方，也可以提起行政诉讼，起诉办理变更手续的行政机关，要求恢复孩子的姓氏。

姓名不仅是区分个体之间的符号，更承载着家族的延续、血脉的传承。人有离婚的自由，也有离婚后再婚的自由，但无论如何，孩子生来就带着父母的烙印，孩子姓名的变更需要照顾人的自然感情。

【法条指引】

《民法典》

第一千零一十五条　自然人应当随父姓或者母姓，但是有下列情形之一的，可以在父姓和母姓之外选取姓氏：

（一）选取其他直系长辈血亲的姓氏；

（二）因由法定扶养人以外的人扶养而选取扶养人姓氏；

（三）有不违背公序良俗的其他正当理由。

少数民族自然人的姓氏可以遵从本民族的文化传统和风俗习惯。

《最高人民法院关于适用〈中华人民共和国民法典〉婚姻家庭编的解释（一）》

第五十九条　父母不得因子女变更姓氏而拒付子女抚养费。父或者母擅自将子女姓氏改为继母或继父姓氏而引起纠纷的，应当责令恢复原姓氏。

【案例分享】

夫妻双方离婚，一方无权擅自变更子女姓名

— 基本案情 —

原告：翟某

被告：张某

原告翟某与被告张某于 2010 年 2 月 24 日在邱县民政局登记结婚，2009 年 3 月 8 日生长子翟某龙，2015 年 1 月 18 日生次子翟某磊。2016 年 4 月 15 日双方在邱县民政局协议离婚，协议约定：长子翟某龙由原告抚养，次子翟某磊由被告抚养，抚养费各自承担。后被告在未经原告同意的情况下，将翟某磊姓氏变更随其继父姓氏，并将其姓名变更为侯某睿。

原告翟某向法院提出诉讼请求：1. 判令被告立即把原告、被告婚生儿子姓名改为翟某磊；2. 本案诉讼费由被告承担。

被告张某辩称，其不同意原告诉求，其作为次子的监护人，有权按照婚姻法有关规定到公安机关变更孩子姓名。被告张某变更孩子姓名没有恶意，是为了方便孩子上学、就医。原告要求把孩子姓名改回原名，被告在庭审前同意配合，但原告拒不到公安机关签字，因此过错不在被告。原告依据的《最高人民法院关于人民法院审理离婚案件处理子女抚养问题的若干规定具体意见》，因《中华人民共和国婚姻法》司法解释（一）、（二）、（三）相继颁布，该解释已不再适用，因此原告翟某要求将婚生次子的姓名改回的诉求没有法律依据，请求法院依法驳回原告请求。

— 法院认为 —

我国《婚姻法》第二十二条规定："子女可以随父姓，可以随母姓。"该条规定表明，我国法律为贯彻男女平等和夫妻平等的现代法律理念，赋予了父母平等的为子女设定姓名的权利，并明确了设定"姓"的范畴原则上应是父姓或母姓，即法律在给予父母设定子女姓名权利的同时又规定了行使该项权利的范围。本案中，原告翟某与被告张某离婚后，被告张某在无正当理由的情况下，未与原告翟某协商，私自变更未成年次子的姓名，致使其既不随父姓又不随母姓，有违中华传统文化和伦理观念。对此，《最高人民法院关于人民法院审理离婚案件处理子女抚养问题的若干具体意见》第十九条规定："父或母一方擅自将子女姓氏改为继母或继父姓氏而引起纠纷的，应责令恢复原姓氏"，故对原告翟某要求恢复次子姓名的诉求，法院予以支持。

— 裁判结果 —

被告张某于本判决生效之日起三日内将次子侯某睿的姓名恢复为翟某磊。

注：本案例选自（2020）冀 0430 民初 112 号民事判决书

8. 人体器官可以买卖吗?

人体器官不能买卖。我国现行法律规定禁止买卖人体细胞、组织、器官、遗体,所签订的买卖合同因违法而无效,不受法律保护。违法进行人体器官买卖还可能涉嫌构成刑事犯罪,如刑法规定,组织他人出卖人体器官的,涉嫌构成组织贩卖人体器官罪,可以处五年以下有期徒刑,并处罚金;情节严重的,可以处五年以上有期徒刑,并处罚金或没收财产。

【法条指引】

《民法典》

第一千零七条　禁止以任何形式买卖人体细胞、人体组织、人体器官、遗体。

违反前款规定的买卖行为无效。

《刑法》

第二百三十四条之一　组织他人出卖人体器官的,处五年以下有期徒刑,并处罚金;情节严重的,处五年以上有期徒刑,并处罚金或者没收财产。

未经本人同意摘取其器官,或者摘取不满十八周岁的人的器官,或者强迫、欺骗他人捐献器官的,依照本法第二百三十四条、第二百三十二条的规定定罪处罚。

违背本人生前意愿摘取其尸体器官,或者本人生前未表示同意,违反国家规定,违背其近亲属意愿摘取其尸体器官的,依照本法第三百零二条的规定定罪处罚。

【案例分享】

人体干细胞买卖合同无效

— 基本案情 —

原告:吴某某

被告:聚仁公司

原告吴某某与被告聚仁公司的法定代表人王某某经朋友介绍相识。2018年4月5日,原告通过微信与王某某沟通,确认原告向被告购买30份"人胎盘来源的间质干细胞",即原告委托被告培养"干细胞",之后被告提供地点进行"干细胞"回输,双方口头约定每份"干细胞"价格为3.50万元,但未签订书面合同。原告于同日通过银行转账的方式向被告公司账户转账了预订货款一半的预付款 52.50 万元，双方口头约定除每使用 1 份"干细胞"从该预付款中扣除 1.75 万元外，原告仍需另行支付 1.75 万元。自 2018 年 4 月 20 日起至 2018 年 7 月 6 日被告向原告共计交付了 8 份"干细胞"，剩余"干细胞"均未交付。原告多次要求被告履行合同项下剩余"干细胞"的交货义务，被告均拒绝履行。据原告了解，被告已经因失去经营场地使用权而无法继续履行，之后经原告多次催讨，被告一直未返还预付款。2019 年 11 月原告向法院提起诉讼。

原告吴某某起诉到法院，要求：1. 判令解除原告与被告之间的"干细胞"买卖口头合同；2. 判令被告返还原告尚未使用的预付款 39.75 万元并支付资金占用利息（以 39.75 万元为基数，自 2019 年 2 月起按年利率 6% 计算至实际支付之日止）；3. 本案诉讼费由被告承担。

被告聚仁公司答辩称，原告要求解除合同并要求被告返还认购款无事实及法律依据，其要求被告支付资金占用利息也无法律依据。双方之间关于购买"干细胞"的合同，虽然原告并未签字，但是双方已经按该合同履行了各自义务，被告也积极履行了合同义务，是原告在合同履行期间背着被告擅自与"干细胞"回输机构合作违反了商业模式，导致"干细胞"回输机构不再与被告进行继续合作。现被告对外售价每份"干细胞"为 8 万元 ~ 10 万元，双方约定每份"干细胞"单价为 3.5 万元是基于原告认购 30 份的优惠价格，而并非单份市场价格，即使原告要求退款，也不能以优惠价格予以退款。现被告不存在拒绝履行合同的事实，是可以继续履行合同的，故原告要求解除合同无法律依据。因此，不同意原告的全部诉讼请求。

— 一审情况 —

一审法院认为，公民的合法权益受法律保护。现原告吴某某与被告公司虽未签订书面买卖合同，但原告吴某某向被告聚仁公司购买"干细胞"之事实，由原告提供的微信聊天记录、银行流水明细等证据所证实，故双方之间已形成买卖关系，原告、被告理应按约履行。原告吴某某已按约向被告支付了预付款，故被告理应按约向原告提供"干细胞"。现被告聚仁公司向原告交付部分"干细胞"货物后未继续履行合同，也未返还原告剩余预付款，该事实由原告提供的微信聊天记录等证据及原告、被告的陈述所证实，故法院予以确认。基于原告、被告之间的"干细胞"买卖合同已事实终止，故现原告要求解除原告、被告之间的"干细胞"口头买卖合同，法院依法予以准许。被告理应将上述剩余预付款如数返还给原告，但因双方对预付款的返还期限并无约定，故现原告要求被告支付资金占用期间的利息法院难以支持。被告聚仁公司辩称双方所约定的每份"干细胞"单价为优惠价格而非单份市场价格，故原告要求退款应将所购"干细胞"以市场价格予以扣除，但其未能提供相应证据予以证实，故法院难以采信。故现原告吴某某要求被告聚仁公司返还剩余预付款，理由正当，法院予以支持。

一审判决结果：一、解除原告与被告间的"干细胞"买卖合同；二、被告于本判决生效之日起十五日内返还原告预付货款 39.75 万元；三、驳回原告其余诉讼请求。

— 二审情况 —

一审判决不久，被告聚仁公司不服，提起上诉。

二审法院认为，本案双方当事人以微信方式形成了书面形式的干细胞买卖合同。案涉"干细胞"属于民法上的物，具有特殊的生物属性，在法律上不得直接作为交易标的之物。我国建立了以医疗机构为责任主体，干细胞临床研究机构和项目双备案的管理机制。除已有成熟技术规范的造血干细胞治疗血液系统疾病外，其他干细胞治疗尚未进入临床应用，其安全性、有效性存在不确定性。聚仁公司未取得干细胞临床研究的立项与备案，不具备从事干细胞临床研究的条件与资质。同时，涉案"干细胞"未经药物临床试验或获得药品上市许可，亦非用于严重危及生命且无有效治疗手段的疾病治疗或者重大医疗卫生需求。聚仁公司既非干细胞临床研究机构或从事干细胞制剂或相关药品的研制、生产、经营的企业，亦未向二审法院举证证明涉案"干细胞"系医疗技术的临床应用或符合药品管理规范。因此，聚仁公司销售"干细胞"的行为游离于国家有关部门的监管之外，不但增加了国家对干细胞临床研究和药品试验的管控风险，而且影响公众用药安全和合法权益，扰乱社会经济秩序。聚仁公司制备"干细胞"给他人直接用于人体回输，违反了《干细胞临床研究管理办法（试行）》第五十二条关于禁止干细胞直接进入临床应用的规定的同时，严重违背了伦理规范，破坏国家医疗监管制度，危及不特定个体生命健康安全，进而损害社会公共利益。医疗卫生技术的进步和有序发展、干细胞应用的安全性和有效性、药品市场的管理秩序、公众用药安全和生命健康等均涉及社会公共利益。涉案买卖合同因损害社会公共利益而无效。鉴于合同无效是自始、确定、绝对、当然地不发生法律约束力，吴某某在一审中提出要求解除合同的事实基础和法律依据均不成立，对于其一审诉讼请求，法院难以支持。双方当事人同意在二审中处理无效后果，明确表示放弃主张已履行部分及无效后所受损失。合同无效后，因该合同取得的财产，应当予以返还，聚仁公司理应将剩余预付款39.75万元返还给吴某某。

二审法院判决如下：

一、撤销一审法院（2019）沪0115民初71447号民事判决；

二、吴某某与聚仁公司之间的"干细胞"买卖合同无效；

三、聚仁公司应于本判决生效之日起十日内返还吴某某剩余预付款39.75万元；

四、驳回吴某某的全部一审诉讼请求。

注：本案例选自（2020）沪01民终4321号民事判决书

9. 网络媒体中发布内容失实影响自己的名誉权怎么办?

网络言论自由权的行使必须符合法律规定。捏造事实，在网络上侮辱、诽谤他人都是违法行为，轻则构成民事侵权，重则构成刑事犯罪。因此，个人在微博、微信、抖音、快手等平台发表言论要慎之又慎。如果别人在网络媒体中发布失实内容侵犯我们的名誉权，我们又该如何维权呢？首先是保存侵权的证据，被侵权人可以通过到公证处公证或电子存证等方式进行证据保全，这样的话即使对方已经删除了相关内容，我们也有证据可查；其次是对侵权主体信息的查询，特别是对一些使用化名的侵权人，被侵权人可以报警让公安机关调查提取或通过提起诉讼申请法院调查等方式来锁定最终侵权人；再次，对于是选择提起民事起诉还是刑事自诉，主要看侵权的严重程度，如一个诽谤信息被点击、浏览达五千次以上，或者被转发的次数达五百次以上的，则涉嫌构成诽谤罪，这时我们就可以选择刑事自诉附带民事诉讼的方式，要求追究对方的刑事责任和民事责任。

【法条指引】

《民法典》

第一千零二十五条 行为人为公共利益实施新闻报道、舆论监督等行为，影响他人名誉的，不承担民事责任，但是有下列情形之一的除外：

（一）捏造、歪曲事实；

（二）对他人提供的严重失实内容未尽到合理核实义务；

（三）使用侮辱性言辞等贬损他人名誉。

【案例分享】

在网络平台中捏造事实，损害他人名誉要担责

— 基本案情 —

原告：刘某

被告：姚某、李某

2021 年 1 月 23 日晚原告刘某的外甥李某开车送原告去李某成家通知李某成做核酸检测。后李某成留原告在其家吃完晚饭，饭后返回途中车行驶到张家某地一变压器附近时，与被告姚某驾驶的微型面包车迎面相撞。当时被告姚某以为原告是酒后驾车，为让原告因酒后驾车受到法律的追究，进而无法参加村主任的选举，撞车后，被告李某在事故现场录制手机视频，后由被告姚某发到互联网平台快手视频中播放。二被告捏造原告醉酒驾车的虚假视频通过快手视频在互联网上快速传播。

原告向法院起诉请求：1. 二被告删除其在快手上发布并传播的捏造损害原告名誉的不良视频，并给原告恢复名誉，赔礼道歉；2. 赔偿原告精神损失费 10000 元；3. 本案的诉讼费用由二被告承担。

被告姚某、李某辩称：1. 答辩人不存在恶意诽谤、侮辱、损害原告名誉的故意。事实是，2021 年 1 月 23 日 22 时 40 分许，原告驾驶轿车沿某水泥路自北向南行驶至张家某地墙外路时，与对向姚某驾驶的小型客车相撞，造成两车损坏、无人受伤的交通事故，事故发生后原告弃车逃逸。以上事实有原告及被告在交警队的陈述、现场录像、证人证言等证据证实。2. 答辩人可提供市公安局双城分局对原告的行政处罚决定书复印件，处罚书上有给予原告行政拘留十五日的处罚，同时亦能证明答辩人并无恶意诽谤、侮辱、损害原告名誉的行为。所以请求法院依法驳回原告的诉讼请求，同时向答辩人道歉。

— 法院认为 —

法院认为，名誉权是指公民、法人或其他权利主体保持并维护自己名誉的权利；侵害名誉权是指行为人因为故意或者过失而对他人实施的侮辱、诽谤等行为，其结果（或目的）就是导致受害人的品德、声望、才能、信用等社会评价受到影响或降低。本案经审理查明，本案的起因是双方在发生车辆相撞的交通事故后，被告姚某自行将由李某录制的事故现场视频，在公安交警机关尚未作出事故责任认定的情况下，私自制作了"××区××镇某村支部书记刘某醉驾逃逸"的字幕后，上传到互联网进行快速传播，并在庭审中

自认"希望扩大影响，并引起有关部门关注，使事故能得到尽快处理"，进而加重指责刘某是醉酒驾车的事实。其行为并未得到公安交警部门在事后作出的事故责任认定书中是不是醉酒驾驶事实的认定。二被告只凭其的主观判断，并自行添加和编造刘某醉酒驾车逃逸的字幕后，将事故视频上传至互联网上供大众浏览和阅读，并借此对原告的品德、声望、才能、信用等进行社会监督和评价，是对原告名誉权的损害。所以二被告的行为对原告的名誉权构成侵权。原告要求二被告立即删除其在快手上发布并传播的捏造损害原告名誉的不良视频，并给原告恢复名誉，赔礼道歉的请求，法院应予以支持。鉴于二被告已经自行删除了该视频的播放软件，所以二被告的赔礼道歉的方式和范围，应根据二被告的主观过错、侵权情节的影响等，由法院酌定裁量。对于原告要求赔偿精神损失、合理费用的要求，法院结合本案具体案情予以酌定，即将精神损失费认定为 1000 元较为适宜。

　　— **裁判结果** —

　　一审法院判决：本判决生效之日起十日内，被告姚某、李某在其个人微信中自行书写向原告刘某赔礼道歉的声明后，并在手机微信的朋友圈内将道歉内容连续转发的时间不能少于五天。本判决生效之日起十日内，被告姚某、李某赔偿原告刘某精神损失抚慰金 1000 元。

　　注：本案例选自（2021）黑 0113 民初 1446 号民事判决书

10. 侵害死者的遗体、坟墓，被侵害家属该如何维权？

　　我国法律规定，自然人享有民事权利能力的期间为从出生时起到死亡时止。这一规定通常意味着自然人在出生前和死亡后的民事权利能力一般不受法律保护。那么，死者的名誉权是否受法律保护呢？如果死者的名誉权或坟墓遭到侵害或破坏，又该如何维权呢？《民法典》明确规定，死者的姓名、肖像、名誉、荣誉、隐私、遗体等受到侵害的，侵权人依法应承担民事责任。同时，如果死者的遗体或遗骨遭到破坏或侮辱，还可能涉嫌构成盗窃、侮辱、故意毁坏尸体罪等刑事犯罪。一旦发现有上述情况出现，家属要第一时间报警固定证据。

【法条指引】

《民法典》

第九百九十四条　死者的姓名、肖像、名誉、荣誉、隐私、遗体等受到侵害的，其配偶、子女、父母有权依法请求行为人承担民事责任；死者没有配偶、子女且父母已经死亡的，其他近亲属有权依法请求行为人承担民事责任。

《刑法》

第三百零二条　盗窃、侮辱、故意毁坏尸体、尸骨、骨灰的，处三年以下有期徒刑、拘役或者管制。

【案例分享】

死者的坟墓、遗体受法律保护

一 基本案情 一

原告：胡某甲

被告：曾某乙、龙某、钟某

原告胡某甲诉称，其父亲去世后安葬于铜鼓县某坳上，该坳上还有其他坟墓。2018 年，曾某乙承包了该村的油茶林开发项目，曾某乙作为工地承包人聘请了龙某为工地的挖机师傅，龙某的挖机老板是钟某。2018 年 10 月，龙某驾驶挖机在平整该村港下组山林土地时，由于现场无施工安全员，不慎将胡某甲父亲的坟墓损毁而不自知。次年正月，胡某甲的侄子去给胡某甲父亲上坟时发现该坟墓被损毁，经多方了解，得知是曾某乙聘请的挖机师傅龙某在施工时未尽到注意义务造成的，曾某乙得知该事情后立即联系胡某甲进行协商。经协商，双方约定由曾某乙出钱将损毁的六座坟墓进行迁移修缮，且曾某乙于协商当日支付了 5000 元迁坟费用，于次日支付了 10000 元迁坟费用，后陆续支付了 950 元迁坟费用，合计 15950 元。同时，经找寻被损毁的坟墓，胡某甲父亲的遗骨被部分找回。但胡某甲认为此事对其造成了严重的精神打击，要求曾某乙、龙某、钟某等人进行精神损害赔偿，但各方就精神损害赔偿事宜无法达成一致。胡某甲于是将曾某乙等人起诉至法院。

原告向法院提出的诉讼请求为：1. 判令曾某乙、龙某、钟某找回因损毁父亲坟墓丢失的遗骨，并且恢复该坟墓原葬原状；2. 判令曾某乙、龙某、钟某支付原告精神抚慰金人民币 3 万元整。

— 法院认为 —

法院审理后认为，本案的争议焦点是被告毁损死者坟墓、死者遗体，是否侵犯了死者家属的人格权，是否需要承担精神抚慰金。

首先，因行为人的过失行为，造成死者遗体、坟墓受损，构成了侵权。且坟墓作为埋葬死者遗体或者骨灰的特定建筑物，被视为死者的栖息之所，它同样存在于人体之外，能被民事主体所控制和支配，能满足人们纪念、祭祀先人的精神需要，也是一种有体物。遗体、遗骨作为死者遗存之物，承载了近亲属对死者的哀思，对后人存在重大的精神寄托。行为人的侵权行为给胡某甲造成了精神损害，应当承担侵权责任。

其次，行为人的侵权行为，不仅侵害了死者的人格利益，实际上也影响了死者家属对死者的祭奠。虽然祭奠主要是一种民间习俗，我国法律对"祭奠权"一词并未明确规定，但祭奠作为生者对于死者寄托哀思的一种方式，是存在于人内心深处的一种精神利益，它具有特定性、专属性，属于近亲属的特定身份权益，行为人的行为侵犯死者家属的特定身份权益。依据《最高人民法院关于审理精神损害赔偿案件适用法律若干问题的解释》第三条之规定，胡某甲有权要求曾某乙等人进行精神损害赔偿。

最后，行为人事后积极主动对损毁的墓地进行迁移修缮，并先后支付15950元迁坟费用给胡某甲，且胡某甲父亲的部分遗骨也已经找回，弥补了其部分过错。故法院酌情支持胡某甲精神损害赔偿金10000元。

— 裁判结果 —

一、曾某乙应于本判决生效后五日内支付胡某甲精神损害抚慰金4000元；

二、龙某应于本判决生效后五日内支付胡某甲精神损害抚慰金3000元；

三、钟某应于本判决生效后五日内支付胡某甲精神损害抚慰金3000元。

注：本案例选自（2020）赣0926民初803号民事判决书

11. 被他人冒名顶替上学或工作，该怎么办？

姓名是人的标识，是与他人相区别的语言标识，它的基本功能是防止个人身份的混淆，彰显个人的人格特征。法律规定自然人享有姓名权，有权依法决定、使用、变更或者许可他人使用自己的姓名。任何组织或者个人不得以干涉、盗用、假冒等方式侵害他人的姓名权或者名称权。盗用他人姓名，未经他人同意或授权，擅自以他人名义实施有害于他人和社会的行为，或者假冒他人姓名，顶替他人上学、工作，均属侵犯他人姓名权的行为，应当承担相应的法律责任。我们一旦发现有人盗用或假冒自己的姓名，可以立即报警或向有关部门反映，同时还可以收集证据依法提起民事诉讼，要求对方停止侵权、消除影响并赔偿损失。

【法条指引】

《民法典》

第一千零一十四条　任何组织或者个人不得以干涉、盗用、假冒等方式侵害他人的姓名权或者名称权。

【案例分享】

冒充他人上学、工作，均属侵犯他人姓名权的行为，应当承担民事责任

— 基本案情 —

原告：齐某

被告：陈某琪、陈某

被告：济宁商校

被告：滕州八中和滕州教委

1990 年，山东省滕州市第八中学的初中学生齐某和陈某琪参加了中等专科学校的预选考试。陈某琪考试不合格，失去了升学考试资格；齐某通过了预选考试，并在中专统考中获得 441 分，超过委培录取的分数线。之后，济宁市商校向齐某发出录取通知书。齐某同村党支部书记陈某利用其和滕州八中、济宁市商业学校和滕州教委的关系，让其女陈某琪顶替齐某进入济宁市商业学校学习。1993 年，陈某琪又以齐某的名义进入中国银行工作。而误以为自己落榜的齐某去了金属加工厂打工，不久后下岗，以卖早点维生。1998 年，齐某偶然发现了陈某琪的冒名顶替之事。1999 年 1 月，齐某向山东省枣庄市中级人民法院提起民事诉讼，被告为陈某琪、陈某、济宁商校、滕州八中和滕州教委。

— 一审情况 —

一审中原告齐某向法院提起诉讼请求：请求法院判令各被告停止侵害、赔礼道歉，并给原告赔偿经济损失 16 万元（其中包括：1. 陈某琪冒领工资 5

万元；2.陈某琪单位给予的住房福利 9 万元；3.原告复读一年的费用 1000 元；4.原告为将农业户口转为非农业户口交纳的城市增容费 6000 元；5.原告改上技校学习交纳的学费 5000 元；6.陈某琪在济宁商校就读期间应享有的助学金、奖学金 2000 元；7.原告支出的律师代理费 5000 元、调查费 1000 元），赔偿精神损失 40 万元。

一审法院经审理后认为，《民法通则》第九十九条规定："公民享有姓名权，有权决定、使用和依照规定改变自己的姓名，禁止他人干涉、盗用、假冒。"被告人陈某琪在中考落选、升学无望的情况下，由其父、被告陈某策划并为主实施冒用原告齐某姓名上学的行为，目的在于利用齐某已过委培分数线的考试成绩，为自己升学和今后就业创造条件，其结果构成了对齐某姓名的盗用和假冒，是侵害姓名权的一种特殊表现形式。由于侵权行为延续至今，故陈某琪关于齐某的诉讼请求已超过诉讼时效的答辩理由，显然不能成立。原告齐某主张的受教育权，属于公民一般人格权范畴。它是公民丰富和发展自身人格的自由权利。本案证据表明，齐某已实际放弃了这一权利，即放弃了上委培的机会，其主张侵犯受教育权的证据不足，不能成立。齐某基于这一主张请求赔偿的各项物质损失，除律师代理费外，均与被告陈某琪的侵权行为无因果关系，故不予支持。《民法通则》第一百二十条规定："公民的姓名权、肖像权、名誉权、荣誉权受到侵害的，有权要求停止侵害，恢复名誉，消除影响，赔礼道歉，并可以要求赔偿损失。"原告齐某的姓名权被侵犯，除被告陈某琪、陈某应承担主要责任外，被告济宁商校明知陈某琪冒用齐某的姓名上学仍予接受，故意维护侵权行为的存续，应承担重要责任；被告滕州八中在考生报名环节疏于监督、检查，并与被告滕州教委分别在事后为陈某琪、陈某掩饰冒名行为提供便利条件，亦有重大过失，均应承担一定责任。原告齐某支出的律师代理费，因系被告陈某琪实施侵权行为而导致发生的实际费用，应由陈某琪承担赔偿责任，其他被告负连带责任。但齐某主张的律师代理费数额无客观依据，不能全部支持，应按《枣庄市律师业务收费标准》确定收费具体数额。诉讼中对体格检查表、学期评语表中的印章进行鉴定支出的费用，应由责任人被告滕州八中、滕州教委分别负担。原告齐某的考试成绩及姓名被盗用，为其带来一定程度的精神痛苦。对此，除有关责任人应承担停止侵害、赔礼道歉的责任外，各被告均应对齐某的精神损害承担给予相应物质赔偿的民事责任。各被告对判决的精神损害赔偿费用各自承担，相互之间不负连带责任。但在赔偿标准方面，齐某主张的数额与我国国情和本案案情均不相符，要求过高，故不予全部采纳。对精神损害应赔偿的数额，参照本地司法机关审理的同类纠纷确定。

一审法院判决：

一、被告陈某琪停止对原告齐某姓名权的侵害；

二、被告陈某琪、陈某、济宁商校、滕州八中、滕州教委向原告齐某赔礼道歉；

三、原告齐某支付的律师代理费 825 元，由被告陈某琪负担，于判决生效后十日内给付，被告陈某、济宁商校、滕州八中、滕州教委对此负连带责任；

四、原告齐某的精神损失费 35000 元，由被告陈某琪、陈某各负担 5000 元，被告济宁商校负担 15000 元，被告滕州八中负担 6000 元，被告滕州教委负担 4000 元，于判决生效后十日内给付；

五、鉴定费 400 元，由被告滕州八中、滕州教委各负担 200 元；

六、驳回齐某的其他诉讼请求。

— 二审情况 —

宣判后，齐某不服一审判决，向山东省高级人民法院提起上诉。

二审法院认为，上诉人齐某所诉被上诉人陈某琪、陈某、济宁商校、滕州八中、滕州教委侵犯姓名权、受教育权一案，存在着适用法律方面的疑难问题，因此依照《中华人民共和国人民法院组织法》第三十三条规定，报请最高人民法院进行解释。

最高人民法院对本案研究后认为，当事人齐某主张的受教育权，来源于我国《宪法》第四十六条第一款的规定，根据本案事实，陈某琪等以侵犯姓名权的手段，侵犯了齐某依据《宪法》规定所享有的受教育的基本权利，并造成了具体的损害后果，应承担相应的民事责任。据此，最高人民法院以法释〔2001〕25 号司法解释批复了山东省高级人民法院的请示。

二审法院据此讨论后认为，上诉人齐某通过初中中专预选后，填报了委培志愿，并被安排在统招兼委培考场，表明其有接受委培教育的愿望。被上诉人陈某辩称是由于其提供了鲍沟镇镇政府的介绍信和委培合同，齐某才被安排在统招兼委培考场，没有证据证实。即使此节属实，也因为陈某实施的这一行为是违法的，不能对抗委培志愿是由齐某亲自填报这一合法事实。陈某称齐某以自己的行为表示放弃接受委培教育的权利，理由不能成立。齐某统考的分类超过了委培分数线，被上诉人济宁商校已将其录取并发出了录取通知书。由于被上诉人滕州八中未将统考成绩及委培分数线通知到齐某本人，且又将录取通知书交给前来冒领的被上诉人陈某琪，才使得陈某琪能够在陈某的策划下有了冒名上学的条件。又由于济宁商校对报到新生审查不严，在既无准考证又无有效证明的情况下接收陈某琪，才让陈某琪冒名上学成为事实，从而使齐某失去了接受委培教育的机会。陈某琪冒名上学后，被上诉人滕州教委帮助陈某伪造体格检查表；滕州八中帮助陈某伪造学期评语表；济宁商校违反档案管理办法让陈某琪自带档案，给陈某提供了撤换档案材料的机会，致使陈某琪不仅冒名上学，而且冒名参加工作，使侵权行为得到延续。该侵权是由陈某琪、陈某、滕州八中、滕州教委的故意和济宁商校的过失造成的。这种行为从形式上表现为侵犯齐某的姓名权，其实质是侵犯齐某依照《宪法》所享有的公民受教育的基本权利。各被上诉人对该侵权行为所造成的后果，应当承担民事责任。

由于各被上诉人侵犯了上诉人齐某的姓名权和受教育的权利，才使得齐某为接受高等教育另外再进行复读，为将农业户口转为非农业户口交纳城市增容费，为诉讼支出律师费。这些费用都是其受教育的权利被侵犯而遭受的直接经济损失，应由被上诉人陈某琪、陈某赔偿，其他各被上诉人承担连带赔偿责任。齐某后来就读于邹城市劳动技校所支付的学费，是其接受该校教育的正常支出，不是侵权造成的经济损失，不应由侵权人承担赔偿责任。

为了惩戒侵权违法行为，被上诉人陈某琪在侵权期间的既得利益（即以上诉人齐某的名义领取的工资，扣除陈某琪的必要生活费）应判归齐某所有，由陈某琪、陈某赔偿，其他被上诉人承担连带责任。各被上诉人侵犯齐某的姓名权和受教育的权利，使其精神遭受严重的伤害，应当按照山东省高级人民法院规定的精神损害赔偿最高标准，向齐某赔偿精神损害费。齐某要求将陈某琪的住房福利、在济宁商校期间享有的助学金、奖学金作为其损失予以赔偿，该请求于法无据，不予支持。

二审法院认为，原审判决认定被上诉人陈某琪等侵犯了上诉人齐某的姓名权，判决其承担相应的民事责任，是正确的。但原审判决认定齐某放弃接受委培教育，缺乏事实根据。齐某要求各被上诉人承担侵犯其受教育权的责任，理由正当，应当支持。

二审法院判决如下：

一、维持一审民事判决第一项、第二项、第三项；

二、撤销一审民事判决第四项、第五项、第六项；

三、被上诉人陈某琪、陈某于收到本判决书之日起十日内，赔偿上诉人齐某因受教育的权利被侵犯造成的直接经济损失 7000 元，被上诉人济宁商校、滕州八中、滕州教委承担连带赔偿责任；

四、被上诉人陈某琪、陈某于收到本判决书之日起十日内，赔偿上诉人齐某因受教育的权利被侵犯造成的间接经济损失（按陈某琪以齐某名义领取的工资扣除最低生活保障费后计算，自 1993 年 8 月计算至陈某琪停止使用齐某姓名时止；其中 1993 年 8 月至 2001 年 8 月，共计 41045 元），被上诉人济宁商校、滕州八中、滕州教委承担连带赔偿责任；

五、被上诉人陈某琪、陈某、济宁商校、滕州八中、滕州教委于收到本判决书之日起十日内，赔偿上诉人齐某精神损害费 50000 元；

六、驳回上诉人齐某的其他诉讼请求。

注：本案例选自（1999）鲁民终字第 258 号民事判决书

12. 未经许可公开他人个人信息，违法吗？

违法。随着时代的发展，个人信息的内容越来越多，除传统的姓名、身份证号码、家庭地址、电话号码等个人信息之外，现在还展露出一些新的个人信息，如网络交易信息、上网浏览痕迹、网络社交媒体留言、行踪轨迹等等。在处理这些个人信息之前，必须得到个人信息涉及的自然人或者其监护人的同意，除非法律、行政法规另有规定。其次，在自然人的个人信息已经被处理后，如果处理者处理个人信息的规则、目的、方式或范围发生了变更，处理者也要取得自然人或者其监护人的同意。否则，对他人个人信息的不当处理，轻则构成民事侵权，重则可能触犯刑法，构成刑事犯罪。

【法条指引】

《民法典》

第一千零三十四条　自然人的个人信息受法律保护。

个人信息是以电子或者其他方式记录的能够单独或者与其他信息结合识别特定自然人的各种信息，包括自然人的姓名、出生日期、身份证件号码、生物识别信息、住址、电话号码、电子邮箱、健康信息、行踪信息等。

个人信息中的私密信息，适用有关隐私权的规定；没有规定的，适用有关个人信息保护的规定。

第一千零三十五条 处理个人信息的，应当遵循合法、正当、必要原则，不得过度处理，并符合下列条件：

（一）征得该自然人或者其监护人同意，但是法律、行政法规另有规定的除外；

（二）公开处理信息的规则；

（三）明示处理信息的目的、方式和范围；

（四）不违反法律、行政法规的规定和双方的约定。

个人信息的处理包括个人信息的收集、存储、使用、加工、传输、提供、公开等。

【案例分享】

未经许可公开他人个人信息，法院判决赔偿

— **基本案情** —

原告：史某

被告：贾某

2021年，贾某承包了史某欢乐颂小区商品房的铺地砖工程，施工期间因贾某私接水管，下班后未关水管阀门，导致屋内的水泥、沙土全被自来水泡湿。双方就房屋泡水后的补救方案产生了纠纷，此纠纷在多次调解没有达成一致的情况下，史某提出让贾某走法律程序，故把自己的身份证号、电话号码提供给贾某用于起诉。8月上旬，贾某在抖音平台上发布两条视频内容，内容中有史某的姓名、家庭住址、店铺地址、家人的工作单位信息、微信朋友圈等信息。史某要求贾某删除上述内容，但其拒绝。史某将贾某起诉至法院，后贾某删除抖音平台上的上述视频内容。

原告史某向法院起诉，提出诉讼请求如下：1.判令被告赔偿原告精神损失费16500元；2.判令被告删除其在抖音上发布的侵犯原告隐私权的作品，向原告当面道歉，并承担本案的诉讼费。

被告贾某辩称，其在抖音平台上发布案涉视频内容实属无奈，目的是索要工钱，现其已认识到该行为侵害了史某的权益，涉案视频已经删除，其愿意为自己的侵权行为向史某道歉。史某的抑郁症也不能证明与其行为存在因果关系。

— **法院认为** —

法院认为，本案立案时的案由为隐私权纠纷。根据《中华人民共和国民法典》第一千零三十二条规定："自然人享有隐私权。任何组织或者个人不得

以刺探、侵扰、泄露、公开等方式侵害他人的隐私权。隐私是自然人的私人生活安宁和不愿为他人知晓的私密空间、私密活动、私密信息。"第一千零三十四条规定："自然人的个人信息受法律保护。个人信息是以电子或者其他方式记录的能够单独或者与其他信息结合识别特定自然人的各种信息，包括自然人的姓名、出生日期、身份证件号码、生物识别信息、住址、电话号码、电子邮箱、健康信息、行踪信息等。"隐私成立的条件之一是信息处于隐秘状态，且不为社会公众普遍知悉。个人的姓名、家庭住址、工作地址等并不具有私密性，且能够单独或者与其他信息结合识别特定自然人，该信息属于个人信息但并非私密信息，故本案案由应为个人信息保护纠纷。

本案中，贾某未经史某许可公开了史某的姓名、家庭住址、店铺地址、家人的工作单位信息、微信朋友圈等信息，其已构成对史某个人信息的侵害。虽然双方之间存在其他民事纠纷，但贾某应通过其他合法途径进行合理解决，不应擅自公开上述个人信息，侵犯史某的合法权利，故贾某应当承担相应侵权责任。《中华人民共和国民法典》第一百七十九条规定："承担民事责任的方式主要有：（一）停止侵害；（二）排除妨碍；（三）消除危险；（四）返还财产；（五）恢复原状；（六）修理、重作、更换；（七）继续履行；（八）赔偿损失；（九）支付违约金；（十）消除影响、恢复名誉；（十一）赔礼道歉。法律规定惩罚性赔偿的，依照其规定。本条规定的承担民事责任的方式，可以单独适用，也可以合并适用。"因此，史某要求贾某删除其发布的侵害史某个人信息的视频并赔礼道歉的诉讼请求合理合法，但因本案诉讼前，贾某已删除上述视频，故贾某应向史某进行赔礼道歉。

关于史某主张 16500 元的精神损害赔偿费用的主张，按照《最高人民法院关于确定民事侵权精神损害赔偿责任若干问题的解释》第五条对精神损失赔偿数额的确定因素的规定，结合本案贾某的过错程度，侵权行为的手段、场合、具体情节，侵权行为所造成的后果等因素，史某未提供严重后果的相关证据，但考虑给史某造成的内在精神损害，故酌定贾某应赔偿史某精神损害抚慰金 300 元。

— 裁判结果 —

一、贾某于本判决生效之日起十日内当面向史某进行赔礼道歉；

二、贾某于本判决生效之日起十日内向史某支付精神损害抚慰金 300 元；

三、驳回史某的其他诉讼请求。

注：本案例选自（2022）豫 0611 民初 426 号民事判决书

13. 未经本人同意，婚庆公司用自己的照片做广告，是否构成侵权？

构成侵权。肖像权人对自己的肖像享有支配权，既可以对自己的肖像权进行自由处分，决定是否公开、如何制作和使用等，又有权禁止他人在未经其同意的情况下，擅自使用其肖像。在《民法典》实施之前，法律上对侵犯肖像权的规定是要求侵权人未经本人授权并"以营利为目的"使用其肖像才构成肖像权侵权。《民法典》颁布施行后，法条删除了"不得以营利为目的"的前提，明确了未经他人同意便不得使用其肖像的观点。因此，除法律规定的特殊情形外，未经他人同意使用其肖像便构成侵权，需要承担侵权责任。

【法条指引】

《民法典》

第一千零一十九条　任何组织或者个人不得以丑化、污损，或者利用信息技术手段伪造等方式侵害他人的肖像权。未经肖像权人同意，不得制作、使用、公开肖像权人的肖像，但是法律另有规定的除外。

未经肖像权人同意，肖像作品权利人不得以发表、复制、发行、出租、展览等方式使用或者公开肖像权人的肖像。

【案例分享】

婚庆会所未经同意发布他人照片属于侵权

— 基本案情 —

原告：奚某

被告：婚庆会所

2019 年 1 月 17 日，原告与被告签订《婚礼策划服务合同》，约定由被告为原告提供婚礼策划服务。2019 年 5 月，被告未经原告同意擅自在其微博上发布原告照片并用于广告宣传，被告使用原告照片已经有一年多。

原告向法院提起诉讼并请求：1. 被告立即停止侵犯原告肖像权的行为并对原告赔礼道歉；2. 被告赔偿肖像权使用费 10000 元、赔偿原告精神损害抚慰金 5000 元、公证费 2000 元；3. 被告承担诉讼费。

被告未作答辩。

— 法院认为 —

法院认为，公民享有肖像权，未经本人同意，不得以营利为目的使用公民的肖像。被告将原告的照片在其微博发布供他人浏览，其主观目的是希望通过对原告肖像的使用获得经济利益，被告的行为已侵犯了原告肖像权，法院对原告诉求被告赔礼道歉依法予以支持。鉴于被告已删除原告的照片及原告的照片在微博发布时间较短，法院酌定被告支付原告肖像使用费 2000 元。因被告发布的原告肖像不存在污损、丑化情况，法院对原告诉求的精神损害抚慰金依法不予支持。电子证据公证费系原告为本案诉讼产生的费用，法院对原告诉求的公证费依法予以支持。被告经法院合法传唤无正当理由未到庭视为其放弃质证、抗辩等相关诉权，由此产生的法律后果由其自行承担。

— 裁判结果 —

一、被告婚庆会所于本判决生效之日起十日内在其微博上发布向原告书面赔礼道歉书（内容须经法院审核），发布时间为三十日；

二、被告婚庆会所于本判决生效之日起十日内支付原告肖像使用费人民币 2000 元、公证费 2000 元，两项合计人民币 4000 元；

三、驳回原告其他诉讼请求。

注：本案例选自（2020）皖 0203 民初 3566 号民事判决书

14. 负有法定救助义务的组织或者个人，未尽到及时救助义务，需要承担法律责任吗？

需要承担法律责任。根据我国《民法典》的规定，自然人的生命权、身体权、健康权受到侵害或者处于其他危难情形的，负有法定救助义务的组织或者个人应当及时施救。那么，负有法定救助义务的主体有哪些呢？从我国现行立法规定来看，负有法定救助义务的主体包括两大类：一类是法律明确规定的负有法定救助义务的主体。这一类主体又分为两小类，包括履行法定职责的主体（如警察等）以及法定身份带来的救助义务（如夫妻之间、父母与子女之间的救助义务）。第二类是法律虽然没有明确规定，但基于先前不当行为或者基于特定的社会关系产生的义务，诸如恋爱关系、同伴关系等，虽没有法定义务，但基于双方意思表示共同从事某种行为或处于某种环境而具有的救助义务。因此，上述两类主体，在自然人的人身遭受侵害或者处于其他危难情形时，负有对处于危难之中的自然人的救助义务。若负有法定救助义务的主体不依法履行义务，那么就要承担相应的法律责任。

【法条指引】

《民法典》

第一千零五条 自然人的生命权、身体权、健康权受到侵害或者处于其他危难情形的，负有法定救助义务的组织或者个人应当及时施救。

【案例分享】

学校未尽到监管责任，怠于行使法定救助义务，应承担赔偿责任

一 基本案情 一

原告：王某

被告：兰阳某中学、人民财险开封分公司

原告王某是兰考县兰阳某中学学生。2020 年 9 月 16 日下午 5 点左右，原告王某与张某所在的班级上体育课，老师给每位学生发了足球，让学生在操场（非正规标准足球场）练习踢足球。张某在踢足球时击中王某头部，造成原告耳朵受伤。事故发生后，原告到兰考县中心医院就诊。2020 年 9 月 21 日原告到河南大学淮河医院住院治疗，9 月 30 日出院，住院 9 天，经诊断为突发性突聋。因治疗效果不佳，原告又到广东省粤波医院诊断治疗。

原告王某向法院提出诉讼请求：1. 请求法院依法判令二被告共同赔偿原告医疗费、交通费、鉴定费、邮寄费、精神损害抚慰金等各项损失共计 33207.50 元（并保留后续治疗费等的诉权）；2. 本案诉讼费用由二被告共同承担。

被告兰考县兰阳某中学未到庭，也未提交书面答辩意见。

被告人民财险开封分公司辩称：1. 侵权责任应当严格依照侵权人有无过错及过错与损害因果关系大小确定侵权责任比例；2. 学校已尽到相应的安全提示、现场监管、事后救治等义务；3. 我司对原告治疗的必要性、合理性及与本案事故关联性均不予认可；4. 兰考县兰阳某中学在我公司投保地方性校（园）责任保险，我公司与该中学成立保险合同法律关系，双方均应当严格遵守合同约定；5. 我司对前次诉讼结果不予认可，已申请再审，该案不应当参照前次诉讼结论。

一 法院认为 一

法院审理后认为，产生法律效力的民事判决书已经确认，兰阳某中学作为教育单位，在学校不具备正规足球场所需的安全防护设施情况下，让众多学生在操场同时练习踢足球，存在安全管理疏忽，未尽到安全保障义务，原告

在体育课中受到伤害，属于校方安全责任事故，兰考县兰阳某中学依法应当承担过错责任。兰考县兰阳某中学给每名在校学生投保校方责任险，且事故发生在保险期间内，保险人人民财险开封分公司应按照保险合同的约定承担赔偿责任。

关于原告王某请求赔偿的具体项目，法院分析认定如下：

1. 关于原告请求的医药费。原告提交的广东省粤波医院的医疗费票据与生效的（2021）豫 0225 民初 456 号民事判决书认定的是同一家医疗机构，生效判决已经确认该药物系治疗原告突发性耳聋的药物，对原告提供的粤波医院的 5 张医疗费票据，法院依法予以支持。该 5 张票据显示金额 8080 元；原告提供的泰安市岱宗堂医院管理咨询有限公司购买中成药丸剂 4000 元，系治疗肝郁脾虚症的药物，原告未提供证据证明原告治疗肝郁脾虚症与其突发性耳聋之间是否存在因果关系，对原告该请求，法院依法不予支持，其可在确定该治疗与突发性耳聋有因果关系后另行主张权利。

2. 关于原告请求的交通费。原告提供的交通费票据为：兰考到开封火车票 11 元 6 张，金额为 66 元，兰考到郑州及返途的火车票 18.5 元 7 张，金额为 129.5 元；原告提供的另外金额为 11 元的票据 2 张、金额为 22 元的 3 张、金额为 37 元的 1 张系中国铁路支付凭证，不是电子车票，且该中国铁路支付凭证时间与购买的车票无法对应，对该部分费用，依法不予支持，以上共计 195.5 元。

3. 关于原告请求的邮寄费。原告未提供证据证明该费用的发生，对该项请求不予支持。

4. 关于原告要求的鉴定费。司法鉴定意见书是双方协商后进行的司法鉴定，原告该请求有相关的司法鉴定意见书及检查费票据予以证实，对原告要求的鉴定费 2300 元及检查费 193.5 元，法院依法予以支持。

5. 关于原告要求的精神抚慰金。原告虽然受伤，但未构成伤残等级，对原告该请求，法院依法不予支持。

法院查明的原告王某以上损失共计为 10769 元。

一审判决不久，被告人民财险开封分公司不服，提起上诉。

二审法院认为，关于本案责任承担及医疗费用认定的问题，法院作出的（2021）豫 02 民终 1847 号民事判决书对案涉事故各方责任的承担以及王某医疗费用的认定已作出分析并发生法律效力，故人民财险开封分公司称一审认定事实错误的上诉意见，与已生效判决的内容相矛盾，法院不予支持。本次诉讼系王某主张的后续治疗费用，其已提交了相关医疗票据，并对治疗情况作出了合理解释，一审法院据此认定人民财险开封分公司承担该费用并无不当，法院予以维持。综上，一审判决认定事实清楚，适用法律正确，应予维持。人民财险开封分公司的上诉请求不能成立，应予驳回。

— 裁判结果 —

一、被告人民财险开封分公司于本判决生效后二十日内赔偿原告王某各项损失 10769 元；

二、驳回原告王某对被告兰考县兰阳某中学的诉讼请求；

三、驳回原告王某的其他诉讼请求。

被告人民财险开封分公司不服提起上诉，二审法院判决：驳回上诉，维持原判。

注：本案例选自（2021）豫 02 民终 5003 号民事判决书

15. 英雄烈士的名誉权、荣誉权受法律保护吗?

受法律保护。侮辱、诋毁英雄烈士的言行，属于违法甚至犯罪行为。世界上多数国家都注重保护英雄烈士的人格权益，我国也不例外。英雄烈士是民族的脊梁、时代的先锋，英烈事迹和精神是中华民族的共同历史记忆和宝贵精神财富。我国通过立法的方式加大力度保护英雄烈士，以法律方式保护英雄烈士的名誉、荣誉，可以充分发挥法律的规范、引导作用。依法保护英雄烈士名誉、荣誉已成为全社会的高度共识和鲜明价值导向。近年来，网络上出现个别侮辱、诋毁英雄烈士的言行，不仅严重侵害英雄烈士的名誉、荣誉，而且伤害广大人民群众的民族情感，冲击社会主义核心价值观，损害社会公共利益，应当依法承担相应的民事责任。

【法条指引】

《民法典》

第一百八十五条　侵害英雄烈士等的姓名、肖像、名誉、荣誉，损害社会公共利益的，应当承担民事责任。

第九百九十五条　人格权受到侵害的，受害人有权依照本法和其他法律的规定请求行为人承担民事责任。受害人的停止侵害、排除妨碍、消除危险、消除影响、恢复名誉、赔礼道歉请求权，不适用诉讼时效的规定。

《中华人民共和国英雄烈士保护法》

第二十二条　禁止歪曲、丑化、亵渎、否定英雄烈士事迹和精神。

英雄烈士的姓名、肖像、名誉、荣誉受法律保护。任何组织和个人不得在公共场所、互联网或者利用广播电视、电影、出版物等，以侮辱、诽谤或者其他方式侵害英雄烈士的姓名、肖像、名誉、荣誉。任何组织和个人不得将英雄烈士的姓名、肖像用于或者变相用于商标、商业广告，损害英雄烈士的名誉、荣誉。

公安、文化、新闻出版、广播电视、电影、网信、市场监督管理、负责英雄烈士保护工作的部门发现前款规定行为的，应当依法及时处理。

【案例分享】

不能以任何形式诋毁英雄烈士的事迹和形象

— 基本案情 —

原告：叶某等 7 位近亲属

被告：西安某公司

2018 年 5 月 8 日，被告西安某公司通过其自媒体账号"暴走漫画"，在"今日头条"上发布了时长 1 分 09 秒的短视频。短视频中的主持人头戴玩偶帽，辅以肢体动作的变化，在背景的阵阵笑声下，发表言词内容。短视频中的言词内容以"如果我考了 100 分，可以带我去博爱医院玩耍吗"为开始，在发表了其他言词内容后，发表了"为人进出的门紧锁着！为狗爬出的洞敞开着！一个声音高叫着！爬出来吧！无痛人流！"的言辞内容。涉案 1 分 09 秒视频之后在互联网上被广泛传播，被"凤凰科技""中国青年网""网易新闻""搜狐""新浪网"等多家媒体报道或者转载报道，引发舆论关注。文化行政管理部门监测到有关"暴走漫画"的网络舆情后亦启动了立案查处程序。"今日头条"于 2018 年 5 月 16 日做出了对相关视频进行下架处理以及封禁涉事账号"暴走漫画"的处理措施。随后，"优酷""爱奇艺""腾讯视频"等视频网站纷纷采取下架"暴走漫画"或者"暴走大事件"相关内容及封禁等处理措施。引发舆论关注后，西安某公司通过微博等形式发布了澄清涉案视频以及对该视频中错误行为予以道歉的内容，并于当月公开发布了《致叶挺将军家人的一封信》。西安某公司在前述公开信中称，其公司 2014 年制作的视频内容中因错误引用革命先烈作品，被媒体报道后引发争议，给社会和叶挺家属造成了影响和伤害，已组织人员学习叶挺英烈事迹，进行诚恳道歉。

原告叶某等 7 位近亲属向法院提出诉讼，请求：1. 判令被告西安某公司停止侵犯叶挺同志英雄事迹和精神的行为；2. 判令被告西安某公司在国家级媒体上公开对原告进行书面赔礼道歉；3. 判令被告西安某公司赔偿原告精神抚慰金共 100 万元；4. 判令被告西安某公司承担本案诉讼费用。

被告西安某公司辩称：1. 被告没有伤害叶挺名誉的主观故意。该视频节目主要针对人民网等媒体报道过的"小学教材中植入医院广告"这一不良社会现象进行评论，视频主旨是明确反对广告植入小学教材，并且论述了无序植入广告会对社会产生的影响。客观上，被告在内容创作中不合适地引用了叶挺的作品，给原告情感和精神上带来了伤害，被告诚恳道歉。2. 被告的视频节目如果得以完整地呈现，希望得到社会公众（包括原告及家人）的理解，了解被告创作节目内容的初衷和主旨。该视频的标题是《企业做宣传都攻占了教科书，这也太夸张了》。视频主旨是：反对在中小学教材（课本）植入广告的现象，如果不制止这种现象，可能会对社会造成伤害。但是，相关媒体反复提及的是时长 58 秒的视频。被告经过调查确认从未发布过 58 秒视频，对于某些媒体在内容上进行不完整的报道，可能存在掐头去尾、断章取义、误导公众的情况。被告希望可以借此机会澄清该事实。3. 基于对革命烈士的高度尊重，在事件发生后，被告与媒体进行沟通，积极向社会公众实事求是地澄清事实，向原告及其家人赔礼道歉、努力消除影响。

— 法院认为 —

法院认为，叶挺烈士在皖南事变后于 1942 年在狱中创作的《囚歌》充分体现了叶挺百折不挠的革命意志和坚定不移的政治信仰。该诗表现出的崇高革命气节和伟大爱国精神已经获得全民族的广泛认同，是中华民族共同记忆的一部分，是中华民族精神的内核之一，也是社会主义核心价值观的体现，是中华民族宝贵的精神财富，同时也是叶挺享有崇高声誉的基础。

被告西安某公司在其制作的视频中篡改叶挺烈士生前创作的《囚歌》。该视频于《中华人民共和国英雄烈士保护法》实施之际，在网络平台上发布并传播，引发了众多新闻媒体的报道，引起社会公众关注及网民评论，造成了一定的社会影响。该视频内容亵渎了叶挺烈士的大无畏革命精神，损害了叶挺烈士名誉，不仅给叶挺烈士亲属造成精神痛苦，也伤害了社会公众的民族和历史感情，损害了社会公共利益，故被告西安某公司的行为具有违法性且其主观过错明显，被告西安某公司的行为已侵害了叶挺烈士的名誉，应当承担侵权责任。

— 裁判结果 —

一、被告西安某公司于本判决生效之日起三日内在三家国家级媒体上公开发布赔礼道歉公告，向原告叶某等 7 位近亲属赔礼道歉，消除影响；

二、被告西安某公司于本判决生效之日起三日内赔偿原告叶某等 7 位近亲属精神损害抚慰金共计 10 万元；

三、驳回原告叶某等 7 位近亲属的其他诉讼请求。

注：本案例选自（2018）陕 0113 民初 8937 号民事判决书

16. 在微信朋友圈内"骂人"违法吗？

违法。虽然我国宪法给予了我们言论自由的基本权利，但辱骂他人侵犯了他人的人格尊严，违背了我国社会主义核心价值观。

随着社会的发展，人们发表言论的方式发生了改变，利用网络与他人沟通交流或展示自己的状态等，是当下人与人习以为常的交流方式。微信常常被认为是个人的"专属地盘"，在朋友圈可以分享愉悦心情，也可以吐槽不爽。但微信朋友圈不是法外之地，需要受到法律的限制。"说话"也要有分寸，如果你说的话"出圈""出格"了，比如在朋友圈骂人，性质可能就发生了改变，严重时，甚至构成侵权；若发表侮辱言论攻击英雄烈士，还有可能受到刑事处罚。

那么如果自己成为受害者，该如何维权呢？如果遇到他人利用朋友圈等社交平台对自己侮辱、谩骂、攻击、中伤等，正确的做法应当是及时固定证据，如进行截屏或到公证处进行公证等，然后告知对方马上删除相关信息，并保留追究其法律责任的权利。如果对方的侵权行为已经涉及犯罪的，应当及时报案，由公安机关进行立案处理。

【法条指引】

《民法典》

第九百九十五条 人格权受到侵害的，受害人有权依照本法和其他法律的规定请求行为人承担民事责任。受害人的停止侵害、排除妨碍、消除危险、消除影响、恢复名誉、赔礼道歉请求权，不适用诉讼时效的规定。

第一千零二十四条 民事主体享有名誉权。任何组织或者个人不得以侮辱、诽谤等方式侵害他人的名誉权。

名誉是对民事主体的品德、声望、才能、信用等的社会评价。

【案例分享】

采取微信朋友圈形式发泄情绪谩骂他人的行为，属于违法

— 基本案情 —

原告：任某

被告：刘某

原告与被告原为同事关系，曾共同在苏州某电子有限公司工作。自 2021 年开始，被告多次通过微信朋友圈方式发布辱骂、诋毁原告的文字，例如："××，你他娘的就是妓女生的狗杂种""一群要饭的狗"……由于原告、被告为同事关系，与苏州某电子有限公司的其他同事之间均有微信方式沟通，被告的前述侮辱性文字，均可被其他众多同事看到。被告侮辱、诋毁原告人格的行为，给原告工作和生活造成了严重不良影响，也给原告造成了一定的精神压力和名誉伤害。原告愤而向人民法院提起了诉讼。

原告任某向法院主张：1. 判令被告立即停止侵犯原告名誉权的行为，并删除在微信朋友圈中传播的侮辱、诽谤言语；2. 判令被告在其微信朋友圈发表赔礼道歉声明，时长不少于一个月，为原告消除影响、恢复名誉；3. 判令被告赔偿原告精神损害赔偿金 10000 元；4. 判令被告承担本案全部诉讼费用。

被告刘某辩称：1. 被告朋友圈显示范围极其有限，除原告本人外仅一人可见，且其是否看见也未知，且从发布至删除时间非常短，未导致原告客观社会评价降低，不应认定为构成侵权。被告曾为苏州某电子有限公司的员工，原告是北京某有限公司的员工，属于被告同事，苏州某电子有限公司于 2019 年 12 月 20 日向被告支付了 9 万元补偿金后，与被告解除合同，被告 2021 年 7 月 5 日发了涉案朋友圈，次日即删除，发布时间非常短。被告的朋友圈动态传播范围除原告本人外仅一人可见，且由于发布时间短，很有可能根本没有其他人看见涉案朋友圈，原告也未能举证证明其他人看得到朋友圈，因此，涉案朋友圈没有被第三人知悉，不构成侵权。即使认定构成侵权，被告同意向原告赔礼道歉，也同意发出同样范围的道歉声明，但被告并未对原告造成任何损失，不认可对原告进行赔偿。2. 被告发布朋友圈是原告辱骂被告在先，且被告本就在抑郁症治疗中，同时还因离职事宜被税务局要求提供材料等导致被告情绪冲动下才发布涉案朋友圈。

— 法院认为 —

法院认为，言论自由是公民享有的基本权利，尤其现下网络社交媒体日益发达，公民的言论自由获得了很大扩展，但公民在充分享有网络自由表达权利的同时，也应保持必要的客观、理性，不得损害他人的合法权利。在网络上传播不当言论侮辱或诽谤他人，破坏他人名誉，并为第三人所知晓，使他人社会评价降低的，将构成对他人名誉权的侵害。认定是否构成侵犯名誉权时，应综合考虑相关言论发布的背景、表现形式和前后语境，行为人是否有侵权的主观恶意，以及给当事人造成损害的程度等因素，同时结合网络言论的特点，具体予以判断，以合理界定言论自由与名誉权侵权之间的分界线。

本案中，被告刘某所发言论中包含"狗杂种""流浪狗""妓女生的杂种"等具有明显侮辱性词汇，均指向原告。被告在其微信朋友圈中发布上述言论，为其他不特定人所知悉，客观上必然降低原告的社会评价，对其产生一定的负面影响。被告虽主张涉案言论除原告外仅一人可见，不构成侵权，但根据在案证据，不足以证明其主张，法院不予采纳。故法院认定，被告刘某的行为已经侵犯原告享有的名誉权。

承担侵权责任的主要方式有停止侵害、赔偿损失、赔礼道歉、恢复名誉等。本案中，任某的名誉权受到侵害，有权要求被告赔礼道歉，恢复名誉，并可以要求赔偿损失。关于停止侵权，鉴于被告已经撤回相关信息，原告要求立即停止侵权的诉讼请求，法院不再处理。关于赔礼道歉、恢复名誉，赔礼道歉的方式与范围应当与侵权行为方式及影响范围相适应，法院根据涉案言论发布方式、侵权情节等，确认被告向原告进行书面赔礼道歉，道歉内容由法院审核。关于精神损害赔偿，被告刘某发布涉案言论侵害原告名誉权，给原告的公众形象造成直接损害，对于原告主张精神损害赔偿的诉讼请求，法院予以支持，具体金额综合过错程度、传播方式、涉案言论的影响范围等情况，酌情判定。

— 裁判结果 —

一、被告刘某于本判决生效之日起十日内向原告任某进行书面赔礼道歉（致歉内容须经法院审核，被告刘某逾期不履行，法院将依原告任某申请，选择一家全国公开发行的报刊或北京互联网法院网站公布本判决的主要内容，费用由被告刘某负担）；

二、被告刘某于本判决生效之日起十日内赔偿原告任某精神损害抚慰金1000元；

三、驳回原告任某的其他诉讼请求。

注：本案例选自（2021）京 0491 民初 37412 号民事判决书

17. 子女可以随父母之外的人的姓氏吗？

一般情况下不可以。中华民族对姓氏传承的重视，不仅体现了血缘关系，更承载着丰富的文化传统和伦理观念。姓名是伴随一个人一生的重要符号，若父母或长辈随意篡改子女姓氏，会对中国文化传统和伦理道德观念造成冲击，既违背了公序良俗，又不利于政府对社会秩序的管理。

有人会问："既然不能篡改姓氏，取名就可以随意了吧？"答案也是不可以的，比如名中不能使用字母，如取名叫"刘 B""赵 C"等。根据《中华人民共和国身份证法》第四条第一款的规定，"居民身份证使用规范汉字和符合国家标准的数字符号填写"，所以不能使用有伤风化的文字符号或字母。作为长辈在给孩子取名时，首先要依照法律规定，其次要尊重社会公序良俗。

【法条指引】

《民法典》

第一千零一十二条　自然人享有姓名权，有权依法决定、使用、变更或者许可他人使用自己的姓名，但是不得违背公序良俗。

第一千零一十五条　自然人应当随父姓或者母姓，但是有下列情形之一的，可以在父姓和母姓之外选取姓氏：

（一）选取其他直系长辈血亲的姓氏；

（二）因由法定扶养人以外的人扶养而选取扶养人姓氏；

（三）有不违背公序良俗的其他正当理由。

少数民族自然人的姓氏可以遵从本民族的文化传统和风俗习惯。

【案例分享】

北雁云依诉燕山派出所姓名权纠纷案

— 基本案情 —

原告：北雁云依

法定代理人：吕某（系"北雁云依"之父）

被告：燕山派出所

原告"北雁云依"出生于 2009 年 1 月 25 日，其父亲吕某和母亲张某因酷爱诗词歌赋和中国传统文化，二人决定给爱女起名为"北雁云依"，取自四首著名的中国古典诗词，寓意父母对女儿的美好祝愿。随后，夫妇二人以"北雁云依"为名办理了新生儿出生证明和计划生育服务手册新生儿落户备查登记。2009 年 2 月，吕某前往燕山派出所为女儿申请办理户口登记，被民警告知拟被登记人员的姓氏应当随父姓或者母姓，即姓"吕"或者"张"，否则不符合办理出生登记条件。因吕某坚持以"北雁云依"为姓名为女儿申请户口登记，被告燕山派出所遂依照《中华人民共和国婚姻法》之相关规定，于当日作出拒绝办理户口登记的具体行政行为。

原告向法院起诉并提出诉求：请求判令确认被告拒绝以"北雁云依"为姓名办理户口登记的行为违法。

被告燕山派出所辩称：《中华人民共和国婚姻法》规定子女可以随父姓，也可以随母姓，没有规定可以随第三姓。行政机关应当依法行政，法律没有明确规定的行为，行政机关就不能实施，原告和行政机关都无权对法律作出扩大化解释。《山东省公安厅关于规范常住户口管理若干问题的意见（试行）》规定，新生婴儿申报出生登记，其姓氏应当随父姓或母姓。法律确认姓名权是为了使公民能以文字符号即姓名明确区别于他人，进而实现自己的人格和权利。姓名权和其他权利一样，受到法律的限制而不可滥用。如果公民滥用姓名权，会模糊他人和自己的区别，造成权利义务关系的主体不明确，损害他人和社会的利益，妨碍社会的管理秩序。由于"北雁云依"一名不随父姓、不随母姓，因此该派出所不予办理户口登记的行为是正确的。

— 法院认为 —

法院认为，原告"北雁云依"的法定代理人吕某对被告燕山派出所拒绝办理户口登记所认定的事实和遵循的程序均无异议，双方当事人主要对《中华人民共和国民法通则》第九十九条法律适用问题有分歧。

法院认为本案的关键问题在于：原告法定代理人吕某提出的理由是否符合该立法解释第二款第（三）项规定的"有不违反公序良俗的其他正当理由"，同时符合尊重社会公德、不得损害社会公共利益的前提。应认为，该项规定设定了在父母姓氏之外选取其他姓氏的两个必备要件，一是不违反公序良俗，二是存在其他正当理由。其中，不违反公序良俗是选取其他姓氏时应当满足的最低规范要求和道德义务，存在其他正当理由要求在符合上述条件的基础上，还应当具有合目的性。

（一）关于"公序良俗"对姓名的规制问题。首先，从社会管理和发展的角度，子女承袭父母姓氏有利于提高社会管理效率，便于管理机关和其他社会成员对姓氏使用人的主要社会关系进行初步判断。倘若允许随意选取姓氏甚至恣意创造姓氏，则会增加社会管理成本，无利于他人和社会，而且极易使社会管理出现混乱，增加社会管理的风险性和不确定性。其次，姓氏主要来源于客观上的承袭，系先祖所传，名字则源于主观创造，为父母所授。在我国，姓氏承载了对血缘的传承、对先祖的敬重、对家庭的热爱等，而名字则承载了个人喜好、人格特征、长辈愿望等。中国人民对姓氏传承的重视和尊崇，不仅仅体现了血缘关系、亲属关系，更承载着丰富的文化传统、伦理观念、人文情怀，符合主流价值观念，是中华民族向心力、凝聚力的载体和镜像。反之，如果任由公民仅凭个人意愿喜好，随意选取姓氏甚至自创姓氏，则会造成对文化传统和伦理观念的冲击，既违背社会善良风俗和一般道德要求，也不利于维护社会秩序和实现社会的良性管控。故本案中"北雁云依"的父母自创姓氏的做法，不符合公序良俗对姓名的规制要求。

（二）关于"存在其他正当理由"，要求选取父母姓氏之外其他姓氏的行为，不仅不应违背社会公德、不损害社会公共利益，还应当具有合目的性。这种行为通常情况下主要存在于实际抚养关系发生变动、有利于未成年人身心健康、维护个人人格尊严等情形。本案中，原告"北雁云依"的父母自创"北雁"为姓氏，选取"北雁云依"为姓名给女儿办理户口登记的理由是"我女儿姓名'北雁云依'四字，取自四首著名的中国古典诗词，寓意父母对女儿的美好祝愿"，此理由仅凭个人喜好愿望并创设姓氏，具有明显的随意性，不符合立法解释第二款第（三）项所规定的正当理由，不应给予支持。

— 裁判结果 —

驳回原告"北雁云依"要求确认被告燕山派出所拒绝以"北雁云依"为姓名办理户口登记行为违法的诉讼请求。

注：本案例选自（2010）历行初字第 4 号民事判决书

18. 商超保安可以搜查顾客的身体和"偷一罚十"吗？

不可以。商超保安不具有执法权，无权限制顾客的人身自由，也无权搜查顾客的身体。法律明确禁止经营者搜查顾客的身体及其携带的物品，严禁侵犯、限制消费者的人身自由。在没有相关证据的情况下，商超作为经营者无权认定顾客是否具有偷盗行为，不能私自搜查顾客的身体，更不能私自对顾客进行扣押；如果发现顾客存在盗窃行为，超市应该马上报警，并交由公安机关进行调查。

商超作为经营者采取搜身这种侮辱性的手段，侵害了顾客的身体权、隐私权和名誉权，扣押行为更是直接侵犯了顾客的人身自由。根据《民法典》和《中华人民共和国消费者权益保护法》的规定，消费者在购买商品时受到损害的，有权依法获得赔偿；经营者侮辱消费者或者侵犯消费者人身自由的，应当承担精神损害赔偿责任。

商超不具有处罚权，因此不能主张"偷一罚十"。《中华人民共和国行政处罚法》规定，行政处罚的实施机关包括行政主管机关、法律法规授权的组织和行政机关委托的组织。而商超作为营利性经济组织，不具有行政处罚权。可见，商超自行制定的"偷一罚十"的规定并无合法依据。

【法条指引】

《民法典》

第一千零一十一条　以非法拘禁等方式剥夺、限制他人的行动自由，或者非法搜查他人身体的，受害人有权依法请求行为人承担民事责任。

《中华人民共和国消费者权益保护法》

第二十七条　经营者不得对消费者进行侮辱、诽谤，不得搜查消费者的身体及其携带的物品，不得侵犯消费者的人身自由。

【案例分享】

超市保安搜查顾客身体，侵犯顾客人格权，法院判赔

—基本案情—

原告：林某

被告：联家超市

2015 年 2 月 9 日 14 时 46 分左右，原告至被告经营管理的上海市中山公园店购物。原告在超市选购了碧根果、精选扁桃仁，结完账后，又返回该超市。在此之后，当原告从无购物通道离开时，在警报器未响的情况下，被告保安抓住原告指称其包内有未付款的物品，要求检查。原告陈述已买过单，并出示单据，但被告保安抢夺导致单据破碎，双方为此发生了争执，被告保安叫来另外两位保安，在众目睽睽之下，把原告强行拖至保安室。到保安室

后，被告保安一边怒骂原告，一边搜查核实原告购物袋内的物品，因原告购物袋内没有未结过账的物品，被告保安只得放原告离开。事发后，原告向公安部门进行了报案，并聘请律师向被告发送《律师函》。被告代理人向原告提出调解方案，但双方协商未果。

原告林某向法院起诉并提出诉讼请求：1. 被告向原告登报（《新民晚报》）赔礼道歉；2. 被告赔付原告精神损害抚慰金人民币（下同）20000 元；3. 被告赔付原告律师费 10000 元。

被告联家超市辩称，2015 年 2 月 9 日下午原告至被告处购物，原告买单后返回卖场。原告再次走出超市时，被告的工作人员向原告核实购物情况，当时原告情绪激动拒不配合，双方发生口头争执，没有肢体冲突。为解决问题，原告随被告工作人员前往保安室，自行从购物袋中取出物品让被告工作人员查核后离开。被告工作人员没有对原告实施拉扯、搜查的侵权行为。之后，被告委托代理人虽与原告委托代理人协商过调解方案，只是变通地解决问题，并不代表被告有过错。事发现场外，虽有多个摄像头，但均未拍到事发录像，故被告无录像可提供。综上，被告不构成对原告名誉权的侵犯，故要求驳回原告的所有诉请。

— 法院认为 —

法院审理后认为，公民的合法权益受法律保护。原告认为被告的侵权行为如下：1. 其从无购物通道离开时，防盗设备警报器未响的情况下，被告保安指称其包内有未付款的物品要求检查；2. 原告出示购物单据，但被告保安抢夺该单据，导致单据破碎；3. 被告保安把原告强行拖至保安室；4. 被告保安搜查原告购物袋内的物品后，才放原告离开。被告虽对原告指称均不认可，但并未否认事发时防盗设备警报器未响，故法院对原告指称的上述第 1 节事实予以认定。关于原告指称的第 2、3 节事实，经现场查勘，事发地点附近安装有约 5 个摄像头，当能记录下事发经过，且事发后 1 周内，原告已通过其委托代理人与被告委托代理人就本案所涉事宜进行交涉，而被告却不保存证明其公司无过错之证据，有悖常理，故法院仅能推定原告上述第 2、3 节主张事实成立。关于原告指称的第 4 节事实，因事发地点系被告掌控范围内的保安室，涉案人员仅有原告及被告保安，原告若承担举证责任显失公允，应由被告承担其工作人员即保安未实施搜查购物袋行为的举证责任，然该被告未提供相应证据佐证其主张，故法院只能推定原告主张的上述第 4 节事实成立。

上述第 1、2 节事实，被告保安尚属履行职务或履行职务过当。但第 3、

4 节事实，已违反了经营者不得搜查消费者携带的物品，不得侵犯消费者的人身自由的规定，被告保安的前述行为侵犯了原告的民事权利，具有违法性。因事发时，被告保安系为被告履行职务期间，故相应的民事责任应由被告承担。

原告认为被告侵犯了其名誉权。名誉权是指自然人或法人对自己的社会生活中获得的社会评价享有的不受侵犯的人格权。而名誉是否受损，关键指公众对自然人、法人的社会评价是否降低。然本案原告未提供足以证明其社会评价有明显下降的证据，故法院对原告上述主张不予支持。一般人格权是相对于具体人格权（如名誉权、姓名权等）而言的，其核心内容就是人格尊严，侵犯了人格尊严，就等于侵犯了一般人格权。本案中，被告虽未侵犯原告的名誉权，但被告上述行为已侵犯了原告的一般人格权。

原告与被告发生的纠纷范围仅限于超市无购物通道至 10 米外的被告保安室，且事发时间为工作日的上班时间段，在上述范围内的人流量相对较少，因此原告权益受损范围也相对较小。现原告要求被告向原告登报（《新民晚报》）赔礼道歉的诉请，扩大了其受损范围，故法院难以支持。鉴于被告上述侵权行为侵犯了原告的一般人格权，由被告在侵权行为发生地范围内公开书面赔礼道歉更为妥当。

关于本案赔偿范围和数额，应当基于原告的诉请范围、法律规定等合理确定。

1. 精神损害抚慰金，因原告未举证证明被告上述行为对其精神造成严重损害，故法院对该项诉请不予支持；

2. 律师费，法院根据被告的过错程度，结合本市现行律师收费的标准，酌情确认 1500 元。

— 裁判结果 —

一、被告联家超市应于本判决生效之日起十日内在上海市中山公园店范围内向原告林某公开书面赔礼道歉（书面赔礼道歉内容应经法院审核）；

二、被告联家超市应于本判决生效之日起十日内赔付原告林某律师费人民币 1500 元；

三、驳回原告林某其余诉讼请求。

注：本案例选自（2015）长民一（民）初字第 3425 号民事判决书

19. 在宾馆房间发现偷拍摄像头，该如何维权？

近年来偷拍现象愈演愈烈，入住的酒店客房可能藏着一双甚至多双"隐形的眼睛"，让人住也住不安心。酒店客房作为私人隐秘空间，若是偷偷安装摄像头，属于严重的违法甚至犯罪行为。

在宾馆、酒店房间发现偷拍摄像头，消费者该怎么维权？消费者在入住宾馆、酒店时，若发现房间内有隐蔽摄像头，被偷拍偷录，应第一时间固定证据，可以进行录像、拍照、录音等，将证据进行保存，同时立即报警求助，保留发现摄像头的现场，由警方出面收集证物，进行初步处理。同时，可以向宾馆提出解决问题的要求，请求协商赔偿事宜或提起民事诉讼，追究偷拍者和酒店的责任。若短期内无法确定偷拍者，且警方也未查明责任人，消费者也可以单独起诉酒店经营者，请求按照《民法典》的规定予以赔偿。

【法条指引】

《民法典》

第一千零三十二条 自然人享有隐私权。任何组织或者个人不得以刺探、侵扰、泄露、公开等方式侵害他人的隐私权。

隐私是自然人的私人生活安宁和不愿为他人知晓的私密空间、私密活动、私密信息。

第一千零三十三条 除法律另有规定或者权利人明确同意外，任何组织或者个人不得实施下列行为：

（一）以电话、短信、即时通讯工具、电子邮件、传单等方式侵扰他人的私人生活安宁；

（二）进入、拍摄、窥视他人的住宅、宾馆房间等私密空间；

（三）拍摄、窥视、窃听、公开他人的私密活动；

（四）拍摄、窥视他人身体的私密部位；

（五）处理他人的私密信息；

（六）以其他方式侵害他人的隐私权。

【案例分享】

酒店客房内发现偷拍摄像头侵犯客户隐私，

即使不知谁安装的，酒店也要担责

— 基本案情 —

原告：程某、周某

被告：小米酒店

程某和周某系男女恋人关系。2018 年 9 月 5 日，程某在"去哪儿网"预订了小米酒店火神庙店的一间客房，9 月 8 日晚 7 时许，程某和周某入住客房。晚上 10 时左右因电视机发生蓝屏故障，程某调试时发现在电视机正面右下角有个不规整的小孔，程某怀疑是针孔摄像机，经搜索发现了电视机后面确实有自行添加的电线和电源适配器。因时间已晚，酒店服务员拒绝上楼调试电视机，也不承认有针孔摄像机。程某只好拔掉了电源适配器上的 USB 线，用卫生纸堵住电视机上的小孔，并拍照、拍摄视频取证。第二天，保洁人员找来了店长，店长拆开电视机后发现确实是针孔摄像机。程某打电话报警，公安局大兴分局某派出所两名警察来后检查了周边其他房间，将螺丝刀、监控视频、电视机、电源适配器等作为证据带走，并将程某带至派出所做了笔录。2018 年 12 月中旬，程某与小米酒店协商处理上述事宜，小米酒店拒不承认自己有过错，也不给任何补偿。

原告为维护自己合法权益，向法院提起诉讼。

原告程某和周某向法院提出诉求：1. 判令小米酒店彻底销毁违法录制的程某和周某在小米酒店住宿的视频，停止以任何方式对程某和周某隐私权的侵害；2. 判令小米酒店对程某和周某赔礼道歉，并赔偿程某和周某的精神损害抚慰金每人 5000 元；3. 判令小米酒店返还程某和周某支付的住宿费 148 元；4. 判令小米酒店承担本案诉讼费。

被告小米酒店辩称：1. 公安机关未查清在小米酒店的摄像装置是谁安装，无法证明小米酒店有侵权行为。小米酒店并未安装摄像装置。2. 程某和周某要求销毁违法录制的视频无依据。摄像装置已被派出所没收，不在小米酒店，小米酒店无法销毁摄像装置，该请求不成立。3. 不同意程某和周某的赔偿请求。即使摄像装置里存取了程某和周某的住店场景，因摄像装置及时被发现，没有造成被复制、散播等严重的后果，更无致使程某和周某产生精神治疗的事实，程某和周某并无受到实际损害，不同意程某和周某的赔偿请求。4. 住宿费是程某和周某住店收取的合理费用，与侵权赔偿无关，故不应返还。同时，小米酒店还认为本案还在侦查阶段，未结案，因此请求法院依法驳回程某和周某的诉讼请求。

— 法院认为 —

一审法院认为，行为人因过错侵害他人民事权益，应当承担侵权责任。宾馆、商场、银行、车站、娱乐场所等公共场所的管理人或者群众性活动的组织者，未尽到安全保障义务，给他人造成损害的，应当承担侵权责任。因第三人的行为造成他人损害的，由第三人承担侵权责任；管理人或者组织者未尽到安全保障义务的，承担相应的补充责任。摄像头安装在小米酒店的客房内，且拍摄到了程某和周某，虽没有拍摄到程某和周某身体的私密部位，但其二人的私人生活和私人空间也属于隐私，程某和周某的隐私权受到侵害。小米酒店作为公共场所的管理者，应保障消费者的安全，不仅包括消费者的人身、财产安全，还应包括保护消费者的隐私。现程某和周某的隐私受到侵害，无论该摄像设备是不是小米酒店安装，小米酒店对程某和周某的隐私被侵害均存在过错，应该承担侵权责任。因摄像装置已经被公安机关带走取证，不在小米酒店处，已经停止了侵害行为，故对程某和周某要求小米酒店彻底销毁违法录制的视频，停止以任何方式对程某和周某隐私权的侵害的诉讼请求，法院不予支持。对程某和周某要求小米酒店书面赔礼道歉的诉讼请求，法院予以支持。逾期不履行，法院将在全国公开发行的报纸上刊登本判决书的主要内容，费用由小米酒店负担。关于精神损害抚慰金，结合小米酒店的过错程度、程某和周某的损害后果等因素，酌情判定为每人 2000 元。程某和周某作为消费者，已经在小米酒店入住消费，应该支付住宿费，故对程某和周某要求小米酒店返还住宿费 148 元的诉讼请求，法院不予支持。

— 裁判结果 —

一、小米酒店于本判决生效后十日内向程某和周某书面赔礼道歉（道歉内容须经法院审定），逾期不履行，法院将在全国公开发行的报纸上刊登本判决书的主要内容，费用由小米酒店负担；

二、小米酒店于本判决生效后十日内赔偿程某和周某精神损害抚慰金每人 2000 元；

三、驳回程某和周某的其他诉讼请求。

注：本案例选自（2019）京 0115 民初 436 号民事判决书

20. 遭遇性骚扰如何维权？

性骚扰为道德所不齿，为法律所不容，是对公民人格权益的损害。性骚扰是指违背他人的意愿，以语言、文字、图像或肢体行为等方式对他人进行带有性暗示的骚扰行为。违背他人意愿，讲"黄段子"都属于性骚扰。《民法典》对禁止性骚扰作出了规定，新修订的《中华人民共和国妇女权益保障法》也对此作出了详细的规定。

受到骚扰的受害人可以向有关单位或国家机关进行投诉，也可以向公安机关报案，还可以依法向法院提起民事诉讼，要求骚扰人承担民事责任。性骚扰维权的难点在于取证，因此，如遇到性骚扰要第一时间进行制止和报警，并可以请求周围的人为本人作证。

【法条指引】

《民法典》

第一千零一十条　违背他人意愿，以言语、文字、图像、肢体行为等方式对他人实施性骚扰的，受害人有权依法请求行为人承担民事责任。

机关、企业、学校等单位应当采取合理的预防、受理投诉、调查处置等措施，防止和制止利用职权、从属关系等实施性骚扰。

《中华人民共和国妇女权益保障法》

第二十三条　第一款　禁止违背妇女意愿，以言语、文字、图像、肢体行为等方式对其实施性骚扰。第二款　受害妇女可以向有关单位和国家机关投诉。接到投诉的有关单位和国家机关应当及时处理，并书面告知处理结果。第三款　受害妇女可以向公安机关报案，也可以向人民法院提起民事诉讼，依法请求行为人承担民事责任。

【案例分享】

被性骚扰的受害人可获得民事赔偿

一基本案情一

原告：王某

被告：傅某

自 2016 年 3 月起，双方当事人在同一部门工作。2019 年 8 月，王某将傅某的手机号码拉黑，自此至 2020 年 3 月期间，傅某频繁拨打王某电话、发送骚扰短信，语言淫秽、低俗。2020 年 3 月，王某将此事告知单位。2020 年 3

月 5 日，傅某出具保证书，写明："……我深刻认识到我做错了，真诚地请求她的原谅，我保证以后再也不骚扰她了，如果后续再发生后果自负。"2020 年 5 月 15 日晚上，傅某拨打王某电话三次，王某看到骚扰拦截信息后立即向单位汇报。2020 年 5 月 20 日，傅某再次出具保证书，写明："……在王某第一时间拒绝我的时候，并明知她把我的所有信息（微信、电话等）拉黑后，仍继续反复骚扰……我十分后悔给她带来的伤害……如果再发生有任何方式的联系，我主动辞职，接受公司任何处理并负相应的法律责任……"自此后傅某再未电话、短信联系王某。2020 年 5 月 22 日，王某就诊，病史记载：患者于半年前出现情绪低落，总感到不开心，无缘无故哭泣，感到委屈，说单位有人骚扰她……医院诊断为：抑郁发作……医嘱服用相关药物并加强监护，开具病假单。截至 2021 年 2 月 22 日，王某持续病假休息。2020 年 10 月，双方协商解决涉案纠纷，但未达成一致。2020 年 10 月 19 日，王某的病历记载：近来因处理骚扰的事又出现紧张、发抖、情绪失控，夜眠差。2020 年 5 月 26 日，王某报警。2020 年 6 月 8 日，上海市公安局浦东分局确认 2019 年 7 月至 2020 年 5 月 15 日期间，傅某存在多次以发送骚扰短信、拨打骚扰电话方式，干扰他人正常生活的违法行为，决定给予其行政拘留七日并处罚款 200 元的处罚。

原告向法院起诉请求：1. 傅某赔偿王某医疗费 30000 元（含后续治疗费）、误工费 105000 元、护理费 48000 元、交通费 3000 元、律师费 45000 元、精神损害赔偿金 50000 元；2. 傅某向王某书面赔礼道歉。

被告傅某辩称：认可王某所述事情经过，但除发送短信、拨打电话外，无其他行为。2020 年 5 月 15 日，傅某在清理手机通话记录时不小心拨打王某电话，并非故意骚扰。傅某认识到之前的错误行为，受到行政处罚后已停止短信或电话骚扰。傅某同意书面赔礼道歉，但不同意赔偿各项损失，其发送的短信中仅部分内容涉及性骚扰，不存在偷窥、尾随行为，王某抑郁症并非其发送骚扰短信造成。

— 法院认为 —

法院审理后认为，傅某的涉案行为虽发生于《民法典》实施前，但根据《最高人民法院关于适用〈中华人民共和国民法典〉时间效力的若干规定》第三条规定的空白溯及原则，本案适用《民法典》，不存在明显减损当事人合法权益、增加当事人法定义务或者背离当事人合理预期的情形，在当时的法律、司法解释没有规定而《民法典》有规定时，本案可适用《民法典》的规定。

作为侵害他人人格权的行为，性骚扰也需符合一般侵权行为的构成要件，即行为的违法性、有损害事实的存在、行为与损害后果之间存在因果关系、行为人主观上有过错。法院具体评析如下：其一，2019 年 8 月至 2020 年 3 月期间，傅某频繁通过文字等方式，违背王某意愿对其实施以性为取向的有辱其尊严的性暗示、性挑逗、性暴力等性骚扰行为。故本案客观上存在性骚扰违法行为，且傅某主观上存在违背他人意愿等过错。其二，王某提供的就医资料显示抑郁发作等，故其主张遭受精神痛苦和疾病有一定依据，本案存在损害事实。其三，傅某的涉案行为与王某的损害后果之间是否存在因果关系是本案争议焦点。傅某通过文字、电话等方式性骚扰王某，使其生活安宁、人格尊严等人格权益受损，但此类人格权益的损害后果一般无法直观反映为受害人身体健康损害，更多表现为造成受害人精神痛苦，严重的精神痛苦可能引发精神疾病。故此类案件中无法苛责受害人通过鉴定等方式举证性骚扰行为与其精神痛苦或疾病之间存在直接因果关系。傅某向王某发送的文字内容的性暗示、性挑逗、性暴力倾向明显，且持续时间较长、频率较高，按照社会公众一般认知，上述行为足以造成王某精神痛苦。在案病历资料亦反映王某的精神痛苦或疾病与本案事发经过存在时间上的对应关系。故傅某的涉案行为与王某的损害后果之间存在因果关系。

傅某不服一审法院判决，向上海市第二中级人民法院提起上诉，要求依法改判。

— 裁判结果 —

一审法院判决如下：

一、傅某应于本判决生效之日起十日内向王某书面赔礼道歉（致歉内容须经法院审核）；

二、傅某应于本判决生效之日起十日内赔偿王某医疗费 7149.84 元、误工费 41804.20 元、护理费 7000 元、交通费 3000 元、律师费 10000 元、精神损害抚慰金 30000 元。

傅某不服提起上诉，二审法院判决：驳回上诉，维持原判。

注：本案例选自（2021）沪 02 民终 4373 号民事判决书

21. 华侨和侨眷的名誉权在我国受到平等保护吗?

华侨和侨眷的利益在我国受到法律的平等保护,这当然包括华侨和侨眷的名誉权。名誉是社会对民事主体在品德、声望、才能、信用等方面的评价。名誉可以集中体现一个人的人格与尊严。

我国《民法典》规定,民事主体在民事活动中的法律地位一律平等。在中华人民共和国领域内的民事活动,适用中华人民共和国法律。因此,华侨和侨眷在我国从事民事活动,受到中国法律的平等保护。如有人通过侮辱、诽谤等方式侵害华侨和侨眷的名誉权,华侨和侨眷可以通过起诉的方式,请求对方承担停止侵害、消除影响、赔礼道歉等法律责任。

【法条指引】

《民法典》

第一千零二十四条 民事主体享有名誉权。任何组织或者个人不得以侮辱、诽谤等方式侵害他人的名誉权。

名誉是对民事主体的品德、声望、才能、信用等的社会评价。

第一千零二十八条 民事主体有证据证明报刊、网络等媒体报道的内容失实,侵害其名誉权的,有权请求该媒体及时采取更正或者删除等必要措施。

【案例分享】

华侨和侨眷的名誉权受到法律的保护

— 基本案情 —

原告:黄某(系侨眷)

被告:洪某

原告黄某和被告洪某分别任江门市某归国华侨联谊会的秘书长和常务副会长。该联谊会组建有微信群,包括联谊会成员、业务主管部门及相关职能部门人员达127人。

2021年11月至2022年4月期间,被告洪某持续在归侨联谊会微信群发布质疑原告黄某侨眷身份、未能公正履职的言论。对此,黄某在微信群上发送了一系列证明材料予以澄清,但洪某依然继续对黄某进行诋毁。

原告黄某认为被告洪某在微信群里发布上述言论属于造谣、诽谤、诬陷行为,且造成其社会评价极度低下,故向法院提起诉讼,诉请洪某立即停止侵犯名誉权的行为,并为黄某消除影响、恢复名誉,赔礼道歉。

— **法院认为** —

法院经审理认定，被告洪某未经核实发布贬损丑化他人人格的言论，侵害了他人名誉，构成名誉侵权，应当承担相应的法律责任。

— **裁判结果** —

一审法院判决：被告洪某立即停止侵犯黄某名誉权的行为，并通过归侨联谊会微信群发布公告的方式向黄某赔礼道歉、消除影响、恢复名誉。

注：本案例选自江门市中级人民法院 2023 年发布的涉侨司法保护典型案例之五

第五章　婚姻家庭篇

1. 婚前支付的彩礼，能否主张退还?

彩礼，是中国几千年来的婚嫁习俗。按照这种风俗，男方要在娶妻时向女方家下聘礼。彩礼的多少，随当地情况、当事人的经济状况等因素而定，数额小到金银首饰，大到汽车、住房、股票。由于彩礼价值的增加，男女双方事后因感情不和或其他原因而解除婚约引发的彩礼返还纠纷也日益增多。婚前支付彩礼，如果后来双方未办理结婚登记手续，或双方办理结婚登记手续但却未共同生活，又或者婚前给付彩礼后导致男方家庭生活困难的，法院一般会判决返还彩礼。如果未婚男女虽未办理结婚登记手续但确已共同生活的，则法院会根据双方共同生活的时间、彩礼数额、有无生育子女、财产使用情况、双方经济状况等因素，酌定是否返还及返还的数额。

【法条指引】

《民法典》

第一千零四十二条第一款　禁止包办、买卖婚姻和其他干涉婚姻自由的行为。禁止借婚姻索取财物。

【案例分享】

婚前支付的大额彩礼，离婚后可以酌情部分返还

—基本案情—

原告：马某

被告：赵某

2014 年正月，原告马某与被告赵某经人介绍认识。订婚时赵某向马某索要 130000 元彩礼金；9600 元的衣服钱及 1200 元化妆品钱，以及价值 2000 元

的脸盆、电壶、毛巾、香皂等物品，并索要 5000 元买手机；第一次见面时赵某还索要 2000 元的见面钱，后又索要了 5000 元的看屋里钱；结婚前赵某又向马某索要了 10000 元的"三金"钱；过正月十五赵某索要 2000 元；订婚后的 2016 年过五月五时赵某又索要 2000 元及 500 元的菜水钱，同年八月十五赵某家又索要 2000 元及价值 600 元的菜水钱及茶叶钱。

马某与赵某婚后双方感情一直不好，未生育子女。2018 年 6 月双方分居生活。2021 年 1 月 18 日，被告赵某起诉要求与原告马某离婚，法院作出"准予原告赵某与被告马某离婚"的判决，该判决已生效。

现马某向法院起诉要求赵某返还彩礼 171900 元。

被告赵某在法庭上辩称：原告马某起诉被告返还彩礼共 171900 元与事实不符。2016 年 2 月 28 日被告赵某与原告按习俗订婚时，原告给付被告现金彩礼共 80000 元及物品等，对上述彩礼媒人高某可以证明。被告赵某除陪嫁物品外，另将彩礼 20000 元带到原告处一起用于共同生活。原告与被告赵某已共同生活四年之久，且原告家并未达到本地区贫困线也不是精准贫困户。根据甘肃省婚约财产纠纷判例，结婚两年以上的不再支持彩礼诉求。"五月五""八月十五"两个节日买的菜共计价值四五百元，礼钱总共就给了 80000 元。

法院经审理查明：原告与被告赵某于 2014 年正月经人介绍认识，被告赵某第一次与原告见面，原告给了被告赵某 2000 元的见面礼，第二回看屋里给了赵某见面礼 3000 元，给赵某母亲 2000 元。2016 年农历 2 月原告与被告赵某订婚时给被告赵某价值 5000 元的手机一部，价值 9600 元的衣服四套，价值 1200 元的化妆品两套，价值 2000 元的日用品。2016 年"正月十五"原告叫赵某来原告家给了 2000 元；2016 年"五月五"原告给了被告 2000 元红包和 500 元的菜水钱，同年"八月十五"给了被告 2000 元红包，600 元的菜水钱；2017 年 2 月 8 日（农历 2017 年 1 月 12 日）两人按习俗举行结婚仪式后开始共同生活，结婚前原告给了被告方 8000 元的"三金"钱，礼金原告总共给被告方 130000 元（订婚当天给了 20000 元，第二次给了 60000 元，第三次给了 50000 元）。以上共计 169900 元。2018 年 6 月双方分居生活。2021 年 1 月 18 日被告赵某起诉要求与原告马某离婚，法院准予双方离婚。

法院在开庭前，组织双方当事人、律师进行积极的协商，了解案情。但是由于双方的争议比较大，没有达成庭前调解，遂用简易程序进行了开庭审理。

— 法院认为 —

法院认为：原告与被告赵某按习俗举行了订婚、结婚仪式，在此过程中，被告方按习俗接受了原告方较大数额的彩礼。现原告起诉要求被告返还彩礼。《中华人民共和国民法典》第一千零四十二条第一款规定："禁止包办、买卖婚姻和其他干涉婚姻自由的行为。禁止借婚姻索取财物。"本案中被告方按习俗接收原告方较大数额的各种礼金，都属彩礼范围，综合认定彩礼167600元，金额较大。原告是为了与被告赵某结婚而给付，给原告方家庭造成一定负担。双方现已离婚，被告占有彩礼金额于法不符，属于返还的范围，但是考虑到双方结婚时间较长，共同生活一年半时间，且被告赵某曾为原告怀过一个孩子，后被告赵某由于身体的原因终止妊娠，给被告赵某身体带来一定的伤害，且双方订婚、结婚的时候有一部分已经花费，原告认为被告是骗婚要求全部返还的理由不能成立，不予支持；而被告不予返还的辩称亦无法律依据，不予支持。故酌情由被告方向原告返还彩礼款55000元。

— 裁判结果 —

判决被告赵某自判决生效之日起十日内返还原告马某彩礼款55000元；驳回原告的其他诉讼请求。

注：本案例选自全国法院优案评析案例，来源于甘肃省秦安县人民法院

2. 恋爱分手后，女方能否请求对方支付"青春损失费"？

青春损失费，系指以金钱方式补偿女方在交往期间逝去的青春时光，该主张通常在析产诉讼时提出或以双方对青春损失费有协议约定而起诉对方要求给付。因青春损失费与社会主义道德观相悖，违背公序良俗，不利于树立健康良好的社会风尚和价值体系，属于无效条款，不会获得支持。在恋爱分手时，如果对方自愿补偿"青春损失费"，那么在协议中，可将"青春损失费"约定为补偿共同生活费用支出等项目。

【法条指引】

《民法典》

第一百四十三条 具备下列条件的民事法律行为有效：

（一）行为人具有相应的民事行为能力；

（二）意思表示真实；

（三）不违反法律、行政法规的强制性规定，不违背公序良俗。

【案例分享】

协议中关于补偿对方"青春损失费"的约定无效

— 基本案情 —

原告：古某

被告：吴某

原告古某与被告吴某曾是男女恋人关系，于 2013 年 11 月分手。双方分手时先后签订一份《私人协议书》和一份《协议书》。《私人协议书》是被告吴某草拟，签订时间是 2014 年 3 月 13 日，主要内容为：古某隐瞒已婚及有孩子的事实，采用欺骗的手段骗取了吴某的信任，在吴某得知情况后又对吴某进行责打，吴某无法忍受，遂决定分手。对于双方一起出资购置的房产，吴某无力承担房贷，且考虑古某无数次骚扰威胁，故决定将其过户给古某，现补充情况如下：一、古某极其想要房产，吴某约定在古某草拟协议书上签字没有异议，但对于部分有争议的条款，实属为了减少麻烦和纠缠，才不得已答应。二、吴某会配合帮助其过户，但是古某不得以电话、短信或者任何一切形式对吴某进行骚扰威胁，一旦吴某发现有此情况，吴某有权利凭此协议要求古某一次性支付精神损失费 10 万元……《协议书》是原告古某草拟，签订时间是 2014 年 3 月 14 日，主要内容为：一、双方共同购买的房产归古某所有，古某返还吴某支付的首期款 325398 元，同时古某补偿吴某青春损失费 294602 元，合计 62 万元；二、吴某带走的 13 万元，属于古某为该房产支付的银行贷款补偿以及工资补偿，不再异议；三、吴某无偿协助古某办理房产的过户手续，有关过户产生的费用，由古某承担；四、房产变更后古某支付吴某首期款及补偿金共计 62 万元。

— 一审情况 —

原告古某向法院提起诉讼，要求：1. 撤销《协议书》与《私人协议书》；2. 被告向原告返还购房款 710173 元；3. 被告承担本案的诉讼费用。

针对原告古某的起诉，被告吴某提出反诉，其反诉请求为：1. 原告向被告偿还由被告垫付的房屋按揭款及利息（从 2014 年 5 月起计至涉案房产过户至原告名下为止，其中垫付本金暂计至 2014 年 8 月 21 日为 48965.88 元，垫付利息按照中国人民银行同期贷款利率分月累加计算）；2. 原告向被告支付精神损失费 10 万元；3. 原告承担本案的诉讼费用。

　　一审法院认为，原告古某主张撤销涉案两份协议的依据是协议显失公平。原告、被告是男女朋友关系，曾经共同经历过美好生活，也曾因分手而争吵伤心过，双方在共同生活中都曾有情感和金钱的付出，因此，双方在分手时所签订的协议不能简单地从结果来看是否显失公平，况且在两份协议签订后，原告还据此向深圳市龙岗区人民法院起诉要求确认位于深圳市龙岗区坂田街道某房产归其所有，显然该两份协议的签订并未违背原告真实意思表示，原告以两份协议显失公平为由主张撤销，依据不足，法院不予支持。原告还主张确认其与被告之间存在债权债务关系，并要求被告返还购房款 710173 元，因原告支付的购房款已经物化到房产中，且双方已经签订协议明确涉案房产的归属及补偿，因此，原告再行主张请求确认双方之间的债权债务关系及返还购房款已无事实依据，法院对原告该主张不予支持。

　　关于被告的反诉主张。被告要求原告偿还被告垫付的银行按揭款，因双方在《私人协议书》中已明确约定涉案房产的房贷由原告负责偿还，故原告应将被告已支付的房屋按揭款支付给被告，并承担被告相应的利息损失。对于被告主张原告支付尚未发生的房屋按揭款，因未曾发生，法院不予支持。被告以原告违反协议约定继续骚扰其生活为由而要求原告支付精神损失费 10 万元，因原告发送的短信及邮件仅是其向被告表达深切的爱意，希望与被告重新和好，并非其他内容干扰被告的生活，况且原告的电话已被被告拉入黑名单，被告也未接通原告的电话，因此，原告所发送的短信及邮件等内容不构成对被告的骚扰，被告主张原告支付 10 万元精神损失费不符合协议约定的条件，法院不予支持。

　　一审法院经审理后，判决如下：

　　一、驳回原告古某的全部诉讼请求；

　　二、原告古某应自判决发生法律效力之日起十日内支付被告吴某垫付的房屋按揭款 73448.82 元（2014 年 5 月至 10 月共计 6 个月的按揭款）及相应的利息损失（利息损失以每月发生的按揭款 12241.47 元为基数，自发生之日起计至判决确定被告应付清款项之期限届满之日止）；

　　三、驳回被告吴某的其他诉讼请求。

　　— 二审情况 —

　　古某不服一审判决，提起上诉：一、请求二审法院依法撤销（2014）深福法民一初字第 3148 号判决；二、改判撤销《协议书》与《私人协议书》；三、改判确认上诉人出资购房与被上诉人形成债权债务关系，被上诉人向上诉人返还购房款 710173 元；四、改判诉讼费用由被上诉人承担。

二审法院认为，上诉人古某与被上诉人吴某 2014 年 3 月 13 日签订的《私人协议书》和 3 月 14 日签订的《协议书》，系双方分手时对同居期间共同财产作出分割所达成的一致意见，属双方真实意思表示。上诉人古某认为两份协议非其本人真实意愿，但其所述吴某不承认古某出资的事实以及古某仍希望与吴某重修旧好，均不能成为其违背真实意思表示与吴某签订协议的理由，法院对其主张不予采信。双方在共同生活中投入的情感难以拥金钱衡量，古某以在金钱上的付出多于吴某就认为协议显失公平，法院不予采信。上述内容中，关于古某补偿吴某青春损失费 294602 元的约定，系以金钱方式补偿吴某与古某交往期间逝去的青春时光，与社会主义道德观相悖，不利于树立健康良好的社会风尚和价值体系，依照《中华人民共和国民法通则》第五十五条第（三）项和第五十八条第（五）项的规定，属于无效约定，相关内容和条款自始不发生法律效力。经法院审查，两份协议书中的其他内容和条款则不存在应当认定为无效或者可撤销之情形，古某要求撤销的理由不能成立，法院不予支持，双方当事人仍应当依约履行。

二审法院经审理后，判决如下：

一、维持广东省深圳市福田区人民法院（2014）深福法民一初字第 3148 号民事判决第二项；

二、撤销广东省深圳市福田区人民法院（2014）深福法民一初字第 3148 号民事判决第一项和第三项；

三、上诉人古某与被上诉人吴某签订的 2014 年 3 月 13 日《私人协议书》和 3 月 14 日《协议书》中关于古某补偿吴某青春损失费 294602 元的约定无效；

四、驳回上诉人古某和被上诉人吴某的其他诉讼请求。

注：本案例选自（2015）深中法民终字第 81 号民事判决书

3. 未办理结婚登记，但以夫妻名义同居生活多年，可以起诉离婚吗？

结婚登记是指要求结婚的男女双方亲自到婚姻登记机关申请结婚登记。符合《民法典》规定的，予以登记，发给结婚证。完成结婚登记，即确立婚姻关系。未办理结婚登记而以夫妻名义共同生活的男女，提起诉讼要求离婚的，应当区别对待：

（一）1994年2月1日民政部《婚姻登记管理条例》公布实施以前，男女双方已经符合结婚实质要件的，按事实婚姻处理，可以起诉离婚。

（二）1994年2月1日民政部《婚姻登记管理条例》公布实施以后，男女双方符合结婚实质要件的，人民法院应当告知其补办结婚登记。未补办结婚登记的，一方提起诉讼仅解除同居关系的，人民法院不予受理，已经受理的，裁定驳回起诉。当事人因同居期间财产分割或者子女抚养费纠纷提起诉讼的，人民法院应当受理。

因此，1994年2月1日以后结婚但未领结婚证的，双方在法律上并未确立婚姻关系，一方向法院起诉离婚的，实质是要求解除同居关系，因同居关系不受法律保护，法院将不予受理。

【法条指引】

《民法典》

第一千零四十九条　要求结婚的男女双方应当亲自到婚姻登记机关申请结婚登记。符合本法规定的，予以登记，发给结婚证。完成结婚登记，即确立婚姻关系。未办理结婚登记的，应当补办登记。

【案例分享】

1994年2月1日后未领结婚证的同居关系不受法律保护

— 基本案情 —

原告：贺某

被告：陈某

1996年，原告贺某与被告陈某经人介绍相识，1997年农历十二月初二按农村习俗举办结婚典礼后同居生活，后一直没有办理结婚登记手续。双方与被告父母一起共同生活，婚后生育三个子女，长女1999年1月27日出生，二女2008年5月1日出生，长子2010年6月21日出生，现长女已工作，次女及长子在县城就读，由被告在县城租房居住并照顾次女及长子。原告、被告均无个人财产，原告、被告共同生活期间将被告户籍所在地旧房翻建成三间两层带一处院子，无债权债务。双方于2017年下半年分居至今。

现原告以双方感情破裂，不能共同生活为由，起诉离婚，请求判令：1.要求与被告解除同居关系；2.长子和次女由被告抚养；3.夫妻共同财产依法分割。

庭审中，原告、被告双方均陈述曾在某镇民政所办理结婚手续，双方在庭审中均未提供结婚证。法院向县婚姻登记处及县档案局调取原告、被告结婚登记情况，经审核双方未在婚姻登记处登记结婚。

— 法院认为 —

法院认为，原告、被告双方在庭审中陈述双方曾在某镇民政所办理结婚手续，但双方均未能提供结婚登记手续。法院经核实，原告、被告双方未在县婚姻登记处登记结婚。根据《中华人民共和国民法典》第一千零四十九条，男女双方符合本法规定的结婚条件，应当到婚姻登记机关提出登记申请，婚姻登记机关经核准予以登记。完成结婚登记的即确立婚姻关系，未办理结婚登记的应当补办。本案中，原被告双方按农村习俗举办结婚典礼后同居生活，未办理结婚登记手续，违反了《中华人民共和国民法典》有关强制性的规定，其二人的同居关系不受法律保护，对二人的同居关系法院不予审理，而本案所涉及的子女抚养及财产分割应当予以审理。关于原告请求子女抚养的问题，本案中原告、被告所生育的次女、长子在县城租房上学，其二人的生活教育由被告照顾，二子女的生活学习环境趋于稳定，二子女暂由被告抚养较为适宜。因原告、被告在庭审中均未提及子女抚养费负担问题，故该二子女的子女抚养费原告暂不负担，但不影响被告及其子女另行主张权利。关于原告请求财产分割的问题，因原告、被告均未提及共同财产的分割方案，就财产的分割双方协议不成，故对共同财产法院暂不予分割，但不影响原被告双方另行主张权利。

— 裁判结果 —

一、非婚生次女、长子暂由被告陈某抚养，原告暂不承担子女抚养费；

二、驳回原告其他诉讼请求。

注：本案例选自（2021）豫 1724 民初 2664 号民事判决书

4. 哪些情况下，丈夫不能提出离婚？

《民法典》规定，在某些情况下，男方不得提出离婚。该条立法旨在保护特殊时期妇女儿童权益。从生理情况看，怀孕和分娩是妇女的一个特殊时期，身体负担较重，体质虚弱，行动极不方便；从心理状态来看，妇女在分娩后短时间内，心理脆弱、承受能力较差，非常需要关心和抚慰；从幼儿的角度考虑，女方分娩后，幼儿在发育中，也是生长的关键阶段，母亲的身体和精神状况的好坏，直接关系到幼儿的健康情况。如果此时男方提起离婚诉讼，很可能给女方的精神造成重大打击进而伤及身体，也会对幼儿的生长发育产生不利影响，故《民法典》规定以上情况下丈夫不能提出离婚，以保护特殊时期妇女、儿童的权益。

【法条指引】

《民法典》

第一千零八十二条　女方在怀孕期间、分娩后一年内或者终止妊娠后六个月内，男方不得提出离婚；但是，女方提出离婚或者人民法院认为确有必要受理男方离婚请求的除外。

【案例分享】

男方在女方终止妊娠后六个月内不得提出离婚

— 基本案情 —

原告：王某 1

被告：王某 2

2020 年 2 月，王某 1 回老家过年，经人介绍与王某 2 相识，同年 5 月 5 日按农村习俗"定亲"。2020 年 8 月 15 日二人登记结婚，婚后未共同生活，也未生育子女。2020 年 10 月 21 日，王某 1 家人向王某 2 提出按农村习俗举行婚礼，并向王某 2 支付彩礼 82000 元。后王某 2 又提出要买一辆小轿车登记在王某 2 名下，同时增加彩礼 80000 元。王某 1 因无法承受昂贵彩礼，导致双方未举行婚礼。王某 1 以双方婚姻关系名存实亡为由，向法院起诉离婚。

庭审中王某 2 辩称，原告、被告于 2020 年 8 月 15 日登记结婚。10 月 1 日王某 2 发现自己怀孕。2020 年 11 月双方因办酒席、婚后工作等事情发生争吵，王某 1 提出离婚，王某 2 慎重考虑后于 2020 年 12 月 1 日至 5 日到市妇保院进行了流产手术。《中华人民共和国民法典》第一千零八十二条规定："女方在怀孕期间、分娩后一年内或者终止妊娠后六个月内，男方不得提出离婚。"王某 2 于 12 月 5 日终止妊娠，王某 1 现起诉离婚不符合法律规定，请法院驳回王某 1 的起诉。

— 法院认为 —

法院经审理认为，《中华人民共和国民法典》第一千零八十二条规定，男方在女方终止妊娠后六个月内不得提出离婚，本案被告王某 2 终止妊娠的事实有证据证明，因此男方王某 1 在女方王某 2 终止妊娠后六个月内不得提出离婚。原告王某 1 现起诉离婚，不符合法律规定，应予以驳回。

— 裁判结果 —

驳回原告王某 1 的起诉。

注：本案例选自（2021）浙 0822 民初 501 号裁定书

5. 如何在第一次起诉离婚时就让法院判决离婚？

第一次起诉离婚，法院是否会判决离婚，需要判断夫妻感情是否确已破裂。法官会从双方婚姻基础、婚后感情、离婚原因、夫妻关系的现状和有无和好的可能等方面综合分析。

如另一方同意离婚，法院一般会判决离婚；如另一方不同意离婚，但有以下情形的，法院一般也会判决离婚：1. 重婚或有配偶者与他人同居的；2. 实施家庭暴力或虐待、遗弃家庭成员的；3. 有赌博、吸毒等恶习屡教不改的；4. 因感情不和分居满二年的；5. 下落不明：一方下落不明满二年，对方起诉离婚，经公告查找确无下落的；6. 一方患有法定禁止结婚的疾病的，或一方有生理缺陷或其他原因不能发生性行为，且难以治愈的；或者是同性恋，无性生活的；7. 婚前隐瞒精神病，婚后久治不愈，或者婚前知道对方患有精神病而与其结婚，或一方在夫妻共同生活期间患精神病，久治不愈的；8. 双方办理结婚登记后，未同居生活，无和好可能的；9. 包办、买卖婚姻，婚后一方随即提出离婚，或者虽共同生活多年，但确未建立起夫妻感情的；10. 经人民法院判决不准离婚后分居满一年，互不履行夫妻义务的；11. 一方与他人同居，经教育仍无悔改表现，无过错一方起诉离婚；或者过错方起诉离婚，对方不同意离婚，经批评教育、处分，或在人民法院判决不准离婚后，过错方又起诉离婚，确无和好可能的；12. 孩子非亲生：男方发现孩子不是亲生的；13. 被诉方经法院依法传唤无故不到庭，且没有提出书面答辩意见，经依法缺席开庭审理，请求方离婚态度坚决，可以判决离婚；14. 夫妻双方因是否生育发生纠纷，致使感情确已破裂，一方请求离婚，经调解无效的；15. 一方被依法判处有期徒刑，或其违法、犯罪行为严重伤害夫妻感情的。

【法条指引】

《民法典》

第一千零七十九条　夫妻一方要求离婚的，可以由有关组织进行调解或者直接向人民法院提起离婚诉讼。

人民法院审理离婚案件，应当进行调解；如果感情确已破裂，调解无效的，应当准予离婚。

有下列情形之一，调解无效的，应当准予离婚：

（一）重婚或者与他人同居；

（二）实施家庭暴力或者虐待、遗弃家庭成员；

（三）有赌博、吸毒等恶习屡教不改；

（四）因感情不和分居满二年；

（五）其他导致夫妻感情破裂的情形。

一方被宣告失踪，另一方提起离婚诉讼的，应当准予离婚。

经人民法院判决不准离婚后，双方又分居满一年，一方再次提起离婚诉讼的，应当准予离婚。

【案例分享】

男方有家庭暴力，法院判决离婚并赔偿女方

— 基本案情 —

原告：邓某

被告：邱某

邓某与邱某于 1989 年 1 月 20 日登记结婚，婚后于 1992 年 2 月 6 日生育一女邱某 1，于 1997 年 3 月 6 日生育一子邱某 2。邱某在邓某生了女儿邱某 1 以后，就开始有了喝酒、打骂邓某的恶习，邓某一味的忍让，邱某不承担任何家庭责任，且对孩子及家庭也不管不顾。2013 年邓某第一次起诉离婚，2015 年 9 月邓某第二次起诉离婚，邱某均在法庭上承诺不再喝酒、打骂邓某，邓某两次起诉均当庭撤诉。此后，邱某非但没有任何改变，反而变本加厉地酗酒，打骂邓某，致使邓某遍体鳞伤。二人虽在一个屋居住，但都各自生活，互不说话，婚姻关系早就名存实亡。

2021 年，邓某以邱某存在严重家庭暴力，双方感情确已破裂为由，起诉离婚，请求：1. 判令原告邓某与被告邱某离婚；2. 本案诉讼费用由被告承担。诉讼中，原告增加诉讼请求：因家暴要求被告赔偿 20 万元。

被告邱某辩称，我不同意离婚，离婚的前提是分割北京的房子，房子坐落于北京市大兴区×××路 301 房，是商住两用房。

审理中，邓某向法院提交其本人受伤照片、北京市丰台区铁营医院于 2016 年 10 月 23 日出具的《证明书》及录像，拟证明邱某对其实施家庭暴力，且主张邱某赔偿 20 万元。《证明书》载明"邓某同志在法院外科会治临床临时诊断：头部皮裂伤（2CM），头部软组织挫伤（5×5CM）"。录像显示邱某在公共场所对邓某进行拖拽及殴打。邱某对上述证据予以认可，但表示是邓某先动手，不同意赔偿。

另，邓某向法院提交邱某于 2015 年 9 月 23 日书写的《保证书》，载明："邱某向邓某保证以后不再饮酒、骂人、打人，要担起男人的责任，如果以后再不悔改自愿离婚，所有财产都归儿女所有，我卷铺盖走人。我们都做自己的生意互不干涉，希望以后你也不要骂人，好好做事，照顾好家庭，让我们俩携手共创美好家庭，家和万事兴。"邓某据此主张×××路 301 号房归其所有。

— 法院认为 —

法院认为，人民法院审理离婚案件，应当进行调解；如果感情确已破裂，调解无效的，应当准予离婚。有下列情形之一，调解无效的，应当准予离婚：（一）重婚或者与他人同居；（二）实施家庭暴力或者虐待、遗弃家庭成员；（三）有赌博、吸毒等恶习屡教不改；（四）因感情不和分居满二年；（五）其他导致夫妻感情破裂的情形。家庭暴力是指行为人以殴打、捆绑、残害、强行限制人身自由或者其他手段，给其家庭成员的身体、精神等方面造成一定伤害后果的行为。本案中，根据查明的事实可以看出，2015 年原告提起离婚诉讼，撤诉后原告、被告双方夫妻关系并未改善，且被告实施家庭暴力的行为不仅给原告身体造成了一定伤害，而且致使夫妻感情完全破裂，故原告主张离婚的诉讼请求，证据充分，法院予以支持。

有下列情形之一，导致离婚的，无过错方有权请求损害赔偿：（一）重婚；（二）与他人同居；（三）实施家庭暴力；（四）虐待、遗弃家庭成员；（五）有其他重大过错。现原告主张被告因实施家庭暴力赔偿其 20 万元，证据充分，法院予以支持，但赔偿数额，法院酌定为 5000 元。

关于夫妻共同财产分割事宜。×××路 301 号房屋系原告、被告二人婚后购买，应系夫妻共同财产。现原告依据《保证书》主张该房屋归其所有。法院认为，被告出具《保证书》后，继续与原告共同生活，保证书所载内容旨在维护家庭和睦、稳定婚姻关系，并非双方为协议离婚而对财产达成的约定，故原告主张房屋归其所有，证据不足，法院不予支持，该房屋应按照照顾女方和无过错方权益的原则判决。

— 裁判结果 —

一、准予原告邓某与被告邱某离婚；

二、被告邱某于本判决生效后七日内赔偿原告邓某 5000 元；

三、坐落于北京市大兴区 ××× 路 301 号房屋归原告邓某与被告邱某共同所有，原告邓某享有百分之六十五的份额，被告邱某享有百分之三十五的份额，原告邓某于本判决生效后七日内协助被告邱某办理该房屋的所有权变更登记手续；

四、驳回原告邓某的其他诉讼请求。

注：本案例选自（2021）京 0106 民初 39447 号民事判决书

6. "出轨就净身出户"的承诺是否有效？

很多人在出轨后，为了稳住配偶，挽回婚姻，会写下保证书或忠诚协议，约定如果再次出轨就净身出户。如后来一方再出轨，另一方是否可以要求他净身出户呢？这种"出轨就净身出户"的承诺，除非是对方自己愿意放弃所有财产并协议离婚，否则，如对方反悔不同意协议离婚，另一方起诉到法院，法院一般不予支持。根据法律规定，对于一方重婚或者与他人同居导致双方离婚的，无过错方有权请求损害赔偿。在财产分割时，过错方可以少分或者不分，但没有权利要求其放弃全部财产，因此，"出轨就净身出户"的承诺法院通常不予支持。

既然"出轨就净身出户"的承诺存在法律风险，那么该如何保障没有出轨一方的权益呢？律师建议，双方可以签订一份有效的婚内财产协议，达到让对方"净身出户"的目的，但在婚内财产协议中不要使用"净身出户"等字眼。

【法条指引】

《民法典》

第一千零四十三条第二款　夫妻应当互相忠实，互相尊重，互相关爱；家庭成员应当敬老爱幼，互相帮助，维护平等、和睦、文明的婚姻家庭关系。

第一千零八十七条 离婚时，夫妻的共同财产由双方协议处理；协议不成的，由人民法院根据财产的具体情况，按照照顾子女、女方和无过错方权益的原则判决。

对夫或者妻在家庭土地承包经营中享有的权益等，应当依法予以保护。

【案例分享】

冯某与曾某离婚后损害责任纠纷案

— 基本案情 —

原告：冯某

被告：曾某

冯某与曾某于 2009 年 7 月 17 日在海南省儋州市民政局登记结婚。结婚初期，双方在海南生活，此后转至湖南长沙定居。2015 年 7 月 23 日曾某向冯某出具一份保证，载明："本人如出轨造成婚姻破裂，我愿意净身出户，并赔偿冯某壹佰万元整，曾某，2015 年 7 月 23 日"。2018 年 12 月 11 日，冯某和曾某签订离婚协议，约定双方共有的位于长沙市望城区某小区的房屋归女方所有，双方无债权债务。2018 年 12 月 11 日冯某和曾某办理离婚登记手续。2019 年 4 月 7 日曾某向冯某出具一张欠条，欠条载明："本人曾某（由于婚内出轨，导致婚姻破裂）于 2019 年 4 月 7 日欠前妻冯某壹佰万元整，曾某承诺 2022 年 4 月 6 日还清全部欠款，如到期未还清本息，冯某为实现债权的费用包括但不限于律师费、诉讼费、差旅费、误工费等均由曾某承担，欠款人曾某，2019 年 4 月 7 日。"2019 年 3 月 9 日、2019 年 9 月 4 日、2020 年 6 月 7 日曾某三次向冯某出具了保证书，保证不与其他女人往来。

2021 年，冯某向法院起诉曾某，诉讼请求：1. 判令被告向原告支付赔偿款 100 万元；2. 判令被告承担本案的诉讼费。

被告曾某辩称，被告出具的婚内保证是夫妻保证，是在原告的威胁下所写，不是其真实意思的表示。被告没有与他人有出轨行为，双方离婚也是因感情不和，不是因为被告出轨。被告请求驳回原告的全部诉讼请求。

— 法院认为 —

一审法院认为，被告与原告离婚后向原告出具一份欠条并非被告向原告借款或被告欠原告其他债务，双方签订的保证和欠条，均属于夫妻"忠诚协议"的范畴。夫妻忠诚协议是已婚公民对自己的性自由进行自愿限制和约束的提醒，是夫妻双方合意的结果，符合《民法典》的原则及公序良俗。被告辩称出具的保证及欠条系受胁迫下所写，但没有提供任何的依据予以证实，该辩护意见法院不予支持。该协议系双方对忠实义务的量化，没有违反法律的禁止性规定，法院予以支持。被告向原告出具的 100 万元的欠条，是女方为防止男方在婚内出轨和确定婚内出轨而要求对方赔偿的精神损害赔偿金。夫妻之间的忠诚义务，是一种道德层面的义务，夫妻一方以道德义务作为对价与另一方进行交换而订立的协议，不能理解为确定具体民事权利义务的协议。关于精神损害赔偿的数额，依据《最高人民法院关于适用〈中华人民共和国婚姻法〉若干问题的解释（一）》第二十八条之"涉及精神损害赔偿的，适用最高人民法院《关于确定民事侵权精神损害赔偿责任若干问题的解释》的有关规定"的规定，根据本案双方离婚时将仅有的一套住房全部给予原告，被告基本属于净身出户，被告无长期的稳定工作，收入也不稳定，结合双方约定及当地社会经济水平、被告的承受能力等酌情确定精神损害赔偿的数额为 20 万元。

　　— 裁判结果 —

一、被告曾某在本判决生效后十日内向原告冯某支付精神损害赔偿金 20 万元；

二、驳回原告冯某的其他诉讼请求。

注：本案例选自（2021）湘 0521 民初 3143 号民事判决书

7. 夫妻签订"净身出户"的忠诚协议是否有效?

夫妻忠诚协议是夫妻双方在结婚前后，为保证双方在婚姻关系存续期间不违反夫妻忠诚义务而以书面形式约定违约金、赔偿金或对财产预先进行处分的协议。夫妻是否忠诚实质属于情感道德范畴，夫妻忠诚协议应由当事人本着诚信原则自觉履行，法律虽不禁止夫妻之间签订此类协议，但也并不赋予此类协议强制执行力，不能作为分割夫妻共同财产或确定子女抚养权归属的依据。在诉讼离婚分割夫妻共同财产时，法院将会综合考虑婚姻关系中各自付出、贡献大小、过错方的过错程度和对婚姻破裂的消极影响，按照照顾子女、女方和无过错方权益原则判决。

当事人依据夫妻忠诚协议约定已经履行了赔偿等义务而反悔的，人民法院不予支持；当事人依据夫妻忠诚协议要求赔偿或承担违约责任的，法院同样不予支持。夫妻一方以另一方违反协议约定提起诉讼的，人民法院不予受理，已经受理的，裁定驳回起诉。

【法条指引】

《民法典》

第一千零四十三条　家庭应当树立优良家风，弘扬家庭美德，重视家庭文明建设。

夫妻应当互相忠实，互相尊重，互相关爱；家庭成员应当敬老爱幼，互相帮助，维护平等、和睦、文明的婚姻家庭关系。

第一千零六十五条　男女双方可以约定婚姻关系存续期间所得的财产以及婚前财产归各自所有、共同所有或者部分各自所有、部分共同所有。约定应当采用书面形式。没有约定或者约定不明确的，适用本法第一千零六十二条、第一千零六十三条的规定。

夫妻对婚姻关系存续期间所得的财产以及婚前财产的约定，对双方具有法律约束力。

夫妻对婚姻关系存续期间所得的财产约定对归各自所有，夫或妻一方对外所负的债务，相对人知道该约定的，以夫或者妻一方的个人财产清偿。

【案例分享】

"净身出户夫妻忠诚协议"性质及效力的认定

—基本案情—

原告：牛某某

被告：徐某某

牛某某与徐某某系大学同学，双方经自由恋爱于 2016 年登记结婚，婚后未生育子女。婚后双方共同购买位于 A 市共有房屋一套。2019 年 2 月 14 日，牛某某（乙方）与徐某某（甲方）签订的《协议书》约定：甲乙双方为合法夫妻，为维护夫妻之间忠实、和睦婚姻家庭关系，经友好协商达成协议，以资共同遵守：一、甲乙双方在婚姻存续期间，应当遵守并履行相互忠实义务，相互扶持、相濡以沫，不得做出任何违反夫妻忠诚的行为。二、甲方在婚姻关系存续期间，不得在未取得乙方同意下使用"陌陌"等一切危害夫妻关系的交友软件；不得沉迷于游戏，不得对乙方采取暴力、冷暴力等行为；忠实于乙方，禁止一切违反忠诚行为，包括但不限于婚外性行为、嫖娼、一夜情、与第三方同居、与第三方发生不正当关系等。三、乙方的权利和义务：每月给予甲方基本生活所需费用，不得无故克扣导致甲方无法正常生活；在日常生活中关心甲方。四、债权债务约定：1.婚姻存续期间，各自名下的债务归各自负担。因甲或乙单方行为产生的任何债务均不得归为共同债务，共同债务必须有甲乙双方签字认可的书面证明；2.个人债务仅以负债方所有财产为限清偿，不得涉及另一方财产。因一方负债导致另一方财产损失的，负债方应予赔偿；3.债权债务关系形成前，负债方将上述债务约定告知债权人或第三人，债权人或第三人以不知该约定为由要求甲乙共同偿还，并致一方损失的，负债方应予赔偿。五、违约责任：1.甲方违反协议约定，应将其名下的所有不动产无偿赠予乙方所有（位于北京市石景山区及天津市两处房产），且甲方需积极配合乙方完成产权变更（如房产已出售或为其他用途，甲方需无偿给予乙方同等价值赔偿）；2.甲方违反协议约定导致婚姻关系破裂，则甲方一切财产均归乙方所有，甲方不参与任何财产分配，即净身出户。双方均已经明确协议所有内容，并知晓违反协议后应承担的后果，确定协议约定是双方真实的意思表示，签字即对双方具有约束力。

《协议书》签订后，因徐某某违反协议约定的忠诚义务，导致夫妻双方感情破裂，牛某某诉至法院，请求法院：1.判令解除婚姻关系；2.判令根据《协议书》的约定分割共有财产，并诉求被告赔偿其律师费等损失。

被告徐某某辩称，同意离婚，但不认可存在协议书约定违反忠诚义务的事实，协议书不是完全自愿签订，被告徐某某为挽回婚姻感情而签署的具有道德性质的忠诚协议，不应以法律强制执行，且约定有违公平原则，属无效协议，共有财产应依法分配。同时，被告徐某某主张分割因购买北京市石景山区的房屋而向其父母及亲属借款而形成的夫妻共同债务400万元。

— 法院认为 —

一审法院对本案《协议书》的性质及效力问题认为：根据《协议书》约定内容，其中部分内容涉及被告如违反夫妻忠诚义务，则应承担放弃共同财产分配等违约责任，该内容系夫妻间有关忠诚协议约定的性质；部分涉及对夫妻关系存续期间债务如何负担及处理的约定，系对双方婚姻关系期间共同财产分配的约定。其中，夫妻忠诚协议是夫妻双方结婚前后，为保证婚姻关系存续期间不违反夫妻忠诚义务而以书面形式约定违约金或赔偿金责任的协议。夫妻是否忠诚实质属于情感道德范畴，夫妻之间订立的忠诚协议，应由当事人本着诚信原则自觉履行，法律并不禁止夫妻之间签订此类协议，但也不赋予此类协议强制执行力，不能以此作为分割夫妻共同财产或确定子女抚养权归属的依据。当事人在离婚分割夫妻共同财产时，应综合考虑婚姻关系中各自的付出、贡献大小、过错方的过错程度和对婚姻破裂的消极影响，对无过错方酌情予以照顾，以平衡双方利益，通过司法裁判树立正确的社会价值导向。

本案中，双方虽签订了夫妻忠诚协议，但应建立在双方诚信自愿履行基础之上，不具有《中华人民共和国合同法》上的法律约束力，故不能通过外在法律的强制手段予以解决。因此，原告牛某某请求被告徐某某依据《协议书》约定的违反忠诚义务而分配财产并承担律师费等违约赔偿责任的主张，缺乏法律依据，法院不予支持。但夫妻忠诚义务的违反，可能引起严重不利后果，即夫妻双方离婚之时，在共有财产分割中照顾无过错方。此外，夫妻忠诚协议中约定的内容及记载的事实，亦可以作为查明案件有关事实及认定离婚财产分割的考虑因素。

—— 裁判结果 ——

一审法院判决：

一、原告牛某某与被告徐某某离婚；

二、登记在被告徐某某名下轿车归徐某某所有，被告徐某某于本判决生效后十五日内给付原告牛某某折价补偿款 8 万元；

三、位于北京市石景山区某房屋归原告牛某某所有，该房屋剩余贷款由原告牛某某偿还；原告牛某某于本判决生效后十五日内给付被告徐某某该房屋折价补偿款 130 万元；

四、位于天津市的房屋归被告徐某某所有，被告徐某某于本判决生效后十五日内给付原告牛某某该房屋补偿款 33 万元；

五、驳回原告牛某某的其他诉讼请求；

六、驳回被告徐某某的其他诉讼请求。

被告徐某某不服提起上诉。二审法院判决：驳回上诉，维持原判。

注：本案例选自（2021）京 01 民终 3454 号民事判决书

8. 离婚时，哪些情况下可以多分财产？

很多人认为，夫妻一方存在出轨、与第三人同居、家暴等情形，另一方在诉讼离婚时就可以要求多分财产，甚至要求对方净身出户，事实真的如此吗？非也！

法院在处理离婚案件的财产问题时通常会让双方协商处理，协商不成的，才由人民法院根据财产情况，按照照顾子女、女方和无过错方权益的原则判决。

法律规定，夫妻一方有重婚或者与他人同居，实施家庭暴力，具有虐待、遗弃行为等情形，且因为这些行为而导致离婚的，无过错方在诉讼离婚时有权提出损害赔偿。因此，一方如有这些过错，无过错方在离婚诉讼时仅仅是有权提出损害赔偿，请求多分财产或要求对方净身出户，则很难获得法院支持。但是，法院也会根据财产情况，按照照顾子女、女方和无过错方权益的原则，在分割财产时适当向无过错方倾斜，但不会太多。

那离婚时，什么情形下才可以多分财产呢？法律规定，夫妻一方隐藏、转移、变卖、毁损、挥霍夫妻共同财产，或者伪造夫妻共同债务企图侵占另一方财产的，在离婚分割夫妻共同财产时，对该方可以少分或者不分。离婚后，另一方发现有上述行为的，可以向人民法院提起诉讼，请求再次分割夫妻共同财产。因此，只有夫妻一方具有上述情形时，无过错方才可以主张多分财产。但离婚诉讼时，一方必须提供充分的证据证明对方有上述行为，才能获得法院支持，很多人苦于没有证据或证据不足而吃了哑巴亏。

【法条指引】

《民法典》

第一千零八十七条 离婚时，夫妻的共同财产由双方协议处理；协议不成的，由人民法院根据财产的具体情况，按照照顾子女、女方和无过错方权益的原则判决。

对夫或者妻在家庭土地承包经营中享有的权益等，应当依法予以保护。

第一千零九十一条 有下列情形之一，导致离婚的，无过错方有权请求损害赔偿：

（一）重婚；

（二）与他人同居；

（三）实施家庭暴力；

（四）虐待、遗弃家庭成员；

（五）有其他重大过错。

第一千零九十二条 夫妻一方隐藏、转移、变卖、毁损、挥霍夫妻共同财产，或者伪造夫妻共同债务企图侵占另一方财产的，在离婚分割夫妻共同财产时，对该方可以少分或者不分。离婚后，另一方发现有上述行为的，可以向人民法院提起诉讼，请求再次分割夫妻共同财产。

【案例分享】

伪造夫妻共同债务企图侵占另一方财产的，法院判决少分或不分财产

— 基本案情—

原告：张某

被告：赵某 1

张某与赵某 1 原系夫妻关系，双方于 1981 年 12 月 14 日登记结婚，婚后育有一女赵某 2，已成年。2012 年 7 月 25 日赵某 1 又与侯某登记结婚，并生育一子。2019 年，张某向法院起诉，要求与赵某 1 离婚，并分割夫妻共同财产，其中包括北京市昌平区××× 102 号房屋。2019 年 3 月 15 日，北京市西城区人民法院作出刑事判决书，判决赵某 1 犯重婚罪，判处拘役六个月，缓刑一年。

在离婚案件审理过程中，赵某 1 之弟赵某 4，以分家析产为由起诉赵某 1，要求确认 102 号房屋有其 50% 的份额。因当时分家析产纠纷案件尚未审结，法院认为可能涉及案外人的权益，故在离婚案件中未对 102 号房屋进行处理，法院于 2020 年 12 月 15 日作出（2019）京 0114 民初 13494 号民事判决书，判决张某与赵某 1 离婚，并对登记在赵某 1 名下的小汽车、位于某小区的房屋以及银行存款等其他财产进行了分割，并判决赵某 1 支付张某精神损害抚慰金 20000 元。

法院在另案（2020）京 0114 民初 8553 号民事判决书中，判决 102 号房屋为张某与赵某 1 共同共有。

（2020）京 0114 民初 8553 号民事判决书生效后，张某向法院起诉，要求：1. 依法分割北京市昌平区××× 102 号房屋，因赵某 1 与其兄弟恶意串通、伪造共同债务侵害张某的合法权益，依据照顾子女、女方和无过错方权益的原则，要求分得 102 号房屋 70% 的份额；2. 本案诉讼费由被告承担。

— 法院认为 —

法院认为，离婚后，一方以尚有夫妻共同财产未处理为由向人民法院起诉请求分割的，经审查该财产确属离婚时未涉及的夫妻共同财产，人民法院应当依法予以分割。本案中，因分家析产纠纷案件在双方离婚诉讼时尚未审结，102 号房屋可能涉及案外人的利益而未在离婚纠纷案件中予以处理。现分

家析产纠纷案件已经审理完毕，生效法律文书判决 102 号房屋为赵某 1 与张某共同共有，因此张某有权起诉要求分割该房屋。

离婚时，夫妻的共同财产由双方协商处理，协商不成的，由人民法院根据财产情况，按照照顾子女、女方和无过错方权益的原则判决。夫妻一方隐藏、转移、变卖、毁损、挥霍夫妻共同财产或者伪造夫妻共同债务企图侵占另一方财产的，在离婚分割夫妻共同财产时，对该方可以少分或者不分。离婚后，另一方发现有上述行为的，可以向人民法院提起诉讼，请求再次分割夫妻共同财产。赵某 1 在与张某婚姻存续期间与他人登记结婚并生育一子，犯重婚罪，对于双方婚姻关系的解除具有过错，而张某为无过错方，张某要求按照照顾子女、女方和无过错方权益的原则对其多分财产，具有事实和法律依据。赵某 1 与其兄弟以分家析产纠纷、合伙合同纠纷为由，虚构并不存在的出资和债务，企图通过诉讼的方式侵占张某的财产，侵害张某的利益，诉讼请求均被法院驳回，在分割 102 号房屋时可对赵某 1 少分或者不分。张某要求其对 102 号房屋分得 70% 的份额符合上述法律规定，法院予以支持。因双方在庭审中均表示没有向对方支付房屋折价款的付款能力，要求分割房屋份额，故本案仅对双方份额进行处理。

— 裁判结果 —

位于北京市昌平区 ×××102 房屋 70% 的份额归张某所有；位于北京市昌平区 ×××102 房屋 30% 的份额归赵某 1 所有。

注：本案例选自（2022）京 0114 民初 859 号民事判决书

9. 丈夫送给小三的钱财，可以追回吗？

丈夫给小三买房，妻子是有权要回购房款的。因为买房的钱属于夫妻共同财产，夫妻共同财产有妻子的一半，用夫妻共同财产为小三买房，违背公序良俗。妻子有权向法院起诉请求确认赠与行为无效，从而追回丈夫赠予小三的购房款。

【法条指引】

《民法典》

第一千零六十二条　夫妻在婚姻关系存续期间所得的下列财产，为夫妻的共同财产，归夫妻共同所有：

（一）工资、奖金、劳务报酬；

（二）生产、经营、投资的收益；

（三）知识产权的收益；

（四）继承或者受赠的财产，但是本法第一千零六十三条第三项规定的除外；

（五）其他应当归共同所有的财产。

夫妻对共同财产，有平等的处理权。

【案例分享】

丈夫赠与第三者钱财，配偶有权追回

—基本案情—

原告：董某

被告：颜某、程某

董某与颜某系夫妻关系，双方于 1990 年 12 月 13 日登记结婚，婚姻关系存续至今。2020 年 7 月份，董某发现颜某与程某自 2016 年至今长期存在婚外情人关系，且生育一子。在程某与颜某保持情人关系过程中，自 2016 年 8 月 23 日至 2020 年 12 月 31 日期间，颜某通过银行卡转账、微信转账方式累计向程某支付款项 872506.65 元。另颜某于 2020 年 3 月 12 日代替程某与泰安市某置业有限公司签订《山东省新建商品房买卖合同》，为程某购买房屋、车位，缴纳装修履约保证金及公共维修基金等，累计支付款项 638759.20 元。以上颜某赠与程某的款项共计 1511265.85 元。

董某认为该 1511265.85 元属于其与颜某的夫妻共同财产，归夫妻共同共有，于是向法院起诉颜某与程某，要求法院：1. 依法确认被告颜某赠与被告程某 1511265.85 元款项的行为无效；2. 依法判令被告程某向原告返还上述款项 1511265.85 元及支付资金占用损失（以 1511265.85 元为基数，按照同期全国银行间同业拆借中心公布的贷款市场报价利率计算，自 2021 年 1 月 1 日起至款项付清之日止）；3. 本案诉讼费、保全费、保全担保费由被告程某承担。

——审情况 —

一审法院查明，原告董某与被告颜某系夫妻关系，被告程某与被告颜某曾系情人关系。被告颜某自 2016 年 8 月 23 日至 2020 年 8 月 26 日期间通过中国农业银行、中国建设银行向被告程某转款 23 笔，共计 495200 元，由颜某的中国农业银行个人明细对账单、中国建设银行个人活期账户交易明细予

以证实。被告颜某自 2017 年 5 月 9 日至 2020 年 12 月 16 日通过微信账户向被告程某微信账户转账 130 笔，共计 377306.65 元，由颜某手机内提取的微信支付交易明细予以证实。被告颜某自 2019 年 2 月 3 日至 2019 年 12 月 25 日因被告程某购买楼房向被告程某账户、开发商账户、物业管理账户等账户共计支付款项 638759.20 元，由颜某中国农业银行个人明细对账单、中国建设银行个人活期账户交易明细予以证实。以上三项计款 1511265.85 元。2021 年 6 月 1 日，原告以被告颜某向被告程某赠与的 1511265.85 元属夫妻共同财产，该赠与行为侵害原告合法权益为由诉至法院。

原告主张其自 2020 年 7 月份知晓两被告婚外情人关系，在 2016 年 8 月 23 日至 2020 年 12 月 16 日婚外情期间，被告颜某向被告程某支付的款项未征得其同意，其不知情，该财产大额且非因日常生活需要支出，是颜某的单方赠与行为。被告程某对原告赠与的主张不予认可，并主张其与颜某之间的情人关系原告自 2016 年就知晓，其与颜某存在合伙、信用卡借用关系，双方生育有孩子，颜某给其的款项包括了孩子的生活、教育、抚养等支出，并非赠与，并提交泰安市中级人民法院（2021）鲁 09 民终 2111 号调查笔录、中国建设银行个人活期账户交易明细、承诺书等证据予以证实。承诺书记载为："我叫颜 ×，自 2020 年 8 月用程某信用卡两张、平安银行卡一张，额度 7 万，分六期还，已还两期。中国银行卡一张 3 万次月还，系颜 × 在使用。本人承诺自愿还两张信用卡的一切费用。承诺人：颜 ×，2020 年 8 月 25 日。"被告颜某对原告主张予以认可，同时承认给予程某钱款中包含给孩子使用的款项。

一审法院认为，原告诉求被告颜某转账支付给被告程某的款项属赠与行为，被告程某对此据理抗辩不予认可，被告颜某也仅认可有部分为赠与。一是原告无证据证实两被告之间有赠与的合意，二是原告与被告颜某有合谋损害他人权益之嫌，三是原告所提交证据不能证实其所诉求款项的合理性。故对原告要求依法确认被告颜某赠与被告程某 1511265.85 元款项的行为无效、要求程某返还上述款项及支付资金占用损失的诉讼请求，事实不清，证据不足，法院不予支持。

一审判决如下：

一、驳回原告董某要求依法确认被告颜某赠与被告程某 1511265.85 元款项的行为无效的诉讼请求。

二、驳回原告董某要求被告程某向原告返还款项 1511265.85 元及支付资金占用损失的诉讼请求。

— 二审情况 —

一审判决后董某不服，向二审法院提起上诉。

二审法院审理后认为，涉及房产的相关合同、收据原件等均由颜某本人持有，再结合颜某向房地产公司的转账数额、时间、房地产公司出具的涉案房产相关收据的时间等相关证据之间能够形成高度盖然性，可以综合证实涉案房款、车位费、维修基金等费用系由原审被告颜某所支付。被上诉人程某虽对此有异议，但其在本案中并无法提供缴纳全部房款以及相关费用的转账记录，且程某对于购房款来源的表述亦前后矛盾。原审被告颜某提交的证据能够形成较为完整的证据链证实其为程某购买涉案房产支付了相应房款及车位款项共计 738759.20 元。因涉案房屋的合同系颜某替程某代签，程某在本案中亦予以认可，且房产登记在程某名下，结合二人的婚外情人关系，能够证实程某对颜某支付房款的赠与行为达成了合意。因上述赠与行为发生在上诉人董某与原审被告颜某婚姻存续期间，并未经过上诉人董某的同意，且该处分行为并非因日常生活所需，亦非基于家庭的共同投资，系颜某为维护不正当婚外情人关系进行的处分，故该赠与行为既违反社会公德，也与公序良俗背道而驰，颜某擅自将夫妻共同财产赠与婚外情人程某的行为损害了上诉人董某的合法权益，应当认为全部无效，民事法律行为无效，行为人因该行为取得的财产，应当予以返还，董某有权向程某请求返还颜某向其赠与的财产。

故上诉人董某主张被上诉人程某返还颜某赠与的购买涉案房屋等相关费用共计 738759.20 元及相关经济损失的上诉请求应予支持。

二审法院改判如下：

一、撤销山东省宁阳县人民法院（2021）鲁 0921 民初 2305 号民事判决；

二、确认颜某赠与程某 738759.20 元款项的行为无效；

三、程某于本判决生效之日起十日内，向董某返还 738759.20 元，并支付董某经济损失（以本金 738759.20 元为基数，从 2021 年 6 月 1 日起按同期全国银行间同业拆借中心公布的贷款市场报价利率计算至实际支付之日止）；

四、驳回董某的其他诉讼请求。

注：本案例选自（2021）鲁 09 民终 3577 号民事判决书

10. 婚后父母给儿子全款买了一套房子，登记在儿子名下，离婚时儿媳妇有份吗?

夫妻婚后，由一方父母出资为子女购买不动产的情形较为普遍。基于中国传统家庭文化影响，父母出资时，一般不会特别以书面形式明确表示是赠与自己子女一方，而是直接将该不动产登记在了自己子女的名下。因此，当小夫妻关系破裂离婚时，房产究竟是夫妻一方个人财产还是夫妻双方共同财产呢?

在《民法典》生效前，对这一问题，一般认为是父母对自己子女的赠与，为夫妻一方的个人财产，如无特殊约定，房子属于子女的个人财产。

在《民法典》生效后，父母为子女出全款购房，登记在自己子女名下，如无特殊约定，房子不再属于个人财产，而是属于夫妻共同财产。但是根据后来出台的《最高人民法院关于适用〈中华人民共和国民法典〉婚姻家庭编的解释（一）》有关规定，父母为子女出资购房，并不理所当然地认定为是对夫妻的赠与，具体要看款项的性质。

如果父母主张购房出资款是借款，就需要举证证明借款的事实。如果子女及其配偶认为购房款是赠与，就需要举证证明赠与的事实。如果子女无法举证证明是赠与（无赠与合同或者口头赠与的意思表示），父母只需要提供证据证明交付了资金（比如银行转账记录），就可以证明出资款是借款。简而言之，即使没有借条，依然可以认定为借款。

在离婚诉讼案件中，如果法院对父母的出资没有处理，出资购房一方的父母，还可以另案以民间借贷纠纷起诉原夫妻二人，要求二人共同偿还夫妻关系存续期间的借款，以维护自己的权益。

【法条指引】

《民法典》

第一千零六十二条 夫妻在婚姻关系存续期间所得的下列财产，为夫妻的共同财产，归夫妻共同所有：

（一）工资、奖金、劳务报酬；

（二）生产、经营、投资的收益；

（三）知识产权的收益；

（四）继承或者受赠的财产，但是本法第一千零六十三条第三项规定的除外；

（五）其他应当归共同所有的财产。

夫妻对共同财产，有平等的处理权。

第一千零六十三条　下列财产为夫妻一方的个人财产：

（一）一方的婚前财产；

（二）一方因受到人身损害获得的赔偿或者补偿；

（三）遗嘱或者赠与合同中确定只归一方的财产；

（四）一方专用的生活用品；

（五）其他应当归一方的财产。

【案例分享】

李某与屈某等民间借贷纠纷案

一基本案情一

原告：范某 2、屈某

被告：范某 1、李某

2006 年 3 月 10 日，范某 1 与李某登记结婚。2020 年，范某 1 向北京市昌平区人民法院起诉李某要求离婚，经审理，北京市昌平区人民法院于 2020 年 11 月 19 日作出（2020）京 0114 民初 9116 号民事判决书，判决：1. 范某 1 与李某离婚；2.2203 号房屋归范某 1 所有，范某 1 于判决生效后三十日内给付李某折价款 45 万元。

2021 年 3 月，范某 1 的父亲范某 2 与母亲屈某向一审法院起诉，向法院请求：1. 范某 1、李某偿还范某 2、屈某借款 217402.74 元；2. 诉讼费由李某、范某 1 承担。事实和理由为：原告范某 2 与屈某是夫妻关系，被告范某 1 是原告范某 2 和屈某之子，二被告原是夫妻关系。2015 年 11 月，二被告购买位于河北省某地 2203 房屋从二原告处借款 217402.74 元，其中一笔是由范某 2 账户转入范某 1 账户，金额为 114012.13 元，另一笔是由范某 2 账户转入范某 1 账户，金额为 103390.61 元。现二被告已经离婚，但从二原告处的借款至今尚未偿还，故起诉至法院，要求二人归还。

一审庭审中，双方均认可该款项用于 2015 年购买 2203 号房屋。被告范某 1 辩称，没有意见，同意还款。被告李某辩称：根据《民法典》第一千零六十二条第一款第四项规定，房子购买的时候钱不够是范某 1 跟二原告拿的钱，但是当时我确实不知情，后来是范某 1 跟我说的，但是与原告之间没有借据，我认为不是借款，是二原告的赠与。

—法院认为—

一审法院认为，本案的争议焦点为范某 2 转账给范某 1 的款项是否属于借款。根据《最高人民法院关于审理民间借贷案件适用法律若干问题的规定》第十六条规定："原告仅依据金融机构的转账凭证提起民间借贷诉讼，被告抗辩转账系偿还双方之前借款或者其他债务的，被告应当对其主张提供证据证明。被告提供相应证据证明其主张后，原告仍应就借贷关系的成立承担举证责任。"范某 2、屈某仅以银行转账提起民间借贷诉讼，范某 1 认可该款项系借款，李某抗辩称该转账为赠与，但未提交相关证据予以证明，故法院对李某的抗辩意见不予采信。范某 1 因购房向范某 2、屈某借款，双方存在事实上的民间借贷关系，该借贷合同系双方当事人的真实意思表示，未违反法律法规的强制性规定，应为合法有效。范某 1、李某原系夫妻关系，双方于 2020 年离婚，本案案涉借款系双方婚姻关系存续期间因购房产生的债务，且离婚时双方对该房屋亦进行了分割，根据《最高人民法院关于审理涉及夫妻债务纠纷案件适用法律有关问题的解释》第二条："夫妻一方在婚姻关系存续期间以个人名义为家庭日常生活需要所负的债务，债权人以属于夫妻共同债务为由主张权利的，人民法院应予支持。"该借款应属于夫妻共同债务。故范某 2、屈某要求范某 1、李某偿还借款 217402.74 元的诉讼请求，证据充分，法院予以支持。

一审判决后李某不服，向二审法院提出上诉。

二审法院认为，结合各方当事人陈述及案涉其他证据，可以认定范某 2、屈某与范某 1、李某之间就 217402.74 元款项形成民间借贷合同关系。首先，通常而言，父母为子女婚后出资购房系出于保障子女住房和生活需要，解决或者改善子女居住条件，希望子女生活得更加幸福。《民法典》及其司法解释对父母出资购房行为推定为赠与，亦是考虑现实国情，子女缺乏经济能力，无力独自负担买房费用的情况，认定父母出资赠与的可能性高于借贷。本案中，范某 1、李某均系北京市昌平区某镇居民，两人有房屋居住，两人购买位于河北省某地的 2203 号房屋，未用于自住，而是进行出租营利，其购房行为具有投资性质，在范某 2、屈某未明确表示赠与的情况下，借贷的可能性高于赠与。其次，范某 1、李某系全款购买 2203 号房屋，除范某 1 自述本人部分出资外，其他购房款均为向亲友借款取得，范某 2、屈某主张系出借购房款，具有一定的事实依据。再次，从利益衡平的角度，范某 2、屈某通过务农获得有限收入，本案 20 余万元款项系两位老人多年积蓄，如简单推定案涉款项为赠与，会导致李某不仅享有房屋出租收益，而且获得房屋增值对价，而范某2、屈某未取得任何收益，且影响生活保障的客观结果。综合上述情形，范某2、屈某提供的证据符合高度盖然性的证明标准，其关于案涉款项系借款的主张，一审法院予以采信，并无不当，在无其他有效证据佐证的情况下，法院对李某的上诉意见不予采信。

— 裁判结果 —

一、被告范某 1 于本判决生效后七日内返还原告范某 2、屈某借款 108701.37 元；

二、被告李某于本判决生效后七日内返还原告范某 2、屈某借款 108701.37 元。

李某不服，提出上诉，二审法院判决：驳回上诉，维持原判。

注：本案例选自（2021）京 01 民终 7975 号民事判决书

11. 婚前男方付首付，登记在男方名下，婚后共同还贷，离婚时房屋如何处理？

夫妻一方婚前以个人财产支付购房的首付款并按揭贷款，产权登记在首付方个人名下，婚后双方共同还贷，该情形下的房屋为一方个人财产，在离婚时另一方无权请求分割房产。但参与共同还贷的另一方，有权要求对共同还贷部分所占房产价值进行分割。需要明确的是，共同还贷不论是用一方的个人工资还是双方的工资，如双方对财产没有特别约定，都应认定为共同还贷。因此，有贷款的房屋在离婚时，如双方对财产分割协商不成，共同还贷的一方可请求对方返还还贷的房款，对于房屋升值的部分，也可以请求补偿。

对于共同还贷部分如何分割呢？

如果房产没有增值，因还贷支付的款项属于夫妻共同财产，一般情况下，可以按照一人一半的原则分割，即离婚时取得房屋产权的一方将婚姻关系存续期间所偿还的贷款数额的一半，补偿给对方。

如果房产增值了，该补偿多少呢？各地法院计算方式大致有以下几种：1. 应补偿的增值数额 = 共同还贷部分 ÷ 总房款 ×（房产的现值 − 总房款）÷2；2. 应补偿的增值数额 = 共同还贷部分 ÷2×（房产的现值 ÷ 总房款）；3. 应补偿的增值数额 =（房产的现值 − 总房款）÷ 总房款 × 共同还贷部分 ÷2。

【法条指引】

《民法典》

第一千零六十二条　夫妻在婚姻关系存续期间所得的下列财产，为夫妻的共同财产，归夫妻共同所有：

（一）工资、奖金、劳务报酬；

（二）生产、经营、投资的收益；

（三）知识产权的收益；

（四）继承或者受赠的财产，但是本法第一千零六十三条第三项规定的除外；

（五）其他应当归共同所有的财产。

夫妻对共同财产，有平等的处理权。

第一千零六十三条　下列财产为夫妻一方的个人财产：

（一）一方的婚前财产；

（二）一方因受到人身损害获得的赔偿或者补偿；

（三）遗嘱或者赠与合同中确定只归一方的财产；

（四）一方专用的生活用品；

（五）其他应当归一方的财产。

第一千零八十七条第一款　离婚时，夫妻的共同财产由双方协议处理；协议不成的，由人民法院根据财产的具体情况，按照照顾子女、女方和无过错方权益的原则判决。

【案例分享】

邓某、刘某离婚纠纷案

— **基本案情** —

原告：邓某

被告：刘某

邓某、刘某于 2015 年经人介绍相识，后登记结婚，双方均系初婚，婚后未生育子女。2019 年 7 月 18 日二人开始分居生活。邓某于 2020 年 1 月 3 日向法院起诉要求离婚。邓某婚前于 2013 年 9 月 7 日签订了房屋买卖合同，贷款购买了位于沈阳市铁西区房屋，交首付 343547 元，贷款 300000 元，从结婚至 2019 年 7 月 18 日之间，共偿还贷款 57465.29 元。在审理中，双方共同认可房屋现价值 840000 元，现由邓某实际居住使用。2018 年 7 月 17 日双方花费 50000 元购买了车位使用权，支付 12000 元中介费，现空闲。截至 2019

年 7 月 24 日，邓某公积金账户内余额为 22608.79 元；截至 2019 年 6 月 30 日，刘某的公积金账户余额为 11383.45 元。此外，刘某婚前购买的电视机一台、立式空调一台、茶几、电视柜、餐桌椅、烤箱、飘窗垫、吊床、乳胶枕等生活用品在邓某处，邓某同意返还给刘某。

— 一审情况 —

一审法院认为，婚姻关系的存续建立在夫妻感情基础之上，本案邓某、刘某婚后未能建立起真挚的夫妻感情，因家庭生活琐事产生矛盾继而分居生活，双方均未能为挽救婚姻作出努力，导致夫妻感情破裂，邓某要求离婚，刘某同意离婚，应准予；邓某婚前贷款购买的位于沈阳市铁西区房屋归邓某所有，婚后偿还贷款部分和房屋增值部分，双方均同意分割，应按婚后共同还贷部分及增值价格予以分割；婚后共同购买的车位使用权归邓某所有，邓某向刘某返还折价款 25000 元；邓某主张在刘某处有其个人价值 14000 元项链一条及共同存款 14800 元，因证据不足，不予支持；截至双方分居前各自公积金缴存账户上的余额按夫妻共同财产予以分割；关于邓某主张在分居前转入刘某账户中的 11800 元，刘某提出用于还双方共同生活期间的信用卡花销，法院认为也系婚姻关系存续期间双方对共同存款的支配，邓某要求分割，不予支持；关于刘某主张的婚姻关系存续期间其在工作单位垫付的款项转入邓某卡中要求分割的问题，即便属实，其垫付的款项亦是使用夫妻共同存款垫付，单位返还后作为共同生活消费，刘某要求返还没有事实和法律依据，不予支持；刘某主张对婚后住房装修部分要求邓某返还价款的问题，首先刘某对装修价款的举证不足，其次，装修也是为双方共同生活的投入，双方在共同生活中也已经使用，且刘某享受了房屋增值后的价款，要求邓某返还装修部分价款没有法律依据，不予支持；关于刘某主张其婚前购买的电视、冰箱等生活用品，已经在生活中有使用磨损，邓某对大部分物品认可并同意返还，应允许，刘某要求按原价折现返还没有法律依据，可返还物品；关于刘某主张的购买手表、墨镜、共同生活期间缴纳的采暖费，邓某回家看望父母所花费的交通费及给邓某父母购买的物品均属双方婚姻关系存续期间的共同消费支出，刘某要求折价返还没有事实及法律依据，不予支持。

一审裁判结果如下：一、准予邓某与刘某离婚；二、位于沈阳市铁西区某小区房屋所有权归邓某所有，邓某向刘某返还共同偿还贷款的 50% 即 28732.65 元（57465.29÷2），房屋增值价款的 50% 即 98226.50 元 [（840000−643547）÷2]；三、位于某小区的地下车位由邓某使用，邓某向刘某返还购买车位使用权折价款 25000 元；四、邓某名下的公积金账户余额 22608.79 元的 50% 即 11304.4 元归邓某所有，11304.39 元归刘某所有；刘某名下的公积金账户余额 11383.45 元的 50% 即 5691.73 元归刘某所有，5691.72 元归邓某所有，上述款项相互折抵后，邓某应给付刘某 5612.67 元；五、在邓某处的刘某婚前个人财产电视机一台、茶几一个、餐桌椅一套、电视柜一个、烤箱一个、吊床一个、沙发凉垫（未损坏部分）、飘窗垫一个、乳胶枕一个，邓某于本判决生效之日起五日内返还给刘某；六、驳回邓某、刘某其他诉讼请求。一审案件受理费 3770 元，由邓某、刘某各承担 1885 元。

— 二审情况 —

一审判决后，邓某不服，向二审法院上诉。

二审法院认为，一审法院从邓某、刘某的婚姻基础、婚后感情、离婚原因等方面考虑，准予双方离婚，并无不当，法院依法予以确认。关于上诉人邓某主张计算房屋贷款增值有误的问题，经查，夫妻一方婚前购买的贷款房，登记在首付款支付方名下，婚后用夫妻共同财产还贷的，法院可以判决该不动产归产权登记一方所有，但应当对另一方补偿婚后共同还贷支付的款项及其相对应的财产增值部分。一审法院将案涉婚前购买房屋的整体增值差额作为补偿款，不符合法律规定，应当以共同还贷支付的款项及其相对应的财产增值部分计算为准，且双方提供的证据可以看出系利用公积金还贷，故可以认定系使用夫妻共同财产还贷，符合分割相应折价款的法律规定，故法院按照不动产升值率 × 夫妻共同支付款项 ×50% 计算相应增值补偿款数额，结合双方共同认可房屋现价值 840000 元，邓某应给付刘某房屋补偿款 37500 元，同时考虑到房屋装修款项来源、折旧、使用利益及照顾妇女利益原则等，法院酌情改判邓某给付刘某房屋补偿款 52500 元，故对其该项上诉理由，法院依法予以支持；关于上诉人邓某提出婚前公积金 23469.24 元不应予以分割的理由，经查，上述财产确系邓某一方的婚前财产，婚姻存续期间的公积金已用于共同管理及使用，结合本案实际情况，不应再予分割，故对其该项上诉理由，法院依法予以支持；关于上诉人邓某提出应当分割刘某公积金 11383.45 元的上诉理由，经查，一审法院认定事实清楚，判决分割适当，故对该项上诉理由，法院不予支持。

二审法院判决如下：

一、维持沈阳市铁西区人民法院（2020）辽 0106 民初 150 号民事判决第一项、第三项、第五项；

二、撤销沈阳市铁西区人民法院（2020）辽 0106 民初 150 号民事判决第六项；

三、变更沈阳市铁西区人民法院（2020）辽 0106 民初 150 号民事判决第二项为"位于沈阳市铁西区房屋所有权归邓某所有，邓某应自本判决生效之日起十日内向刘某返还房屋补偿价款 52500 元"；

四、变更沈阳市铁西区人民法院（2020）辽 0106 民初 150 号民事判决第四项为"刘某名下的公积金账户余额 11383.45 元归刘某所有，刘某应自本判决生效之日起十日内给付邓某 5691.72 元"；

五、驳回双方的其他诉讼请求。

注：本案例选自（2020）辽 01 民终 10862 号民事判决书

12. 婚前父母为双方购房出资，离婚时房屋如何处理？

结婚前，父母为双方出资购房，离婚时房产如何处理？这个问题，与结婚后父母为双方出资购房情形不同，因婚前购买的房产不属于夫妻婚姻关系存续期间的财产，在离婚诉讼中，法院通常不予处理，而是让双方另案诉讼解决。如果离婚后，一方起诉另一方要求分割房产，法院会如何处理呢？具体分以下几种情形：

一、婚前一方父母出资购房，如果是全额付款，产权登记在自己子女名下，那么，这个房产就是子女婚前个人财产，另一方无权要求分割。如一方父母只出了首付款，剩余的房款是婚后夫妻共同偿还的，则房子会判给产权登记人所有，对于婚后共同还贷支付的款项及其相对应房产增值部分，由产权登记一方对另一方进行补偿。

二、婚前一方父母全额出资购房，产权登记在另一方名下，法院一般认定是父母对二人的赠与，由二人共同共有，按各占 50% 分割。如双方父母都有出资，则一般按出资比例分割。

三、婚前一方父母全额出资购房，产权登记在双方名下，法院一般会认定是父母对二人的赠与，并根据产权证上登记的各自份额进行分割，如产权证上登记的是共同共有，则一般按各占 50% 分割。

【法条指引】

《民法典》

第三百零三条　共有人约定不得分割共有的不动产或者动产，以维持共有关系的，应当按照约定，但是共有人有重大理由需要分割的，可以请求分割；没有约定或者约定不明确的，按份共有人可以随时请求分割，共同共有人在共有的基础丧失或者有重大理由需要分割时可以请求分割。因分割造成其他共有人损害的，应当给予赔偿。

第一千零八十七条　离婚时，夫妻的共同财产由双方协议处理；协议不成的，由人民法院根据财产的具体情况，按照照顾子女、女方和无过错方权益的原则判决。

对夫或者妻在家庭土地承包经营中享有的权益等，应当依法予以保护。

【案例分享】

梅某、莫某离婚后共有物分割纠纷案

—基本案情—

原告：梅某

被告：莫某

梅某与莫某于 2002 年 4 月经人介绍相识，相恋，2006 年 12 月举行结婚仪式，于 2008 年 4 月 8 日正式登记结婚，婚后没有生育子女。2018 年 1 月，梅某以双方感情破裂为由向法院提出离婚诉讼，2018 年 6 月法院判决离婚。

二人婚前，莫某父母于 2006 年 1 月 8 日，以莫某的名义与广州华鸿房地产开发有限公司签订《认购书》，以 750000 元全款认购某小区 2206 房产。莫某为表示与梅某结婚的决心，未经父母同意在购房合同上添加了梅某的名字。2006 年 11 月 8 日，广州市国土资源和房屋管理局向梅某、莫某核发了《房地产权证》，占有房屋份额为共同共有，房屋所有权来源为购买，房屋用途为居住用房，建筑面积 84 平方米。

2018 年 1 月 3 日，梅某向法院起诉离婚，请求判决：1. 原告、被告离婚；2. 原告、被告共同所有的位于广州市某小区 2206 房产归原告梅某所有，该房屋现价值 600 万元，鉴于被告莫某存在过错，要求原告占有 2/3，被告占有 1/3 的价值，原告支付 200 万元的补偿款给被告；3. 原告、被告共同承担本案诉讼费用。

法院于 2018 年 6 月 11 日作出（2018）粤 0104 民初 913 号民事判决书，

判决二人离婚。对于房产的分割请求，法院认为，上述财产不应属于双方的夫妻共同财产或因同居关系而共同购置的财产，双方对财产权属存在争议的纠纷不应在本案中一并处理。如双方协商不成，可另案诉讼解决，故对该房屋的相关问题，法院不予调处。

梅某为分割房产，向法院起诉莫某，请求：1. 请求法院依法分割原告、被告共有的位于广州市某小区的 2206 房产，由原告、被告各占 50%；2. 请求法院依法拍卖或变卖广州市某小区 2206 房屋，所得价款由原告、被告各占 50%；3. 本案诉讼费由被告承担。

被告莫某辩称：1. 原告、被告对 2206 房屋关系为按份共有；2. 原告与被告对 2206 房屋的占有份额应按照出资额确定；3. 如按照原告的要求分割 2206 房产，会导致原告、被告之间的利益严重失衡。即便涉案 2206 房登记为原告、被告共同共有，但该共同共有与具有紧密人身关系的夫妻共同共有财产的性质仍有不同，涉案房产购买于原被告结婚前两年，在原告、被告的离婚案中，明确认定 2206 房屋不属于夫妻共同财产或因同居关系共同购置的财产，不能直接推定为等分比例，对于一般共同共有关系在财产未分割前双方并无确定各自所占份额，只有在共有物分割时各自所占份额才能得以确认。对于一般共同共有物的分割，共有人对财产的贡献是分割共有物应着重考虑的因素。我方认为婚后夫妻共同财产都可以考虑双方出资贡献悬殊，按照三七比例分割，所以我方要求对涉案房产按二八比例分割合情合理合法。

— 法院认为 —

一审法院认为，根据《最高人民法院关于适用〈中华人民共和国民法典〉时间效力的若干规定》第一条第三款规定，民法典施行前的法律事实持续至民法典施行后，该法律事实引起的民事纠纷案件，适用民法典的规定，但是法律、司法解释另有规定的除外。原告、被告的共有关系持续至今，故依据前款规定，本案适用民法典的规定。《中华人民共和国民法典》第三百零三条规定："共有人约定不得分割共有的不动产或者动产，以维持共有关系的，应当按照约定，但是共有人有重大理由需要分割的，可以请求分割；没有约定或者约定不明确的，按份共有人可以随时请求分割，共同共有人在共有的基础丧失或者有重大理由需要分割时可以请求分割。因分割造成其他共有人损害的，应当给予赔偿。"案涉 2206 房屋为原告、被告共同共有，现原告、被告的婚姻关系已解除，共有的基础已丧失，故原告有权要求分割涉案房屋。关于分割方式，各方当事人未能协商一致，且各方均表示无能力购买对方的产权份额。原告主张对涉案房屋进行拍卖或变卖后分割价款符合《中华人民共和国民法典》第三百零四条的规定，故对于原告的诉讼请求，法院予以支持。

至于被告抗辩要求原告、被告按照二八比例分割案涉 2206 房屋的问题。首先，经生效判决认定，案涉 2206 房屋不属于双方的夫妻共同财产或因同居关系而共同购置的房产。莫某在接受父母的赠与后，自愿在房产证上加上梅某的名字，是以实际行为将案涉房屋的部分权益赠与给梅某，该赠与行为已经履行完毕。其次，莫某在《答辩意见书》中明确"我已赠给第三人梅某是不能撤的，梅某应当有一半权利"，可见莫某自认其将案涉 2206 房屋一半的权属赠与给梅某。最后，查册表显示案涉 2206 房屋为原告、被告共同共有，被告没有证据证明双方就共有的份额比例有过明确约定。被告要求 2206 房屋应视为按份共有，占有份额应按照出资额确定，及按照夫妻或父母对家庭的贡献度对案涉 2206 房屋按照二八比例分割等主张均缺乏理据，法院不予支持。

— 裁判结果 —

一、原告梅某与被告莫某各享有广州市某小区 2206 房屋 50% 权属份额；

二、原告梅某与被告莫某在本判决发生法律效力之日起三十日内，共同拍卖或变卖广州市某小区 2206 房屋，所得价款由原告梅某及被告莫某各占二分之一。

注：本案例选自（2021）粤 0104 民初 38279 号民事判决书

13. 离婚时，农村宅基地所建房屋应如何处理？

夫妻在一方婚前申请的宅基地上建设房屋或者扩建、翻建原宅基地上已有房屋的，离婚时，宅基地上所建房屋应如何处理呢？这要具体看房屋是在婚前还是婚后所建。

1. 对婚前一方取得宅基地使用权并建房，建房后由夫妻共同居住的，不论是一方父母出资所建，还是夫妻一方出资所建，该房屋均是一方婚前财产，夫妻离婚时只能判归婚前所属的一方所有。对建房时欠债且婚后用共同财产偿还的，得到房子的一方应给予对方相应补偿。

2. 对婚后建房的，即使一方在婚前已获得宅基地使用权，该房屋均为夫妻共同财产，法院判决离婚时可以将房屋判归宅基地使用权人一方所有，并由获得房屋一方折价补偿给另一方，或根据农村宅基地上房屋多层、多房的特点，在不影响其他共有人使用的情况下对夫妻共有的房屋进行分割。对婚后建房能够获得拆迁安置补偿的，离婚时可以对作为家庭"户"应享有的各项权益由夫妻平均分配。

3. 夫妻婚后对家庭共有房屋进行修缮的，离婚时未分家析产，可先对房屋进行评估定价，再按共有人数及相应比例折价补偿给另一方。

【法条指引】

《民法典》

第一千零六十二条 夫妻在婚姻关系存续期间所得的下列财产，为夫妻的共同财产，归夫妻共同所有：

（一）工资、奖金、劳务报酬；

（二）生产、经营、投资的收益；

（三）知识产权的收益；

（四）继承或者受赠的财产，但是本法第一千零六十三条第三项规定的除外；

（五）其他应当归共同所有的财产。

夫妻对共同财产，有平等的处理权。

第一千零八十七条 离婚时，夫妻的共同财产由双方协议处理；协议不成的，由人民法院根据财产的具体情况，按照照顾子女、女方和无过错方权益的原则判决。

对夫或者妻在家庭土地承包经营中享有的权益等，应当依法予以保护。

【案例分享】

没有取得房产证的农村房屋，离婚时可以对使用权进行分割

—基本案情—

原告：侯某

被告：梁某

侯某与梁某于 2010 年 4 月 23 日登记结婚，二人婚后无子女。2021 年 4 月 30 日，梁某向法院起诉离婚，要求判决双方离婚。2021 年 7 月 26 日，法院作出（2021）京 0112 民初 16771 号民事判决，判决梁某、侯某离婚。

在上述离婚诉讼中，双方并未就夫妻共同财产进行分割，故侯某起诉至法院，要求依法分割侯某与梁某的夫妻共同财产，即位于北京市通州区某村 × 号院（以下简称 × 号院）内房屋，包括北（正）房三间、后罩房五间、厨

房一间、厕所一间。

法院经审理后查明，梁学某与王文某系夫妻关系，梁某系梁学某与王文某之子。2013年10月9日，法院作出（2013）通民初字第10732号民事调解书，梁某与案外人梁学某、王文某达成如下协议：位于北京市通州区某村×号院内正房三间中，西数第一、第二间归梁某所有。2016年7月4日，法院作出（2016）京0112民初16395号民事调解书，梁某与案外人梁学某、王文某、梁某刚等达成如下协议：位于北京市通州区某村×号院内北房东数第一间归梁某所有。梁某称涉案×号院内原有正房三间，2017年上述三间正房被翻建后，变成了现在的五间，×号院内的第二排北房七间系其与侯某婚后所建，上述房屋共计十二间，鉴于上述房屋存在争议，在离婚案中没有作分割处理。梁某父亲梁学某于2017年2月去世，后梁某与其母亲王文某一起居住至今。×号院内第一排北房五间，其中一间由侯某使用，其余四间对外出租，第二排北房七间均由侯某使用。经核实，涉案×号院落宅基地使用权登记在梁学某名下。

被告梁某表示，涉案×号院落内北数第一排北房的翻建及北数第二排房屋的新建均未取得相关政府部门的审批、核准，且涉案院落占地明显超出原有宅基地核准的范围。

原告侯某表示为方便生活，其同意取得北数第一排北房，自愿将装修更好、构造更为合理的北数第二排房屋归被告梁某所有，如此一来，不论是被告梁某以后赡养母亲还是自住等均较为便利。被告梁某则表示，如果法院判决分割房屋，则被告梁某要求取得涉案×号院北数第一排、北数第二排房屋各50%的房屋（整体院落的西侧）。

— 法院认为 —

一审法院认为，离婚时，夫妻的共同财产由双方协议处理；协议不成的，由人民法院根据财产的具体情况，按照照顾子女、女方和无过错方权益的原则判决。当事人对自己提出的主张，有责任提供证据。

原告侯某与被告梁某原系夫妻关系，后经人民法院判决离婚。在原告、被告双方婚姻关系存续期间，原告、被告双方共同出资对涉案×号院内房屋进行了翻建、新建，至此形成目前的房屋格局。故涉案×号院内相关房屋应属于夫妻共同财产，在原告、被告双方已经经由判决离婚的情况下，原告、被告双方的夫妻共同财产依法应当予以分割。在审理过程中，被告梁某自认涉案院落内原有北房的翻建及前排房屋的新建均未取得相关规划审批手续，且原告侯某在本案中亦未提交相关房屋的翻建、新建取得了涉案相关政府部门的审批或涉案房屋符合北京市城乡规划条例的证据；经法院现场勘验、测量亦可以确定，涉案院落内两排房屋的东西占地严重超出涉案集体土地建设用地使用证所示范围，相关翻建、新建行为对涉案院落原有格局、建筑面积改动极大，现有建筑面积远超涉案房屋使用权证登记核准面积；再结合北京市大力推进城乡统筹规划、协调发展的背景，法院难以依据相关权利人的出资兴建行为确认其对涉案房屋享有所有权，相关当事人的兴建行为亦不属于《中华人民共和国物权法》规定的合法的原始设立物权行为。综合考虑农村地区发展现状及当前实际情况，法院确定涉案院落内的相关房屋使用权归相关当事人享有，相关权益人可以就相关使用权等权益进行分割、分配。待相关权益人就涉案房屋的翻建事宜补充取得相关规划、审批手续后，其可以就涉案房屋所有权的事宜另行主张、另案处理。需要明确指出的是，本案裁判文书并不妨碍相关国家机关或政府主管部门依职权对涉案诉争房屋的合法性进行认定（是否属于违法建筑等），亦不能作为抗拒相关部门执法和处罚的依据。

— 裁判结果 —

一、坐落于北京市通州区某村 × 号院内北数第一排北房五间中西数第一间、第二间及西数第三间西侧二分之一房屋的占有使用等权益均归被告梁某享有；

二、坐落于北京市通州区某村 × 号院内北数第一排北房五间中东数第一间、第二间及东数第三间东侧二分之一房屋的占有使用等权益均归原告侯某享有；

三、坐落于北京市通州区某村 × 号院内北数第二排北房三间（三大间）中西数第一大间（含南北两个小间）、西数第二大间西侧二分之一房屋以及南侧院内西侧简易房一间的占有使用等权益均归被告梁某享有；

四、坐落于北京市通州区某村 × 号院内北数第二排北房三间（三大间）中东数第一大间（含南北两个小间）、东数第二大间东侧二分之一房屋以及南侧院内东侧简易房一间的占有使用等权益均归原告侯某享有；

五、木制双开门衣柜一组归被告梁某所有，组合沙发一套、衣柜一组、双人床两张、博世牌三门冰箱一台、美菱牌冰箱一台、海尔牌立式空调一台、小米牌液晶电视机一台、美的牌储水式热水器一台均归原告侯某所有，均于本判决生效之日起七日内执行清；

六、原告侯某支付被告梁某家具家电折价补偿款 10000 元，于本判决生效之日起七日内执行清；

七、驳回原告侯某的其他诉讼请求。

注：本案例选自（2022）京 0112 民初 2556 号民事判决书

14. 一方婚前出资购房，婚后在产权证上加另一方名字，离婚时房屋如何处理？

通常一方婚前全款购买的房产，会被认定为个人财产，结婚后也不能转化为夫妻共同财产。如果婚后在房产证上加上另一方的名字，那么可能会认为是一方对另一方的赠与，属于夫妻共同财产。在离婚时，法院会综合考虑夫妻共同财产的具体情况和各种相关因素，对房屋进行分割。如双方曾签订书面协议对房屋份额进行约定，亦可参考该协议约定对房屋进行分割。

【法条指引】

《民法典》

第二百零九条　不动产物权的设立、变更、转让和消灭，经依法登记，发生效力；未经登记，不发生效力，但是法律另有规定的除外。

依法属于国家所有的自然资源，所有权可以不登记。

第二百一十五条　当事人之间订立有关设立、变更、转让和消灭不动产物权的合同，除法律另有规定或者当事人另有约定外，自合同成立时生效；未办理物权登记的，不影响合同效力。

【案例分享】

丈夫将代持的房产加上了老婆的名字，婆婆要求归还

— **基本案情**—

原告：姚某

被告：陈某、易某

姚某与陈某系母子关系。2013 年 10 月 22 日，姚某以陈某的名义与广州城建开发南沙房地产有限公司签订《商品房预售合同》，以陈某名义购买位于南沙某小区商品房。购房总价款为 1039677 元，姚某依约支付了全部购房款。

2014 年 11 月 15 日，陈某与姚某签订《房屋确认协议》，约定陈某于

2013 年 10 月在广州市南沙区购买的房屋，该房产名义上登记所有人是陈某，实际所有人是母亲姚某，并且姚某已交付了该房款 1459035.30 元。经陈某与母亲姚某商量，同意达成并签订以下协议：1. 确定广州市南沙区某小区房屋实际所有人是姚某，由母亲姚某继续交付该房屋后续的一切款项；2. 该套房屋于 2014 年 11 月 15 日办理了收楼手续，现已交付给陈某父母居住使用；3. 因该套房还未办理房产证，待该套房屋的房产证出证后，即配合母亲姚某办理房产过户手续。

2015 年 10 月 1 日，陈某与易某结婚。易某怀孕期间，要求在房屋产权证上加名，为此陈某与易某一再争吵，姚某为了家庭和睦及考虑到自己百年后房屋也由二人取得，就同意将涉案房屋变更登记至二人名下，同时要求二人出具书面材料确认产权归姚某所有。易某出具《承诺书》，承诺房屋是陈某、姚某出资购买，房屋的产权虽然写的产权人是陈某，但实际上是姚某购买用于两位老人养老自住的。姚某已于 2014 年 11 月 15 日与陈某签订了《房屋确认协议》。现在房屋的产权证上增加易某的名字，易某承诺房屋加名后，本人不享有该房屋的所有权，该房屋的所有权仍然全部归属姚某。若将来易某提出与陈某离婚，则无条件退还和删除易某在该套房屋产权证上所写的占有份额和姓名，并配合陈某到房屋交易部门办理相关的权属归还手续。增加易某姓名后，所有该套房屋的产权证交由姚某保管。之后房屋于 2016 年 10 月 27 日变更登记至易某和陈某名下，共有方式为按份共有，两人各占二分之一份额。

2021 年，易某向广州市越秀区法院提起离婚诉讼。

后姚某向法院起诉陈某与易某，诉讼请求：1. 两被告协助原告办理位于广州市南沙区某小区房屋的产权变更登记手续，将该房屋变更登记至原告名下；2. 被告承担本案全部诉讼费用。

被告易某辩称：1. 两被告签订的《房屋确认协议》无效。原告姚某于 2013 年 10 月 13 日购买涉案房屋时，名下已有两套住房，按照当时的购房政策，原告没有再购买第三套房屋的资格，只能借用陈某名义与开发商签订买卖合同。根据《民法典》第一百五十三条的规定，违反法律、行政法规的强制性规定的民事法律行为无效。姚某为规避限购政策，和陈某恶意串通，签订代持协议，以合法形式掩盖其非法目的，该行为无效，姚某不能以此为依据要求办理手续；2. 易某于 2016 年出具的《承诺书》亦同属无效；3. 姚某将涉案房屋产权登记至陈某名下，应视为对陈某的赠与。陈某同意受赠并取得产权后，涉案房屋应属于陈某的个人财产。陈某与易某结婚后，将涉案房屋一半产权赠与给易某，属于陈某对其个人财产的处理，合法有效，易某取得涉案房屋一半的产权合法有据；4.姚某要求过户的前提条件未达成。过户的前提是易某提出与陈某离婚，但目前二人并未离婚，法律上仍是夫妻，故过户条件尚未达成。

法院另查明，根据广州市荔湾区不动产登记中心出具的《购房资格证明》记载，截至2021年11月5日，姚某具备本市住房限购区域内购买一套住房的资格。

— 法院认为 —

一审法院认为，本案为民法典施行前的法律事实引起的民事纠纷案件，根据《最高人民法院关于适用〈中华人民共和国民法典〉时间效力的若干规定》第一条的规定，应当适用当时的法律、司法解释的规定。

根据陈某与姚某签订的《房屋确认协议》及易某出具的《承诺书》可知，虽然涉案房屋登记在两被告名下，但是两被告均确认涉案房屋归姚某所有。现姚某要求两被告将涉案房屋过户至自己名下，于理有据，法院予以支持。易某认为，姚某为规避限购政策将涉案房屋登记至陈某名下，两人签订的《房屋确认协议》及易某出具的《承诺书》均因违反法律、行政法规的强制性规定无效，但广州市政府发布的房地产调控政策并非法律、行政法规，属规范性文件，违反限购政策而签订的《房屋确认协议》并非必然导致合同无效，故易某的上述答辩意见，没有依据，法院不予采纳。易某认为姚某将涉案房屋登记至陈某名下，应当视为对陈某的赠与，该意见与《房屋确认协议》约定的内容相矛盾，法院不予采纳。易某认为涉案房屋登记至其名下，应视为陈某对其的赠与，该意见亦与易某出具的《承诺书》的内容相矛盾，法院不予采纳。

— 裁判结果 —

被告陈某、易某应于本判决发生法律效力之日起十五日内协助原告姚某办理南沙区某小区房屋的产权变更登记手续，将产权人变更登记为姚某。

注：本案例选自（2021）粤0115民初21160号民事判决书

15. 婚后购买房屋，登记在第三人名下，离婚时如何处理？

婚后夫妻共同购买房屋，产权登记在第三人名下，实际生活中通常是登记在未成年子女名下或一方父母名下，离婚时此房产该如何处理呢？

产权登记在未成年子女名下并不意味着房屋的真实产权人就是该未成年子女。诉讼离婚时，法院会考量夫妻双方在购买房屋时的真实意思。如果真实意思确实是想赠与未成年子女，离婚时会将该房屋认定为未成年子女的财产，由直接抚养未成年子女一方暂时管理；如果真实意思并非将房产赠与未成年子女，离婚时会将该房屋作为夫妻共同财产分割处理。

产权登记在父母或其他人名下，如借名的第三人愿意证明借名买房之事实，夫妻双方不能就房屋的归属达成一致的，有些法院会对房产分割做出处理，而有些法院则要求双方另案诉讼解决。如借名第三人不确认借名买房之事实，法院将不会对房产分割作出处理，而是让双方另案诉讼解决。另案诉讼时，如双方不能举证证明借第三人之名购房的事，法院一般会认定夫妻双方出资款项为借款，即双方将钱款借予第三人用于买房。

因此，为避免因借名买房而引起不必要的纠纷，建议夫妻双方与第三人签订房产代持协议或借名买房协议，将借名买房的事实用书面形式确认下来，以约束各方。

【法条指引】

《民法典》

第一千零八十七条 离婚时，夫妻的共同财产由双方协议处理；协议不成的，由人民法院根据财产的具体情况，按照照顾子女、女方和无过错方权益的原则判决。

对夫或者妻在家庭土地承包经营中享有的权益等，应当依法予以保护。

《最高人民法院关于适用〈中华人民共和国民法典〉婚姻家庭编的解释（一）》

第八十三条 离婚后，一方以尚有夫妻共同财产未处理为由向人民法院起诉请求分割的，经审查该财产确属离婚时未涉及的夫妻共同财产，人民法院应当依法予以分割。

【案例分享】

男方起诉前妻和前岳父财产纠纷案

— 基本案情 —

原告：应某

被告：陈某 1、陈某 2

应某与陈某 1 于 2011 年 9 月 5 日登记结婚，后于 2019 年 8 月 30 日登记离婚。两人婚姻关系存续期间购买了房产，但因他们不具备首套房购房资格，故在浙江某地以陈某 1 父亲陈某 2 的名义购买了一套房屋，并用陈某 2 的名字办理了不动产登记，首付款及房贷均使用应某与陈某 1 的夫妻共同财产支付。协议离婚时双方同意出售房屋后对半分割且需要陈某 2 配合办理，但未写入离婚协议书中。离婚后，陈某 1 与陈某 2 一直不出售案涉房屋，且对应某出售房屋的要求拒不理睬。故应某于 2020 年 7 月 29 日，以物权确认纠纷案向法院起诉陈某 1 和陈某 1 父亲陈某 2，要求依法确认位于浙江某地的房屋为应某与陈某 1 夫妻关系存续期间的共同财产。

— 法院认为 —

法院认为，案涉房屋的不动产登记所有权人为陈某 2，现应某并无确实充分的证据证明其与陈某 1 在双方夫妻关系存续期间系借用陈某 2 的名义购买了案涉房屋，且该案涉房屋的首付款及房贷均由应某与陈某 1 的夫妻共同财产支付的事实，因此，驳回了应某的诉讼请求。

2021 年 4 月 25 日，应某再次向法院起诉，要求：1. 依法分割夫妻共同债权 906117.56 元；2. 依法分割被告名下的住房公积金 84740.37 元；3. 关于某小区车位，要求被告依法支付原告折价款 10 万元。理由是，双方在离婚协议书中未涉及分割被告名下的住房公积金 84740.37 元。婚姻关系存续期间原告、被告以被告父亲陈某 2 名义购买了位于浙江某地的房屋，购房的首付款及房贷均系夫妻共同财产支付，合计 906117.56 元。此外，某小区车位系使用权车位且登记在原告和被告陈某 1 名下，购买时的出资是 20 万元。

被告陈某 1 辩称，第三人陈某 2 购买涉案房屋时，向被告陈某 1 借款 385700 元，房屋后来的还贷部分都是第三人陈某 2 支付。原告、被告大学毕业就结婚，原告婚后一直没有工作。被告在 2016 年毕业工作后工资也不高。此后，原告、被告购买自己的房屋时的首付款和契税都由第三人陈某 2 支付，故第三人陈某 2 不仅已经还清了此前的借款 38.57 万元，还向原告、被告出借了 70 多万元，即第三人陈某 2 转给原告、被告的金额远大于其从被告处借得的金额。此外，原告、被告在 2017 年和 2019 年还买了两辆车，所以两人根本不可能有对外债权。

第三人陈某 2 辩称，原告、被告在第三人处没有债权，反而有债务，债务差不多有 40 多万元。第三人认可被告陈某 1 的答辩意见。第三人购买涉案房屋时，向被告借了钱，但原告、被告购买自己的房屋时，第三人借给了原告、被告更多的钱。某小区车位的购买收据虽然写着原告、被告两个人的名字，但购车款是第三人支付的。2017 年 4 月 3 日至 2019 年 8 月 18 日期间，被告向第三人的转款都是被告归还的借款。原告、被告婚姻关系存续期间，第三人向被告借款的总金额就是 25 万和 13.57 万元，合计为 38.57 万元。原告、被告购买房屋的房款 10 万和 94 万都是第三人直接打到房产公司的，购房的契税也是第三人支付的，这些钱款都是原告、被告夫妻关系存续期间的共同债务。第三人不同意此处的借款在本案中处理，因为第三人是有独立请求权的第三人，有权向原告提出请求。

离婚后，一方以尚有夫妻共同财产未处理为由向人民法院起诉请求分割的，经审查该财产确属离婚时未涉及的夫妻共同财产，人民法院应当依法予以分割。本案中，被告在婚姻关系存续期间累计向第三人转款 680126 元，虽被告、第三人均辩称上述转款系归还之前向第三人的借款，但被告主张的借贷关系与本案属不同法律关系，而第三人在本案诉讼过程中明确表示其不同意一并处理其债权且欲向原告主张还款，故对于被告、第三人的上述辩称，法院不予以采信。现被告未提供证据证明其转出上述 680126 元款项时曾征得原告同意或事后得到原告认可，故对于原告主张分割上述款项之请求，法院予以准许。然而，原告对其第一项诉讼请求中的其余款项金额均未能提供证据予以证明，法院不予支持。某小区车位现登记于原告、被告两人名下，属夫妻共同财产，应予以分割。虽然第三人主张该车位的购买款由其支付，属原告、被告共同借款，但第三人主张的借贷关系与本案亦属不同法律关系，法院在本案中无法一并予以处理，第三人可另觅途径解决。

— 裁判结果 —

一、被告陈某 1 于本判决生效之日起十日内支付原告应某财产折价款 340063 元；

二、被告陈某 1 名下公积金（住房公积金）个人账户内余额及公积金（补充住房公积金）个人账户内余额均归被告所有，被告于本判决生效之日起十日内支付原告财产折价款 42370 元；

　　三、苏 A×××× 英菲尼迪车辆出售款归原告应某所有，原告于本判决生效之日起十日内支付被告财产折价款 50000 元；

　　四、浙江省绍兴市某小区车位使用权归被告所有，被告于本判决生效之日起十日内支付原告财产折价款 100000 元；

　　五、上述财产经折抵，被告于本判决生效之日起十日内支付原告财产折价款 432433 元；

　　六、驳回原告应某其余诉讼请求。

　　注：本案例选取自（2021）沪 0112 民初 15189 号民事判决书

16. 拆迁安置房，离婚时房屋如何处理？

　　拆迁安置房的分割，历来是离婚诉讼的重点和难点。离婚时一方能否分得拆迁利益，主要取决于当时的拆迁政策、拆迁协议、被拆迁房屋是否婚后建设以及是否用夫妻共同财产对被拆迁房屋进行翻建、改建、扩建等情况。具体分以下情形处理：

　　一、如果被拆迁房是私有住房，产权是夫妻一方在结婚登记之前取得，如安置房屋仅考虑面积因素，不存在房屋补差价问题，房屋亦未变更登记在夫妻双方的名下，安置房应认定为一方个人财产，离婚时另一方无权请求分割。如果夫妻婚后用共同财产补安置房屋差价，所补差价的比例部分应认定为夫妻共同财产，离婚时另一方可请求分割。如果夫妻用共同财产对被拆迁房屋进行了扩建或者添附，扩建或添附部分也被安置的，该部分安置房应认定为夫妻共同财产，离婚时另一方可主张分割。

　　二、如果被拆迁房是私有住房，产权是在结婚登记之后取得的，该住房被拆迁后，拆迁安置房应当认定为夫妻共同财产，离婚时应当依法分割。

　　三、如果被拆迁房是夫妻一方父母的私有住房，拆迁安置房登记在儿女名下，如父母明确表示只赠与自己儿女，则该安置房属一方个人财产，离婚时配偶无权请求分割。但夫妻婚后用共同财产对被拆迁房进行了装潢、扩建、翻新、置换，离婚时另一方有权对装潢、扩建、翻新、置换的安置房部分主张分割。实践当中很多违章建筑在拆迁过程中也置换成了安置房屋，因被安置后房屋成为合法的财产，故离婚时应当予以处理。

【法条指引】

《民法典》

第一千零六十二条 夫妻在婚姻关系存续期间所得的下列财产，为夫妻的共同财产，归夫妻共同所有：

（一）工资、奖金、劳务报酬；

（二）生产、经营、投资的收益；

（三）知识产权的收益；

（四）继承或者受赠的财产，但是本法第一千零六十三条第三项规定的除外；

（五）其他应当归共同所有的财产。

夫妻对共同财产，有平等的处理权。

第一千零六十三条 下列财产为夫妻一方的个人财产：

（一）一方的婚前财产；

（二）一方因受到人身损害获得的赔偿或者补偿；

（三）遗嘱或者赠与合同中确定只归一方的财产；

（四）一方专用的生活用品；

（五）其他应当归一方的财产。

【案例分享】

李某、范某 1 与范某 3 等分家析产纠纷案

—基本案情—

原告：李某、范某 1

被告：范某 3、范某 2、范某 4、屈某

2006 年 3 月 10 日，李某与范某 3 登记结婚，2007 年 1 月 25 日生育一子范某 1。2020 年 4 月 15 日，范某 3 起诉离婚。2020 年 11 月 19 日，北京市昌平区人民法院判决范某 3 与李某离婚。

范某 2 与屈某系夫妻关系，范某 3 和范某 4 都是二人之子。北京市昌平区 ×× 镇 ×× 村集体土地建设用地使用证上登记的土地使用者为范某 2。范某 2、屈某、范某 3、范某 4 户口均在此，为农业户口（范某 4 因 2006 年上大学转居民户口）。2003 年，范某 2 向 ×× 村村委会申请新宅基地并获得了审批，新宅院无门牌号，范某 2 在该宅院（以下简称涉案宅院）内新建房屋。李某户口原在河北省某村，李某与范某 3 在 2006 年结婚后一直生活在该

新宅院内，范某 2、屈某、范某 4 生活在老宅院内。

2009 年 6 月 5 日，李某户口迁至北京市昌平区 × × 镇 × × 村，为农业户口。2009 年 8 月 3 日，范某 2、屈某、范某 3、范某 4 签订分家单，载明"昌平区 × × 镇 × × 村 × × 号房屋产权人范某 2，有两个儿子，大儿子范某 3 于 2006 年 3 月 10 日在昌平区民政局与李某登记结婚，婚后有一子，为范某 1。随着人口增加，经家人协商，把范某 3 的户口单立户。全家共有住房：北房七间、东房六间、西房八间，经协商决定把东房六间加西房一间给大儿子范某 3，西房其中七间归二儿子范某 4 所有，北房归范某 2 夫妇所有"。2009 年 8 月 17 日，范某 3、范某 1、李某的户口迁至北京市昌平区 × × 镇 × × 村 × × –1 号。

2009 年 12 月 24 日，拆迁人（甲方）与被拆迁人（乙方）范某 2 就 × × 村 × × 号院拆迁一事，签订了《× × 村集体土地住宅房屋拆迁货币补偿协议》，约定：甲方拆迁乙方在拆迁范围内的房屋及附属物，乙方房屋建筑面积 356.52 平方米，宅基地面积 822.56 平方米，乙方现有户籍人口 3 人，实际居住人口 3 人，实际居住人口分别是范某 2、屈某、范某 4。乙方房屋重置成新价 218703 元。同日，拆迁人（甲方）与被拆迁人（乙方）屈某就涉案宅院签订《× × 村集体土地住宅房屋拆迁货币补偿协议》，约定甲方拆迁乙方在拆迁范围内的房屋及附属物，乙方房屋建筑面积 152.74 平方米，宅基地面积 180 平方米，乙方现有户籍人口 3 人，实际居住人口 3 人，实际居住人口分别是范某 3、李某、范某 1。乙方房屋的宅基地补偿款共计 405000 元、房屋重置成新价 157396 元、附属物 97933 元，拆迁补偿款共计 660329 元。2009 年 12 月 27 日，拆迁人（甲方）与屈某（乙方）还签订了《× × 村定向安置房认购书》，约定乙方认购两套房屋，面积分别为 119.18 平方米（总价 238360 元）和 55.87 平方米（总价 111740 元），购房款 351610 元一次性从货币补偿协议总款内扣除。2012 年 11 月 2 日，拆迁人（甲方）与屈某（乙方）签订《× × 村定向安置房选房确认协议》，约定乙方认购 × × 村定向安置房 4 号楼 6 单元 601 号及对应地下室、13 号楼 1 单元 403 号及对应地下室，并于 11 月 27 日确定上述两套房屋产权人均为范某 3。根据《定向安置房认购实施细则》，乙方享受认购楼房总建筑面积为 160 平方米，乙方实际购买楼房总建筑面积为 174.33 平方米。因户型原因超出安置房购买建筑面积 15 平方米以内，每平方米加收 100 元，该部分购买建筑面积为 14.33 平方米，房价 1433 元，购买安置楼房需交纳总金额为 348685.50 元，认购房总款 351610 元，应补交购房差价款 2924.50 元。

2020 年 1 月 16 日，4 号楼 6 层 6 单元 601 房屋、13 号楼 4 层 1 单元 403 房屋取得不动产权证书，登记的权利人均为范某 3。

在范某 3 与李某的离婚诉讼案中，因该财产涉及案外人利益，法院未作处理。

现范某 1、李某向法院提出诉讼请求：1. 判决 4 号楼 6 层 6 单元 601 房屋及附属地下室归李某、范某 1 所有；2. 判决范某 3 配合将 4 号楼 6 层 6 单元 601 房屋转移登记至李某、范某 1 名下；3. 判决范某 2、屈某向李某、范某 1 支付 ××-1 号拆迁款 207827.57 元；4. 判决范某 2、屈某向李某、范某 1 支付 ×× 号拆迁款 100000 元；5. 请求判决范某 2、屈某向李某、范某 1 返还 2011 年 2 月 1 日至 2012 年 2 月 29 日期间，由范某 2 领取的范某 3、李某、范某 1 三人的股份钱、口粮田占地钱、底商钱当中属于李某、范某 1 应得的部分 200000 元；6. 诉讼费用由被告承担。

— 法院认为 —

法院审理后认为，共同共有人在共有的基础丧失或者有重大理由需要分割时可以请求分割共有财产，李某与范某 3 离婚，范某 1 由李某抚养，共有因拆迁取得的利益的基础丧失，李某、范某 1 可以请求分割。

关于涉案宅院的拆迁利益分配。涉案宅院的拆迁货币补偿协议、安置房认购书等虽然是屈某与拆迁人签订，但屈某的户口在 ×× 号院，亦未实际居住在涉案宅院，而范某 3、李某、范某 1 一直实际居住涉案宅院，享有涉案宅院的宅基地使用权，且三人被列为涉案宅院的被拆迁安置人口，故涉案宅院的拆迁利益除房屋重置成新价及部分附属物外，均应由三人共有。当事人均认可房屋重置成新价由范某 2、屈某所有，法院不持异议，装修、设备、附属物部分系范某 2 在范某 3、李某结婚前建设，部分系范某 3、李某婚后添附，法院酌情认定附属物由范某 2、屈某享有一半份额，范某 3、李某享有一半份额。综上，涉案宅院拆迁款中 499712.5 元应归范某 3、李某、范某 1 共有，扣除三人预交的购房款，剩余 14 万余元，加上入住费用结算明细中的 10 万余元，三人在拆迁后共有拆迁款 24 万余元，综合考虑屈某支付过购车款 15 万余元、装修款 5 万余元以及当事人之间系家庭成员等因素，在李某未能提供证据证明涉案宅院拆迁款有剩余的情况下，对其要求分割涉案宅院拆迁款的主张不予支持。涉案宅院共认购安置面积 174.33 平方米，应当由被拆迁安置人共同享有，即范某 3、李某、范某 1 每人享有 58.11 平方米。根据本案的具体情况，法院认为 ×××4 号楼 6 层 6 单元 601 房屋归李某、范某 1 所有，13 号楼 4 层 1 单元 403 房屋归范某 3 所有为宜，房屋对应的地下室亦由所有人使用。李某、范某 1 实际分得房屋超出其应当分得安置房面积的 3.98 平方米，应当给予范某 3 相应补偿 107460 元。

— 裁判结果 —

一、坐落于北京市昌平区 ×××4 号楼 6 层 6 单元 601 房屋及附属地下室归李某、范某 1 所有；

二、范某 3 于本判决生效后十日内配合李某、范某 1 办理北京市昌平区 ×××4 号楼 6 层 6 单元 601 房屋的转移登记手续；

三、李某、范某 1 于本判决生效后十日内向范某 3 支付折价补偿款 107460 元；

四、驳回李某、范某 1 的其他诉讼请求。

注：本案例选自（2021）京 0114 民初 3411 号民事判决书

17. 婚姻存续期间，个人名义所负债务，另一方需要承担责任吗？

对夫妻共同债务的认定和举证责任的承担，相关司法解释修订前后有不同的标准。修订前，对一方所负债务是否为共同债务的举证责任在夫妻的另一方，如另一方不能举证证明所负债务不是用于家庭共同生产经营或生活，则另一方需要承担连带责任。修订前的司法解释引起了公众的强烈质疑。

《民法典》施行后，夫妻一方以个人名义所负债务，债权人以属于夫妻共同债务为由主张权利的，则债权人需要提供证据证明该共同债务是用于家庭共同生产经营、生活，或者是夫妻的共同意思表示，否则的话就要承担不利的诉讼后果，另一方无需承担偿还责任。因此，一方因违法犯罪行为所负的债务或满足个人私欲而奢侈挥霍所负的债务，或一方擅自资助没有抚养义务的亲朋所负的债务等，将不再是夫妻共同债务，不能让不知情的配偶承担责任，配偶从此不再做"冤大头"。

【法条指引】

《民法典》

第一千零六十四条　夫妻双方共同签名或者夫妻一方事后追认等共同意

思表示所负的债务，以及夫妻一方在婚姻关系存续期间以个人名义为家庭日常生活需要所负的债务，属于夫妻共同债务。

夫妻一方在婚姻关系存续期间以个人名义超出家庭日常生活需要所负的债务，不属于夫妻共同债务；但是，债权人能够证明该债务用于夫妻共同生活、共同生产经营或者基于夫妻双方共同意思表示的除外。

第一千零八十九条 离婚时，夫妻共同债务应当共同偿还。共同财产不足清偿或者财产归各自所有的，由双方协议清偿；协议不成的，由人民法院判决。

【案例分享】

分居后产生的债务一般不能认定为夫妻共同债务

一 基本案情 一

原告：黄某 1、黄某 2

被告：常某、李某

黄某 1 和黄某 2 二人于 2016 年前后在山东省寿光市从事辣椒等蔬菜集中批发业务。常某与李某系夫妻关系，常某在广州市江南蔬菜批发市场从事蔬菜销售业务。其间，常某经常在黄某 1 和黄某 2 处赊购货物，截至 2017 年 9 月，常某累计拖欠黄某 1 和黄某 2 货款 44 万元，后常某还向黄某 1 和黄某 2 出具欠条一张确认债务，并承诺 2018 年 2 月 15 日前偿还 10 万元，2018 年 4 月 30 日前偿还 20 万元，2018 年 12 月 31 日前偿还 14 万元。但常某在出具欠条后，并未按照承诺还款。

黄某 1 和黄某 2 向法院起诉常某和李某，要求：1. 两被告支付原告货款 44 万元，并按照法定标准支付原告逾期付款违约金；2. 本案诉讼费由两被告承担。

被告李某辩称：1. 被告李某与两原告不认识，两被告虽原为夫妻关系，但已离婚，被告李某在婚后大部分时间都在山东务农，抚养两个孩子及孝敬公婆，很少来广州与被告常某生活；即便来广州生活也只是做做家务，从不参与、干预被告常某的经营，再者被告常某另外也有雇佣其他人。2. 原告以两被告为夫妻关系主张共同承担被告常某欠款，无事实依据及法律依据。依据相关司法解释，本案中被告李某并不清楚被告常某的经营情况，对其所欠债务亦不知情，两被告离婚的主因系被告常某对家庭不负责任，两被告离婚前被告常某已不支付孩子的生活费等费用达两年。3. 原告黄某 2 主体不适格，证据无原告黄某 2 签名，被告常某也不认可欠原告黄某 2 相关款项。4. 从原告的诉状欠款过程看，被告常某产生债务时间很短，两被告婚后无购置房屋、车辆等相关财产，双方闹矛盾离婚时据被告常某陈述其经营的部分资金用在他处，包括包养小三等，被告常某多次出轨，影响了两被告的生活，这也是两被告离婚的根本原因。5. 原告无证据证实被告常某签订的欠据可推断为两被告的夫妻共同债务。综上，原告的欠条真实与否不确定，无被告李某签字确认，原告也无证据证实该债务为两被告夫妻共同债务，故原告主张无事实依据和法律依据，请求驳回原告诉讼请求。

— 法院认为 —

一审法院认为，本案为买卖合同纠纷。涉案欠条显示的欠款人为被告常某，收款人为原告黄某 1，两原告称二人共同经营蔬菜收购批发生意，故作为合同共同主体一方来起诉，被告李某虽对于原告黄某 2 的主体身份提出异议，但又称其不清楚涉案交易情况，故法院对两原告主张二人为合同共同相对一方的意见予以采信。两原告与被告常某之间存在买卖合同关系，根据欠条记载，被告常某尚欠两原告货款 44 万元未予清偿，两原告主张上述欠条在 2017 年 10 月出具，被告常某未到庭就买卖关系、货款金额、欠条出具时间进行答辩，故法院对两原告的陈述予以确认。但根据两原告的该陈述及结合两原告提交的银行转账记录，被告常某在出具欠条后已经偿还货款 36025 元，现无证据显示被告常某此后仍有支付剩余货款，现款项支付期限已经届满，两原告要求被告常某支付尚欠货款具有合同及法律依据，法院予以支持，但被告常某应支付的货款金额为 403975 元。

对于被告李某是否应当承担责任的问题，《最高人民法院关于审理涉及夫妻债务纠纷案件适用法律有关问题的解释》第三条规定："夫妻一方在婚姻关系存续期间以个人名义超出家庭日常生活需要所负的债务，债权人以属于夫妻共同债务为由主张权利的，人民法院不予支持，但债权人能够证明该债务用于夫妻共同生活、共同生产经营或者基于夫妻双方共同意思表示的除外。"本案中，虽被告常某、李某原系夫妻关系，但是被告李某提交的民事判决书中查明 2016 年 1 月份始双方已分居生活，原告并未举证证明被告李某与被告常某存在共同经营的行为，亦未提供证据证明涉案债务用于夫妻共同生活或者基于夫妻双方共同意思表示，被告李某也从未承诺向原告偿还涉案货款。故原告要求被告李某对被告常某的债务承担共同清偿责任，法院不予支持。

— **裁判结果** —

一、于本判决生效之日起五日内，常某向黄某 1、黄某 2 清偿货款 403975 元。

二、于本判决生效之日起五日内，常某向黄某 1、黄某 2 支付逾期付款违约金（逾期付款违约金以 63975 元为基数，从 2018 年 2 月 15 日起按照中国人民银行同期贷款利率的 1.5 倍标准计付至 2018 年 4 月 29 日止；以 263975 元为基数，从 2018 年 4 月 30 日起按照中国人民银行同期贷款利率的 1.5 倍标准计付至 2018 年 12 月 31 日止；以 403975 元为基数，从 2019 年 1 月 1 日起按照中国人民银行同期贷款利率的 1.5 倍标准计付至 2019 年 8 月 19 日止；以 403975 元为基数，从 2019 年 8 月 20 日起按照全国银行间同业拆借中心公布的一年期贷款市场报价利率的 1.5 倍标准计付至上述款项付清之日止）。

三、驳回黄某 1、黄某 2 的其他诉讼请求。

注：本案例选自（2021）粤 0111 民初 4690 号民事判决书

18. 离婚时，小孩抚养权的确定，法院主要考虑哪些因素？

父母与子女间的关系，不因父母离婚而消除。离婚后，子女无论是由父亲抚养还是由母亲抚养，仍是父母双方的子女，父母对子女仍有抚养、教育、保护的权利和义务。那么夫妻离婚时，关于小孩抚养权的确定，法院主要考虑哪些因素呢？

法律规定，离婚后，哺乳期内的子女，以随哺乳的母亲抚养为原则。哺乳期后的子女，如双方因抚养问题发生争执不能达成协议时，由人民法院根据子女和双方的具体情况判决。对于如何界定双方的具体情况，法院会根据个案情况综合考量，总的原则是：在处理子女抚养问题时，优先考虑子女的利益，从有利于子女的教育和健康成长角度进行判决。

根据《最高人民法院关于适用〈中华人民共和国民法典〉婚姻家庭编的解释（一）》第四十三条至第四十七条的规定，对离婚时小孩抚养权的适用规则总结如下：

一、对于两周岁以下子女的抚养

（一）两周岁以下的子女，一般随母方生活。

（二）母方有下列情形之一的，可随父方生活：

1.患有久治不愈的传染性疾病或其他严重疾病，子女不宜与其共同生活的；

2.有抚养条件不尽抚养义务，而父方要求子女随其生活的；

3.因其他原因，子女确无法随母方生活的。

（三）父母双方协议两周岁以下子女随父方生活，并对子女健康成长无不利影响的，可予准许。

二、两周岁以上，八周岁以下未成年子女的抚养

（一）父方和母方均要求随其生活，一方有下列情形之一的，可予优先考虑：

1.已做绝育手术或因其他原因丧失生育能力的；

2.子女随其生活时间较长，改变生活环境对子女健康成长明显不利的；

3.无其他子女，而另一方有其他子女的；

4.子女随其生活，对子女成长有利，而另一方患有久治不愈的传染性疾病或其他严重疾病，或者有其他不利于子女身心健康的情形，不宜与子女共同生活的。

（二）父方与母方抚养子女的条件基本相同，双方均要求子女与其共同生活，但子女单独随祖父母或外祖父母共同生活多年，且祖父母或外祖父母要求并且有能力帮助子女照顾孙子女或外孙子女的，可作为子女随父或母生活的优先条件予以考虑。

三、八周岁以上未成年子女的抚养，应考虑该子女的意见。

【法条指引】

《民法典》

第一千零八十四条　父母与子女间的关系，不因父母离婚而消除。离婚后，子女无论由父或者母直接抚养，仍是父母双方的子女。

离婚后，父母对于子女仍有抚养、教育、保护的权利和义务。

离婚后，不满两周岁的子女，以由母亲直接抚养为原则。已满两周岁的子女，父母双方对抚养问题协议不成的，由人民法院根据双方的具体情况，按照罪有利于未成年子女的原则判决。子女已满八周岁的，应当尊重其真实意愿。

【案例分享】

八周岁以上的孩子，法院可根据其意愿判决随父方或母方生活

— 基本案情 —

原告：徐某

被告：潘某

徐某、潘某系大学同学，双方于 2010 年确立恋爱关系，2011 年 9 月登记结婚，2013 年 11 月生育一子潘某 1。婚后，双方夫妻感情尚可，但后来双方因生活琐事发生矛盾，自 2019 年 10 月起分居。

2020 年 11 月，徐某向法院提起诉讼，要求离婚，未获得准许。

2021 年 8 月，徐某再次诉至法院，要求离婚，请求：1. 判决原告和被告离婚；2. 判令婚生子潘某 1 随原告共同生活，被告按月支付子女抚养费人民币 3000 元至儿子十八周岁；3. 依法分割夫妻共同财产。

审理过程中，原告徐某表示，原告与儿子潘某 1 沟通后，潘某 1 表示喜欢现在学校的老师和同学，想继续在现在的学校上学，想先跟爸爸住，以后再跟妈妈住。原告希望能够照料儿子，陪儿子成长，但原告尊重儿子的意愿，故在离婚案件中同意儿子随被告共同生活。如果儿子以后要求和母亲共同生活，原告再在充分尊重孩子意愿的基础上请求子女抚养权。

被告潘某辩称，被告同意离婚。被告要求孩子随被告共同生活，原告无需支付子女抚养费。

— 法院认为 —

法院认为，原告、被告确认夫妻感情已破裂，故原告要求离婚，法院予以支持。关于子女抚养问题，原告表示子女随被告共同生活，未违反法律规定，法院予以确认。被告表示，不要求原告支付子女抚育费，亦未违反法律规定，法院予以确认。关于财产处理问题，原告、被告在审理过程中确认的 ×× 路 ×× 号 ×× 室房屋、×× 路 ×× 弄 ×× 号 ×× 室房屋（含车位）、牌号鄂 A × × × × 车辆现有市场价格，并无不妥，法院予以确认。上海市浦东新区 ×× 路 ×× 号 ×× 室房屋、×× 路 ×× 弄 ×× 号 ×× 室房屋系原告、被告婚后所购买，应属夫妻共同财产，在本案中，当事人就双方各自的父母为双方购置房屋出资未作约定，其出资应认定为夫妻共同财产，原告、被告审理过程中确认的房屋现有市场价格，并无不妥，法院予以确认。原告名下牌号鄂 A × × × × 车辆一台属夫妻共同财产，归原告、被告各半

所有，原告、被告确认的车辆现有市场价格 75000 元，并无不妥，法院予以确认。原告、被告的联名账户内存款 225700 加币应属夫妻共同财产，应归原告、被告各半所有，被告要求多分，无法律依据，法院不予确认。原告继承的武汉市江岸区 ×× 路 ×× 号 ×× 栋 ×× 层 ×× 室房屋，胡某遗嘱明确写明由原告一人继承，故该房屋依法应归原告所有。原告继承的湖北省武汉市武昌区 ×× 街 ×× 路 ×× 号住宅楼 9 层（2）号房屋，原告表述归原告、被告各半所有，并无不妥，法院予以确认，因目前无法确认该房屋的市场价格，原告要求明确被告在该房屋中的份额，亦无不妥，法院予以确认。被告主张原告处有存款，因其未能提供确凿证据予以证实，故法院不予采信。

— 裁判结果 —

一、准许原告徐某与被告潘某离婚；

二、婚生子潘某 1 随被告潘某共同生活；

三、夫妻共同财产牌号鄂 A×××××　车辆一台归原告徐某所有，原告徐某于本判决生效之日起一个月内给付被告潘某 37500 元；

四、夫妻共同财产上海市浦东新区 ×× 路 ×× 号 ×× 室房屋及上海市 ×× 路 ×× 弄 ×× 号 ×× 室房屋（含车位）归被告潘某所有，被告潘某于本判决生效之日起一个月内给付原告徐某房屋折价款 8697536 元；

五、加拿大 RBC 银行存款 239412.18 加币，TD 银行存款 1377276 加币归原告、被告各半所有；

六、湖北省武汉市武昌区 ×× 街 ×× 路 ××、×× 号住宅楼 9 层（2）号房屋中原告、被告各占 50% 份额；

七、湖北省武汉市江岸区 ×× 路 ×× 号 ×× 栋 ×× 层 ×× 室房屋归原告所有。

注：本案例选自（2021）沪 0115 民初 77884 号民事判决书

19. 夫妻离婚后，哪些情况下可以要求变更抚养权？

夫妻感情可以结束，关系可以解除，但是父母与孩子的血缘关系无法断绝，即使夫妻双方离婚，父母对子女仍然负有抚养义务。那么，夫妻离婚后，哪些情况下可以变更抚养权呢？

一、无论是民政局登记离婚还是法院判决离婚，夫妻双方离婚后都可以对抚养权关系的变更进行协商，重新达成一致。

二、出现下列三种情况之一的，父方或母方均可以请求法院判令变更抚养权：

1. 如果孩子已满八周岁，孩子主动愿意跟随另一方生活，同时另一方也有抚养孩子能力的，另一方请求变更抚养权的，法院支持变更抚养权；

2. 直接抚养孩子的一方，因患有严重疾病或者伤残而无力抚养孩子的，另一方请求变更抚养权的，法院将予支持；

3. 直接抚养孩子的一方不尽抚养义务或者虐待孩子，或者存在孩子与其继续共同生活明显对孩子身心健康不利的情形，如抚养孩子一方有违法犯罪行为，另一方请求变更抚养权的，法院会支持变更抚养权。

【法条指引】

《最高人民法院关于适用〈中华人民共和国民法典〉婚姻家庭编的解释（一）》

第五十六条　具有下列情形之一，父母一方要求变更子女抚养关系的，人民法院应予支持：

（一）与子女共同生活的一方因患严重疾病或者因伤残无力继续抚养子女；

（二）与子女共同生活的一方不尽抚养义务或有虐待子女行为，或者其与子女共同生活对子女身心健康确有不利影响；

（三）已满八周岁的子女，愿随另一方生活，该方又有抚养能力；

（四）有其他正当理由需要变更。

第五十七条　父母双方协议变更子女抚养关系的，人民法院应予支持。

【案例分享】

马某乙诉马某甲变更抚养关系纠纷案

— 基本案情 —

原告：马某乙

被告：马某甲

马某乙与马某甲于 2013 年 10 月 28 日办理离婚手续，离婚协议书中明确婚生子马某丙（2005 年 1 月 9 日出生）由马某乙抚养，马某甲给付生活费每月 800 元至孩子年满十八周岁。2018 年国庆期间，马某乙因病在青海省人民医院住院治疗，住院期间检查出患有缺铁性贫血、痛风性关节炎等疾病，需住院治疗。马某甲为残疾人（视力残疾），残疾等级为二级。婚生子马某丙患有先天性疾病（肌无力），生活不能自理，需要有人时刻照顾。2020年5月21日，马某乙以其需住院治疗，暂时无力抚养照顾患病的孩子，在其住院治疗疾病期间，可暂由马某甲抚养照顾孩子，抚养费仍参照原协议执行，待其康复后仍由其抚养照顾孩子为由，向门源县人民法院提起诉讼，请求人民法院判令婚生子马某丙（2005年1月9日出生）由马某甲抚养，被告承担抚养费至孩子年满十八周岁。

马某甲辩称，双方在离婚时对抚养权、抚养费达成了协议，其本人为残疾人（视力残疾），残疾等级为二级，自身生活尚需人照顾，根本没有能力照顾孩子；而且其收入无保障，为了孩子能生活好一些，每月依然支付抚养费，无论从身体还是经济，其都没有能力抚养孩子。

— 法院认为 —

一审法院认为，因马某乙检查出患有缺铁性贫血、痛风性关节炎等疾病，需住院治疗，暂时无力抚养照顾患病的孩子。鉴于马某甲也是残疾人员，生活需要别人照顾，因此在马某乙住院治疗疾病之时，可暂由马某甲抚养照顾孩子，抚养费仍参照原协议执行，待马某乙康复后仍由其抚养照顾孩子。

一审判决婚生子马某丙（2005年1月9日出生）由马某甲抚养。

马某甲不服提出上诉。

— 裁判结果 —

婚生子马某丙由上诉人马某甲抚养，被上诉人马某乙每月支付抚养费1300元，于2020年11月开始至孩子年满十八周岁为止（抚养费共计33800元，一次性付清）。婚生子马某丙于2020年11月20日由被上诉人马某乙交由上诉人马某甲抚养。

注：本案例选自（2020）青22民终162号民事判决书

20. 协议离婚与法院调解离婚，有什么区别？

离婚是指夫妻双方解除婚姻关系，终止夫妻间权利和义务的法律行为。离婚方式有协议离婚和诉讼离婚两种，法院调解离婚属于诉讼离婚方式。协议离婚与法院调解离婚主要有以下几点区别：

一、协议离婚更快捷。如果双方协议离婚，要先到民政部门进行预约登记。经过一个月的"冷静期"后，双方就可以去办理离婚手续了。如果双方协议不成，则需要到法院提起离婚诉讼。诉讼离婚一般情况下需要聘请律师，需要到法院立案，立案后再由经办法官主持调解，调解成功可以由法院出具调解书；如调解不成，则需要开庭裁判，时间可能长达数月之久。

二、离婚协议和调解书的强制执行力不同。协议离婚时，当一方未按照登记离婚协议的约定履行义务时，另一方不能直接申请人民法院强制执行，而只能先向人民法院提起诉讼，待判决生效后方可申请法院强制执行；法院调解离婚的，一方不履行调解书上的义务时，另一方可以直接向人民法院申请强制执行。

【法条指引】

《民法典》

第一千零七十六条 夫妻双方自愿离婚的，应当签订书面离婚协议，并亲自到婚姻登记机关申请离婚登记。

离婚协议应当载明双方自愿离婚的意思表示和对子女抚养、财产以及债务处理等事项协商一致的意见。

第一千零七十七条 自婚姻登记机关收到离婚登记申请之日起三十日内，任何一方不愿意离婚的，可以向婚姻登记机关撤回离婚登记申请。

前款规定期限届满后三十日内，双方应当亲自到婚姻登记机关申请发给离婚证；未申请的，视为撤回离婚登记申请。

第一千零七十八条 婚姻登记机关查明双方确实是自愿离婚，并已经对子女抚养、财产以及债务处理等事项协商一致的，予以登记，发给离婚证。

第一千零七十九条第一款、第二款 夫妻一方要求离婚的，可以由有关组织进行调解或者直接向人民法院提起离婚诉讼。

人民法院审理离婚案件，应当进行调解；如果感情确已破裂，调解无效的，应当准予离婚。

【案例分享】

已办理协议离婚的离婚协议书具有法律效力

一基本案情一

原告：周某

被告：谷某

周某与谷某于 2016 年 8 月 29 日达成离婚协议后在耒阳市民政局登记离婚，离婚协议书中明确位于耒阳市的一套住房归周某所有。离婚后，谷某继续生活居住在该房内直至 2019 年 4 月份。后周某要求谷某配合变更房屋归属的合同事务时，谷某予以拒绝。故周某起诉至法院，请求法院：1. 判令被告谷某履行离婚协议义务，位于耒阳市的一套住房归原告周某所有；2. 由被告负担诉讼费。

法院经审理认定事实如下：原告、被告在耒阳市人民政府登记结婚后，生育女儿谷某 1 和儿子谷某 2。2011 年 7 月 19 日，原告、被告以被告谷某的名义向梁某购买了坐落于耒阳市的一套住房（尚未办理房屋权属证书）。2016 年 8 月 29 日，原告、被告达成离婚协议后在耒阳市民政局登记离婚。双方在离婚协议书中约定夫妻共同财产：位于耒阳市的一套住房归原告所有。

— **法院认为** —

法院认为，民事法律行为是民事主体通过意思表示设立、变更、终止民事法律关系的行为。原告、被告系完全民事行为能力人，双方签订的《离婚协议书》意思表示真实，不违反法律、行政法规的强制性规定，不违背公序良俗，合法有效，且双方已在耒阳市民政局办理了离婚登记，故按照离婚协议第三条的约定，位于耒阳市的一套住房应当归原告，但因该房屋没有办理房屋权属证书，原告、被告尚未完全取得该房屋的所有权，法院不宜在本案中处置房屋的所有权，只能判决该房屋归原告使用。

— **裁判结果** —

一、以被告谷某的名义于 2011 年 7 月 19 日向梁某所购的坐落于耒阳市的一套住房归原告周某使用；

二、驳回原告周某的其他诉讼请求。

注：本案例选自（2021）湘 0481 民初 7783 号民事判决书

第六章　继承篇

1. 分居状态下将房屋通过遗嘱方式留给儿子有效吗？

立遗嘱的形式和内容只要符合法律规定就有效。被继承人去世之前，继承人是不能依据遗嘱取得遗产的。而且，遗嘱中分配的财产必须是明确的个人财产，这样的遗嘱才有效，反之则可能无效。如有离婚情形，还需完成财产分割后再分配遗产，因为夫妻在婚姻关系存续期间所得的大部分财产，为夫妻的共同财产，归夫妻共同所有。

夫妻在分居但还未离婚的状态下，一方将房产通过遗嘱的方式留给儿子，如果房产是一方的个人财产（如系婚前取得），则该份遗嘱有效；如果房产是夫妻共同财产，因涉及一方处分了另一方的财产，则该份遗嘱无效。

【法条指引】

《民法典》

第一千一百二十一条　继承从被继承人死亡时开始。

相互有继承关系的数人在同一事件中死亡，难以确定死亡时间的，推定没有其他继承人的人先死亡。都有其他继承人，辈份不同的，推定长辈先死亡；辈份相同的，推定同时死亡，相互不发生继承。

第一千一百二十二条　遗产是自然人死亡时遗留的个人合法财产。

依照法律规定或者根据其性质不得继承的遗产，不得继承。

第一千一百二十三条　继承开始后，按照法定继承办理；有遗嘱的，按照遗嘱继承或者遗赠办理；有遗赠扶养协议的，按照协议办理。

第一千一百五十三条　夫妻共同所有的财产，除有约定的外，遗产分割时，应当先将共同所有的财产的一半分出为配偶所有，其余的为被继承人的遗产。

遗产在家庭共有财产之中的，遗产分割时，应当先分出他人的财产。

【案例分享】

婚前购房婚后夫妻共同还贷，分居后单方处分房屋无效

— 基本案情 —

原告：王某1

被告：王某2

王某1系立遗嘱人孔某某的母亲，王某2系孔某某的再婚妻子，孔某1系孔某某的父亲，孔某2系孔某某的儿子。2014年8月1日，孔某某在离异未再婚的状态下通过购买二手房的形式取得了位于昆明市×号房屋，房屋面积为95.87平方米。该房屋购买价格为763000元，首付款253000元，按揭贷款510000元。自2014年10月10日起每月归还贷款本息合计3593.11元，共计归还5年60期，归还房贷本息金额215586元（3593.11元×60期＝215586元）。该贷款自2019年10月10日开始没有按时归还，截至2022年7月10日，逾期尚未归还银行按揭贷款本金66979.51元、逾期尚未归还利息66007.95元，目前尚未归还银行贷款本金410899.18元。

2016年3月3日孔某某与王某2登记再婚，后因双方感情不和于2018年5月开始分居。2021年7月孔某某不幸查出胰腺癌晚期，2021年7月28日在见证人傅某及聂某在场见证的情况下，孔某某立下自书遗嘱，遗嘱表明属于其个人所有的坐落于昆明市×号房屋由母亲即原告王某1单独继承。后孔某某于2021年8月3日死亡。孔某某死亡后，原告王某1按照遗嘱内容办理继承，在办理房屋继承手续时被告王某2不同意，认为涉案房产属于夫妻共同财产。

后王某1将王某2起诉至法院，请求法院依法确认被继承人孔某某于2021年7月28日的自书遗嘱有效，确认坐落于云南省昆明市×号房屋为王某1所有。

王某2辩称：1.被继承人孔某某于2021年7月28日作出的自书遗嘱是无效的，夫妻双方一方死亡，另一方未经其他继承人的同意擅自处分夫妻另一方财产的，属于无权处分，该遗嘱无效。2.涉案的房产属于夫妻的共同财产，不属于被继承人的个人财产。本案中涉案的房屋系被继承人婚前购买，于2014年9月份登记在被继承人名下，王某2与被继承人孔某某于2016年的3月3日登记结婚，婚姻关系存续至今，王某2认为房屋属于夫妻共同财

产，属于共同共有，在没有约定份额的情况下除去首付款的剩余部分应属于
王某 2。王某 2 与被继承人的收入支出是混同的。王某 2 通过微信、支付宝、
信用卡等与被继承人发生诸多经济往来，共向被继承人转账了 340000 多元，
用于家庭开支、偿还房贷、公司经营。不仅如此，王某 2 还将婚前购买在西
双版纳的房屋，也变卖用于支持被继承人的事业，为家庭付出的心血及支付
所有的婚前的积蓄，为此该套房屋也是用于夫妻共同居住的唯一房产，王某 2
认为是属于夫妻的共同财产。

— 法院认为 —

《中华人民共和国民法典》规定：遗产是自然人死亡时遗留的个人合法财
产。继承开始后，按照法定继承办理；有遗嘱的，按照遗嘱继承或者遗赠办
理；有遗赠扶养协议的，按照协议办理。遗产第一顺序继承人是被继承人的
配偶、子女、父母；第二顺序继承人是兄弟姐妹、祖父母、外祖父母。同一
顺序继承人继承遗产的份额，一般应当均等。本案中，被继承人孔某某生前
留下遗嘱，本案遗产处理应当按照遗嘱进行继承。但被继承人遗嘱中处分的
财产，虽然系被继承人与王某 2 登记结婚之前购买，由于系按揭的房屋，双
方婚后存在按揭贷款的归还，婚后还贷部分应当视为被继承人与王某 2 的夫
妻共同财产。故被继承人遗嘱中涉及处分的房产其中部分属于夫妻共同财产，
涉及该部分财产被继承人系无权处分。关于夫妻共同财产部分的金额，法院
根据购买房屋的金额、婚后还贷的情况来确定王某 2 所占份额。

— 裁判结果 —

一、被继承人孔某某位于昆明市 × 号房屋一套由原告王某 1 继承该房屋
份额的 81.86%；由被告王某 2 享有该房屋份额的 18.14%；

二、驳回原告王某 1 的其他诉讼请求。

注：本案例选自（2022）云 0103 民初 7779 号民事判决书

2. 打印遗嘱的生效条件是什么？

随着电脑技术的普及，以打印的方式制作的遗嘱早已出现在审判实践当
中。《民法典》在原遗嘱形式基础上增加了关于打印遗嘱的规定。打印的文本
相较于笔墨书写的字迹更容易伪造或替换，按照规定，打印遗嘱应当有两个
以上见证人在场见证，遗嘱人和见证人应当在遗嘱的每一页上签名，并注明

年、月、日。

法律规定是在每一页上签名，但是为了谨慎起见，最好是由遗嘱人和见证人在签名上或旁边按上手印。因为随着时间的推移，每个人的签名可能会有变化，但指纹却是永远改变不了的。当然，为了保证遗嘱的效力，最好的方式是进行遗嘱公证。

【法条指引】

《民法典》

第一千一百三十六条 打印遗嘱应当有两个以上见证人在场见证。遗嘱人和见证人应当在遗嘱每一页签名，注明年、月、日。

第一千一百四十条 下列人员不能作为遗嘱见证人：

（一）无民事行为能力人、限制民事行为能力人以及其他不具有见证能力的人；

（二）继承人、受遗赠人；

（三）与继承人、受遗赠人有利害关系的人。

【案例分享】

打印遗嘱符合法定形式，法院确认有效

一基本案情一

原告：白某甲

被告：白某乙、白某丙

原告白某甲与被告白某乙、白某丙系同胞兄弟姐妹。被继承人白某与焦某婚后生育子女三人，即白某甲、白某乙、白某丙。涉案房屋位于西安市××路××幢××号，系单位房改房，登记在白某名下。2020年5月2日，白某去世，生前未留遗嘱。白某去世后，原告将母亲焦某接到自家赡养。

2020年11月15日，程某、刘某、池某在白某甲家中对焦某立遗嘱一事进行见证，由池某录像，刘某询问，程某宣读遗嘱打印文稿。录像中，刘某询问焦某："现在等于就是你要把你的房子给白某甲，你愿意不？"焦某回答"愿意"，随后程某向焦某宣读遗嘱内容。宣读完毕后，刘某称"阿姨识字，阿姨你看吧，他念完你再看一遍吧"。程某询问焦某"就是你那套房子，归白某甲"，焦某回答"哦，白某甲"，程某询问"这个房子归白某甲"，焦某称"我耳背，你说大声点"，程某凑近询问："你这个房子，归白某甲，是吧？"焦某回答"嗯"。程某继续询问："你以后的这个存折、退休金还有以后的丧

葬费，均由白某甲支配？"焦某回答"嗯"，随后在打印遗嘱上签名捺印，并注明年、月、日。该份打印遗嘱内容为："本人焦某，80 岁，我和丈夫白某（于 2020 年 5 月 2 日去世）有一套住房，地址在 ×× 路 ×× 小区 ×× 号楼 1203 室，该房产中依法应当属于我本人所有的部分，在我身后归长子白某甲所有。本人退休金存折由长子白某甲保管。我身后的退休金余额、丧葬补助费、死亡补偿金以及其他应得费用，均由白某甲领取和支配，除用于我的丧事费用外，如有剩余归其所有，如有不足亦由其承担。上述遗嘱为本人自愿作出，是本人内心真实意思的表示。"

2021 年 1 月 31 日，焦某病逝。后原告、被告对遗产分配发生争执，协调无果，原告起诉至法院，要求按照遗嘱分割遗产。

白某乙辩称，同意按照母亲焦某生前遗愿执行，母亲在世时说过房屋交给白某甲继承，对此认可无异议，同意将母亲焦某的遗产份额交由白某甲继承；但父亲白某的遗产份额，白某乙有权主张分割。

白某丙辩称，原告起诉继承纠纷，但诉讼请求属于确认之诉，应予驳回。录像中，见证人读遗嘱时，老人打岔，说明其没有在听遗嘱内容，老人也称耳背听不见，签字时老人长时间内没有写下日期，见证人反复说明，老人仍将数字写错，说明老人意识不清，见证人拿着老人的手指按手印，并非老人自己捺印，该遗嘱是原告授意安排的，遗嘱无效，应按法定继承处理，原告应不分或少分遗产。父母生前一直由白某丙照顾，白某乙住得远，白某甲称工作忙，都不愿意照顾父母，白某丙因长期劳累患脑梗死，留下后遗症。父亲去世后，原告强行将母亲接走，母亲多次住院，意识已经模糊。白某丙尽到主要赡养义务，应当多分遗产。

— 法院认为 —

根据法律规定，自然人可以立遗嘱处分个人财产，遗嘱包括自书遗嘱、代书遗嘱、打印遗嘱、录音录像遗嘱、公证遗嘱，在危急情况下也可立口头遗嘱；打印遗嘱应当有两个以上见证人在场见证，遗嘱人和见证人在遗嘱上签名，注明年、月、日；以录音录像形式立的遗嘱，应当有两个以上见证人在场见证，遗嘱人和见证人应当在录音录像中记录其姓名或者肖像，以及年、月、日。被继承人焦某于 2020 年 11 月 15 日立下遗嘱，焦某和三名见证人在打印遗嘱上签名并注明年、月、日，现场进行了录音录像，记录了焦某和见证人的肖像，遗嘱有效。

涉案房屋系白某与焦某的夫妻共同财产，白某生前未留遗嘱，该房屋有

50% 份额为白某的遗产，应归配偶焦某、儿女白某乙、白某甲、白某丙继承分配，另 50% 份额属于焦某所有。焦某立遗嘱将该房屋中的自有部分给白某甲，故白某甲享有该房产 75% 的份额。为有利于生产和生活需要，不损害遗产效用，该房屋应归白某甲继承所有，白某甲应向白某乙、白某丙支付财产折价补偿款。

— 裁判结果 —

一、位于西安市 ×× 路 ×× 幢 ×× 号房屋归原告白某甲继承所有；

二、本判决生效之日起十日内，原告白某甲向被告白某乙支付财产折价补偿款 50000 元；

三、本判决生效之日起十日内，原告白某甲向被告白某丙支付财产折价补偿款 80000 元。

注：本案例选自（2022）陕 0104 民初 3995 号民事判决书

3. 只要放弃遗产继承就一定不用清偿债务吗？

不一定。继承人必须在继承开始后、遗产分割前，以书面形式对遗产管理人或者其他继承人作出放弃继承的表示。一般情况下，放弃继承则无需承担被继承人的债务；但是，在可能发生道德风险或者放弃继承后将不利于被继承人的遗产管理，会损害其他债权人的合法利益时，法院则可能要求其配合查明遗产情况后，才承认其放弃继承权。

在被继承人遗产情况不明、债权人难以举证被继承人的遗产情况下，若放弃继承的继承人是法定顺序继承人，且他是最了解遗产情况的继承人，是需要配合法院查明遗产情况的。所以在这种情况下，即使继承人放弃继承权，法院亦可能不予认可。另外，若重大遗产在继承人的管理下，继承人也就更有义务妥善管理被继承人的遗产，有必要采取措施防止遗产毁损、灭失，处理好被继承人的债权债务。如果仅仅因为继承人声明放弃继承遗产，便不再承担任何责任，则有可能发生道德风险，不利于保护债权人的合法权益，法院就会不予承认其放弃继承权。

【法条指引】

《民法典》

第一千一百二十四条第一款　继承开始后，继承人放弃继承的，应当在遗产处理前，以书面形式作出放弃继承的表示；没有表示的，视为接受继承。

第一千一百六十一条 继承人以所得遗产实际价值为限清偿被继承人依法应当缴纳的税款和债务。超过遗产实际价值部分，继承人自愿偿还的不在此限。

继承人放弃继承的，对被继承人依法应当缴纳的税款和债务可以不负清偿责任。

【案例分享】

继承人放弃继承遗产无效，仍需承担清偿债务

— 基本案情 —

原告：曹某

被告：何某、蒋某某

被告何某是被继承人蒋某（村支书）的妻子，被告蒋某某是蒋某、何某夫妻俩之子。2022 年 6 月 29 日，蒋某打电话给村民原告曹某，以乡村振兴购买波纹管需要资金支付货款为由，向曹某借 50000 元，并称乡村振兴专款不久将到账，承诺到账后马上还款。原告曹某通过手机银行转账 50000 元到蒋某的银行账号，转账备注"采购款"。

后来曹某起诉蒋某、何某还款，在法院受理案件后蒋某病逝，蒋某第一顺序继承人有何某、蒋某某，为此曹某变更本案被告为何某、蒋某某，诉讼请求为：判令何某、蒋某某偿还曹某借款本金 50000 元。诉讼过程中，何某、蒋某某书面声明放弃继承蒋某的遗产。

被告何某、蒋某某辩称，对本案债务不知情，无法分辨债务真假，同时声明放弃继承蒋某的遗产。

— 法院认为 —

曹某陈述蒋某以需要资金支付购买乡村振兴所需材料为由向曹某借款，曹某转款时也备注"采购款"，蒋某去世前为村书记，足以认定蒋某以付货款为由向曹某借款 50000 元。《中华人民共和国民法典》第一千零六十四条规定："夫妻双方共同签名或者夫妻一方事后追认等共同意思表示所负的债务，以及夫妻一方在婚姻关系存续期间以个人名义为家庭日常生活需要所负的债务，属于夫妻共同债务。夫妻一方在婚姻关系存续期间以个人名义超出家庭日常生活需要所负的债务，不属于夫妻共同债务；但是，债权人能够证明该债务用于夫妻共同生活、共同生产经营或者基于夫妻双方共同意思表示的除

外。"何某陈述不知晓该笔借款，也不认可该笔借款用于家庭日常生活。曹某提交的证据不能够证明本案债务用于何某夫妻共同生活、共同生产经营，该笔借款不是何某夫妻的共同债务。曹某诉请蒋某的继承人偿还借款，本案为被继承人债务清偿纠纷。

蒋某生前系完全民事行为能力人，其个人借贷产生的债务应当由其个人承担，蒋某已去世，《中华人民共和国民法典》第一千一百六十一条第一款规定："继承人以所得遗产实际价值为限清偿被继承人依法应当缴纳的税款和债务。超过遗产实际价值部分，继承人自愿偿还的不在此限。"诉讼过程中，何某、蒋某某表示放弃继承遗产。但目前被继承人遗产情况不明，债权人举证证明被继承人遗产情况较为困难，何某、蒋某某作为被继承人的第一顺序继承人，对被继承人是否存在遗产及遗产范围、种类、数量等情况最为了解，更需要两被告配合查明遗产情况。且何某、蒋某某陈述何某夫妻在某小区有夫妻共同所有的房屋由俩被告管理，何某、蒋某某有义务妥善管理好被继承人的遗产，采取必要措施防止遗产毁损、灭失，处理好被继承人的债权债务。在目前情况下，如果仅仅因为被告声明放弃继承遗产，便不再承担任何责任，则有可能发生道德风险，不利于保护债权人的合法权益。

— 裁判结果 —

何某、蒋某某于本判决生效后十日内，以被继承人蒋某遗产实际价值为限偿还曹某 50000 元。

注：本案例选自（2022）湘 1026 民初 1377 号民事判决书

4. 遗赠的生效前提是什么?

遗赠的生效前提是遗嘱有效。第一，因为遗赠属于遗嘱里面的赠与内容，所以要想遗赠生效，前提是有效的遗嘱，而遗嘱的成立要符合法定的形式和要求才能生效；第二，接受遗赠需要受遗赠人作出明确的表示，而且是在受遗赠人应当知道受遗赠后六十日内，如果默认则视为放弃遗赠；这里与遗产继承相反，继承中默认则视为接受继承。

另外，隔代继承其实也体现在遗赠里面，比如祖父母在遗嘱里想将部分遗产给予孙子女，其实这是遗赠，因为孙子女并不在法定继承顺序里，也体现了继承的意义是促进家庭团结互助、养老育幼，所以隔代亲属不在法定继承顺序里，隔代继承属于遗赠。

【法条指引】

《民法典》

第一千一百二十三条 继承开始后，按照法定继承办理；有遗嘱的，按照遗嘱继承或者遗赠办理；有遗赠扶养协议的，按照协议办理。

第一千一百二十四条 继承开始后，继承人放弃继承的，应当在遗产处理前，以书面形式作出放弃继承的表示；没有表示的，视为接受继承。

受遗赠人应当在知道受遗赠后六十日内，作出接受或者放弃受遗赠的表示；到期没有表示的，视为放弃受遗赠。

【案例分享】

从遗赠角度看待法与情

一基本案情一

原告：刘某 3、梁某

被告：刘某 1

梁某和刘某年系夫妻关系，婚后生育长子刘某 1、次子刘某 2。刘某 1 与吴某结婚，育有一女一子，两子女均已参加工作。刘某 1、吴某已于 2004 年 1 月 9 日经诉讼调解离婚。刘某 2 与周某结婚，生育刘某 3。刘某 2 与周某于 2006 年离婚。刘某 2 已于 2007 年死亡，周某与刘某 3 现在佛山市生活居住。刘某年于 2021 年 4 月 21 日死亡，梁某由周某、刘某 3 照顾，并被安排在佛山市某颐养院安享晚年。

307 房位于湛江，系集资房，由刘某年 1999 年 1 月 8 日取得单位颁发的该住房所有权证。2020 年 12 月 11 日，刘某年、梁某亲笔书写《房屋遗产继承协议》并在其上签名按指模确认，见证人梁某 1 亦签名并按指模予以见证。

刘某 1 目前右侧肢体肌力 0 级，生活不能自理，需要长期护理照顾。因刘某 1 原先居住房屋楼层较高，每次外出看病均需请人背上背下，花费较高，为减少不必要的支出，自 2021 年 5 月起，其前妻吴某将刘某 1 安置在 307 房居住。刘某 1 子女在外地务工，刘某 1 现由前妻吴某照顾。

后来刘某 3、梁某向法院起诉，请求：判令刘某 1 返还 307 房。

刘某 3 称：梁某和刘某年共有两套房，一套房 104 房，另一套房即 307 房。梁某、刘某年和刘某 2 在 307 房居住，104 房则给了刘某 1。由于刘某年年事已高，梁某体弱无法照顾，故经常麻烦周某回湛江照顾刘某年。刘某年生病期间的护理费、营养费等均由我母亲周某支付。2020 年 12 月 11 日，刘某年、梁某签订《房屋遗产继承协议》，二人将 307 房交由我继承。2021 年 4 月 21 日，刘某年因病不治离世。刘某年的身后事均由我和母亲周某共同操办，刘某 1 及其子女均未出席。

刘某年、梁某已立遗嘱将 307 房的份额由刘某 3 继承。现刘某年已故，理应按遗嘱继承，307 房的所有权应为我和梁某共同共有。

刘某 1 辩称：1. 刘某 3 的父亲刘某 2 患病期间及去世后，均由刘某年和梁某照顾。刘某 3 当时系大学四年级学生，无能力赡养刘某年和梁某。刘某年和梁某两人均有退休金和医保，且刘某 1 的医保卡此前亦由刘某年和梁某使用，直至我中风入院。2. 2020 年 11 月 21 日刘某年和梁某住院，我也因中风住院，不可能照顾刘某年和梁某。3. 根据民法典规定，遗嘱应当有两个或以上见证人在场证明，遗产受益人不应作为见证人。4. 因我居住的房屋太高，每次外出看病均需请人背上背下，花费不必要的资金，现因病无法工作，工资已经减少，其后的治疗费必然持续增加，故搬到 307 房居住。梁某为痴呆老人，根本无法多次催促刘某 1 搬出 307 房，明显是刘某 3 的母亲利用痴呆老人名义起诉刘某 1。

— 法院认为 —

本案案件争议焦点为：1.《房屋遗产继承协议》是否合法有效。2. 刘某 3 与梁某请求刘某 1 返还 307 房能否得到支持。

一、关于《房屋遗产继承协议》是否合法有效的问题。根据《中华人民共和国民法典》第一千一百三十三条第三款的规定，刘某年、梁某于 2020 年 12 月 11 日立下《房屋遗产继承协议》，根据视频、照片及见证人梁某 1 的证言可知，该协议是刘某年亲笔书写，并由刘某年、梁某签名按指模确认，符合遗嘱的实质要件，可以认定该遗嘱是两人的真实意思表示。由于刘某年已经死亡，涉及刘某年遗产的遗嘱部分产生了法律效力。307 房属于刘某年和梁某的共同财产，两人未约定具体的财产份额，依法刘某年、梁某各享有 50% 的份额。刘某 3 请求继承 307 房中属于刘某年的 50% 份额，于法有据，法院予以支持。

二、关于刘某 3、梁某请求刘某 1 返还 307 房能否得到支持的问题。根据《中华人民共和国民法典》第二百三十条的规定，刘某 3、梁某对 307 房依法享有相应的权利。刘某 1 并非 307 房的所有权人，其未经权利人同意，本无权在 307 房居住。但刘某 3 自幼父母离异，父亲又早早离开人世，其能长大成人并完成学业，少不了刘某年、梁某的呵护关爱。周某与刘某 2 离婚后，与刘某年、梁某本无亲属关系，但其却在二人年老体衰之时担负起安置照料老人的责任。吴某也与刘某 1 离异，在刘某 1 中风瘫痪之后，其不离不弃承担了照顾义务。刘某年一家各有不幸，但万幸家庭成员都能敬老爱幼、互相帮助，中华民族的优良传统美德"仁爱孝悌"在这个家庭中得到传承和发扬。刘某 1 目前病情严重，因病后收入减少，后续治疗费用较高。吴某将刘某 1 安置在 307 房居住，其本意是为了减轻刘某 1 负担、减少不必要的支出。梁某与刘某 3 系刘某 1 至亲，作为母亲的梁某以及作为侄女的刘某 3，在刘某 1 遇到重大变故时更应帮扶。现梁某由周某、刘某 3 安置在佛山养老院安享晚年，刘某 3 亦在外地工作生活，二人目前并无使用居住 307 房的紧迫需求。将 307 房暂留给刘某 1 居住，对刘某 1 的帮扶比利用 307 房收取租金的意义更为重大。若强制刘某 1 返还 307 房，既不利于刘某 1 病情的恢复，也不利于维护家庭的和谐。虽然在这里遗赠有效，但是因为考虑到《民法典》原则和继承的意义，法律不仅要保护当事人的合法权益，更需维护和谐文明的家庭关系，所以法院在遗赠有效的前提下，对遗赠的内容予以合理安排并无不当。

— 裁判结果 —

一、位于湛江市 × 路 × 号的 307 房属于被继承人刘某年 50% 的份额由原告刘某 3 继承。

二、驳回原告刘某 3、梁某的其他诉讼请求。

注：本案例选自（2021）粤 0803 民初 2063 号民事判决书

5. 遗赠扶养协议中要注意哪些问题？

遗赠扶养协议需要扶养人按约定完成遗赠人的生养死葬事宜，义务履行完成后才能得到约定的遗产。首先要注意的是，遗赠扶养协议的对象是继承人以外的人，因为继承人本身就有法定赡养义务。若遗赠人有配偶或者法定继承人的情况下，建议均在该协议上签名以尊重其知情权，以免后续产生纠纷。其次，在财产继承中如果各种继承方式并存，应首先执行遗赠扶养协议，然后才是遗嘱和遗赠，最后才是法定继承。因此遗赠扶养协议一定要签订书面协议，如有可能建议进行公证。最后，对于遗赠扶养协议，双方均有任意解除权，但解除时需要对扶养人给予相应的补偿；如扶养人无正当理由不履行义务，导致协议解除，其支付的供养费一般可以不予补偿。

【法条指引】

《民法典》

第一千一百二十三条 继承开始后，按照法定继承办理；有遗嘱的，按照遗嘱继承或者遗赠办理；有遗赠扶养协议的，按照协议办理。

第一千一百四十四条 遗嘱继承或者遗赠附有义务的，继承人或者受遗赠人应当履行义务。没有正当理由不履行义务的，经利害关系人或者有关组织请求，人民法院可以取消其接受附义务部分遗产的权利。

第一千一百五十八条 自然人可以与继承人以外的组织或者个人签订遗赠扶养协议。按照协议，该组织或者个人承担该自然人生养死葬的义务，享有受遗赠的权利。

【案例分享】

儿媳孙子不尽扶养义务，遗赠扶养协议被判解除

— **基本案情** —

原告：王某甲

被告：王某乙、何某某

王某甲与丈夫刘某生育三个子女，即儿子王某丁、大女儿王某戊、小女儿刘某某，何某某系王某丁前妻，王某乙系王某丁之子。刘某于 2009 年 11 月 9 日去世，王某丁于 2017 年 11 月 5 日去世。

位于 × 区 × 楼房登记在王某甲名下，王某甲一直在此院北楼居住。王某甲明确何某某与其儿子王某丁离婚后，带着王某乙搬出去居住。2020 年 11 月 2 日，王某甲与王某乙、何某某签订《遗赠扶养协议》，载明：遗赠人王某甲丈夫刘某于 2009 年 11 月 9 日去世，儿子王某丁（系王某乙的父亲、何某某的前夫）于 2017 年 11 月 5 日去世，王某甲与丈夫刘某共有三个子女，分别为儿子王某丁、女儿王某戊和女儿刘某某。遗赠人夫妻二人曾于 2001 年 7 月共同订立《房产分配明细》（遗嘱），遗嘱第一项为西安市 × 区 × 楼一层、二层共四间半房产在二人去世后均由儿子王某丁继承。现为解决王某甲养老送终问题，与王某乙、何某某协商一致，自愿达成以下协议：上述房产（南楼四间半，建筑面积 89 平方米，在王某甲名下）现归遗赠人王某甲个人所有，王某戊和刘某某声明对此无异议，予以认可。遗赠人今后的日常生活起居在内的生养死葬义务由王某乙和何某某母子二人共同负担，即扶养人王某

乙、何某某保证继续悉心照顾遗赠人，让老人安度晚年，至遗赠人去世之前供给生活水平保持西安市平均水平以上，遗赠人的饮食起居一切照顾由王某乙、何某某承担，遗赠人去世后由王某乙、何某某负责送终安葬。

王某乙、何某某在王某甲处居住期间买菜的钱也是王某甲出，王某甲患有糖尿病，一天要吃几顿饭，但王某乙、何某某一天只做一顿饭，导致王某甲经常挨饿。

后王某甲向法院提起诉讼，请求：依法解除双方于 2020 年 11 月 2 日签订的《遗赠扶养协议》。

王某甲称：王某乙系我孙子，何某某系我儿媳，何某某与儿子王某丁于 1994 年离婚，孙子与儿媳一起生活。老伴刘某于 2009 年 11 月 9 日去世，儿子王某丁于 2017 年 11 月 5 日去世，我因年事已高，行动不便，需要人长期照顾，为解决养老送终问题，我与王某乙、何某某于 2020 年 11 月 2 日签订《遗赠扶养协议》，今后的日常起居、生养死葬由他们共同负担，位于 × 区 × 楼一层、二层四间半房产赠给王某乙。协议签订后，王某乙、何某某未悉心照顾我，何某某一天只给我做一顿晚饭，提前炒一个菜作为第二天的午饭，我经常吃不饱饭。何某某于 2021 年 4 月搬走后让王某乙来陪我住，但王某乙只是晚上回来住一晚，第二天一大早就去上班，对我也不闻不问。何某某 2021 年 7 月 11 日中午给我炒了个菜就走了，说以后不来管我了，房子也不要了，孙子王某乙第二天走后也再没有回来过。我因身体不好多次住院治疗，住院期间王某乙、何某某未到医院照看我，都是我的女儿轮流照顾。王某乙、何某某不履行《遗赠扶养协议》约定的义务，应解除双方之间的《遗赠扶养协议》。

— 法院认为 —

公民可以与扶养人签订《遗赠扶养协议》。按照协议，扶养人需承担该公民生养死葬的义务，享有受遗赠的权利。本案中，王某甲与王某乙、何某某签订的《遗赠扶养协议》，系双方真实意思表示，内容不违反法律规定，双方均应按照协议约定履行自己的义务。该协议中明确约定了王某乙、何某某应悉心照顾王某甲饮食起居，保持西安市平均水平的生活供给。依据王某甲提交的证据，能够证明王某乙、何某某未按照《遗赠扶养协议》的要求履行约定义务，并于 2021 年 7 月搬离王某甲住处，不履行扶养义务，且在王某甲生病住院期间亦未履行扶养义务。现王某甲主张解除与被告之间的《遗赠扶养协议》，事实清楚，于法有据。

— 裁判结果 —

原告王某甲与被告王某乙、何某某签订的《遗赠扶养协议》予以解除。

注：本案例选自（2021）陕 0104 民初 14543 号民事判决书

6. "养子女、继子女"有继承权吗，遗产怎么分配？

养子女和继子女是享有继承权的，但有前提条件。《中华人民共和国收养法》出台后，养子女要满足收养条件，办理收养手续，养父母与养子女之间形成实质的收养关系。养子女与生父母的父母子女关系因收养关系成立而消除，养子女无权继承生父母的遗产，只有权继承养父母的遗产。

继子女有没有继承权分两种情况：一、如果父母再婚时，继子女已经成年，继子女与继父母之间没有抚养关系的，那么继子女没有继承权；二、如果是未成年，且继父母与继子女之间形成了抚养关系的，那么该继子女就有继承权。养子女、继子女在满足继承条件的情况下，都是第一顺序继承人。遗产在法定继承的情况下一般是均分，但是也可以视继承人具体情况少分或者多分。

【法条指引】

《民法典》

第一千一百三十条 同一顺序继承人继承遗产的份额，一般应当均等。

对生活有特殊困难又缺乏劳动能力的继承人，分配遗产时，应当予以照顾。

对被继承人尽了主要扶养义务或者与被继承人共同生活的继承人，分配遗产时，可以多分。

有扶养能力和有扶养条件的继承人，不尽扶养义务的，分配遗产时，应当不分或者少分。

继承人协商同意的，也可以不均等。

《最高人民法院关于适用〈中华人民共和国民法典〉继承编的解释（一）》

第十一条第一款 继子女继承了继父母遗产的，不影响其继承生父母的遗产。

【案例分享】

继承人同时有养子女、继子女如何进行遗产分配

—基本案情—

原告：邱某甲、邱某乙

被告：罗某甲、罗某乙、罗某丙

蔡某、罗某系夫妻，二人共同拥有黄石市 × 区 × 路 54 号房屋，原告邱某甲、邱某乙是被继承人蔡某与前夫的养子女，被告罗某甲、罗某乙、罗某丙是被继承人罗某与前妻的子女。

被继承人蔡某系黄石市某公司退休职工，其与前夫邱某婚后未生育子女。双方收养一女取名邱某乙；随后，又收养蔡某姐姐的儿子取名邱某甲。蔡某夫妇未办理养子女的收养登记手续。邱某去世后，蔡某和罗某于 1990 年登记结婚，二人在婚姻关系存续期间未生育子女。被告罗某甲（长子）、罗某乙（三子）、罗某丙（四子）以及罗某某（次子，已去世）系被继承人罗某与前妻生育的儿子。罗某于 2004 年 9 月 10 日去世。蔡某于 2017 年 1 月 5 日去世。

被继承人蔡某与罗某登记结婚时，二原告与三被告均已成年。2004 年，被继承人罗某因病去世后，被继承人蔡某与被告罗某甲的前儿媳一起生活，共同居住在 54 号房屋。2015 年，原告邱某甲将被继承人蔡某送至托老中心居住生活，托管费用从蔡某养老金中支付。蔡某去世后，由罗某甲、罗某乙、罗某丙负责将其安葬于罗家祖坟。

原告邱某甲、邱某乙向法院提起诉讼，请求：判决确认二原告共同享有被继承人蔡某、罗某位于黄石市 × 区 × 路 54 号房产 62.5% 的遗产继承份额。

被告罗某甲、罗某乙、罗某丙辩称：1. 二原告与蔡某不是母子、母女关系，对于诉争房产没有合法的继承权；2. 二原告所诉争的房产系集资房，该房建成后罗某缴纳了房款，现该房产登记在罗某名下，应属于罗某的个人财产；3. 蔡某一直与罗家人一起生活，并由罗家人照顾、赡养；4. 二原告诉请享有被继承人蔡某、罗某位于黄石市 × 区 × 路 54 号房产 62.5% 的遗产继承份额于法无据。

—法院认为—

本案中，原告、被告双方争议的焦点主要在于：1. 原告、被告对蔡某的遗产是否享有继承权；2. 本案所涉房产是否属于被继承人蔡某、罗某的夫妻共同财产。

关于二原告及三被告对蔡某的遗产是否享有继承权的问题。《中华人民共和国继承法》第十条规定：遗产按照下列顺序继承：第一顺序：配偶、子女、父母；第二顺序：兄弟姐妹、祖父母、外祖父母；继承开始后，由第一顺序继承人继承，第二顺序继承人不继承。没有第一顺序继承人继承的，由第二顺序继承人继承。本法所说的子女，包括婚生子女、非婚生子女、养子女和有扶养关系的继子女。二原告均陈述系邱某、蔡某的养子女。《中华人民共和国收养法》第十五条规定，收养应当向县级以上人民政府民政部门登记。收养关系自登记之日起成立。可见我国成立收养关系以登记为原则，但是收养法系 1992 年 4 月 1 日起施行，此时二原告均已成年，因此该法不适用于本案，不作为认定二原告与邱某、蔡某是否构成收养关系的依据。在我国《收养法》施行之前，法律未强制规定收养的成立以登记为要件，在这种情况下，收养关系是否成立以是否构成事实收养关系确定，这需要审查邱某、蔡某是否作出收养邱某乙、邱某甲为养子女的意思表示。从原告提供的证据看，二原告系邱某、蔡某之养子女，享有对蔡某的遗产的继承权。三被告是否享有蔡某的遗产的继承权的问题。在蔡某与三被告之父罗某结婚时，三被告均已成年并成家，并没有与继母蔡某共同生活，蔡某进入养老院后产生的费用也是由其自己承担的。因此，依据法律规定，三被告不享有其继母蔡某遗产的继承权。

关于第二项争议焦点。三被告辩称 54 号房屋系其父亲罗某单位的集资房，该房屋于 1989 年建成，且罗某于房屋建成后交纳了购房款，该房屋应为罗某的个人财产。根据庭审查明的事实，本案所涉 54 号房屋的购房协议书系罗某与蔡某登记结婚后，以罗某个人名义签订的，该房屋产权证书取得于罗某与蔡某婚后，故法院认定该房屋应为被继承人罗某与蔡某的夫妻共同财产，被继承人罗某、蔡某各自享有该房屋 50% 的产权。由于二原告与被继承人罗某之间不存在扶养关系，故被继承人罗某去世后，蔡某与三被告作为被继承人罗某的第一顺序法定继承人可依法按份继承罗某享有的 50% 房屋产权，即蔡某依法享有 54 号房屋 62.5% 的产权份额（50% + 50% ÷ 4），三被告各自享有该房屋 12.5% 的产权份额。由于三被告与被继承人蔡某之间不存在扶养关系，故被继承人蔡某去世后，二原告作为其第一顺序法定继承人可依法按份继承蔡某对该房屋享有的产权份额。因此，法院对于二原告要求确认其共同享有被继承人蔡某、罗某名下 54 号房产 62.5% 的遗产继承份额的诉讼请求予以支持。

— 裁判结果 —

一、被继承人蔡某的遗产即位于黄石市 × 区 × 路 54 号房屋（产权证号：9×× 私 55606）的 62.5% 产权份额，由原告邱某甲、邱某乙共同继承；被继承人罗某的遗产即位于黄石市 × 区 × 路 54 号房屋的 37.5% 产权份额，由被告罗某甲、罗某乙、罗某丙共同继承；

二、驳回原告邱某甲、邱某乙的其他诉讼请求。

注：本案例选自（2017）鄂 0202 民初 2492 号民事判决书

7. 口头遗嘱的生效条件有哪些?

遗嘱一般有自书遗嘱、代书遗嘱、打印遗嘱、录音录像形式立的遗嘱、口头遗嘱、公证遗嘱等类别。口头遗嘱要想有效必须满足一些条件，并不是被继承人随口一说就可认定为口头遗嘱。口头遗嘱生效必须满足下列条件：1. 情况非常紧急，无法订立其他遗嘱，只能订立口头遗嘱（这就说明被继承人订立口头遗嘱是迫不得已，可能是我们常见的在生命最后一刻，已经来不及通过代书等方式订立遗嘱了）；2. 有两个以上见证人在场见证，见证人必须满足《民法典》的相关规定，如是有完全民事行为能力的成年人，与立口头遗嘱的人没有利害关系等；3. 危险消除之后，当事人无法再订立其他形式的遗嘱，如立口头遗嘱人已经昏迷不醒了等。如果当事人在危险消除后，具备以其他形式立遗嘱的条件时，则口头遗嘱无效。

【法条指引】

《民法典》

第一千一百三十八条　遗嘱人在危急情况下，可以立口头遗嘱。口头遗嘱应当有两个以上见证人在场见证。危急情况消除后，遗嘱人能够以书面或者录音录像形式立遗嘱的，所立的口头遗嘱无效。

【案例分享】

律师做的《调查笔录》被判不具有遗嘱的效力

— 基本案情 —

原告：孙某乙

被告：孙某甲、赵某

被继承人孙某生前与被告赵某系夫妻关系，二人婚后育有一女，即被告孙某甲。孙某母亲为赵某某，父亲为原告孙某乙。

被告赵某与被继承人孙某结婚后，购买了苏州市 × 路 × 号 203 房，房屋登记产权人为赵某，建筑面积 66.19 平方米，该房屋市场价值为 70 万元。2008 年 3 月 10 日，孙某因病去世。赵某和孙某经营出租车一辆，登记所有人为苏州某汽车出租有限公司，2015 年 4 月，赵某和案外人徐某各支付一半购车款，购买了新的出租车，2015 年 8 月 26 日赵某支付了该车辆经营权有偿使用费 6000 元（为一半），双方议价确定该一半车辆的市场价值为 25 万元，现孙某名下的半辆车由赵某出租管理。

因财产继承的问题，原告孙某乙将赵某和孙某甲起诉至法院，请求继承孙某 203 室房屋以及挂靠在苏州某汽车出租有限公司的出租车半辆。

在诉讼中，孙某甲、赵某向法院提交了"调查笔录"一份，主张根据"调查笔录"，应由孙某甲继承被继承人孙某的上述遗产。该"调查笔录"记载时间为 2008 年 3 月 6 日，地点为苏州某医院消化科住院部，调查人为江苏某律师事务所律师张某、记录人为同所律师廖某，被调查人为孙某，孙某表达内容主要如下："我现在清楚地，也能正确表达我的意思""我现在得了肝腹水带癌，我想在生前对我自己的合法财产进行分配处理，并希望得到你们律师的帮助""我现在与妻子共有两套房子，一是 × 街 × 号 203 室，产权房，户主是赵某，第二套是 × 路 20 号，房卡房，房卡上的名字是我孙某的，我还有半辆出租车，车牌号为苏 E×××××，是我和徐某两人对半共有的""我把我自己的财产都留给我的女儿孙某甲。另外 × 区 × 幢 401 室是我父母亲的财产，我母亲已过世，我继承母亲的那部分财产也留给我的女儿孙某甲"。该"调查笔录"下方有"孙某"签字字样，并由证人谢某签字。

— 法院认为 —

公民私有财产的继承权受法律保护。继承开始后，按照法定继承办理，有遗嘱的，按照遗嘱继承。苏州市 × 街 × 号 203 室房屋系被告赵某与被继承人孙某婚后取得，属夫妻共同财产，其中孙某所有的份额应作为其遗产进行继承。

孙某甲、赵某主张根据"调查笔录"由孙某甲继承孙某的遗产，但从其形式来看，其非代书遗嘱，实为调查笔录，两位律师未在笔录下方签字，张某律师亦不确认首部是否其签字；从其内容来看，该调查笔录对孙某的财产范围进行了询问，但在场人谢某表示谈话具体内容不清楚，只知道孙某说将自己的财产全部给女儿，至于他有多少财产不知道，其反映的内容表明其并未对调查全过程进行见证。综上，该"调查笔录"不符合代书遗嘱的法定要件，赵某、孙某甲要求按遗嘱继承的抗辩意见法院不予采纳。赵某、孙某甲在孙某生前与其共同生活，且前述"调查笔录"毕竟反映了被继承人孙某的生前愿望，故本案双方当事人作为孙某第一顺序法定继承人在继承其遗产时，赵某、孙某甲可适当多分。

分割遗产应本着有利于生产和生活需要、不损害遗产效用的原则，不宜分割的遗产，可采取折价、适当补偿或按份共有等方法处理，本案所涉房屋不宜实物分割，考虑房屋管理使用状况，故该房屋归赵某、孙某甲所有较为妥当，但其应给付孙某乙相应的折价补偿款。

苏 E×××××出租车一辆虽部分权利来源于被继承人孙某生前，但实际购于 2015 年，赵某于 2015 年交纳了相应的购买款项和经营权有偿使用费，原审法院结合该车辆的由来、赵某对该车辆的付出和长期管理使用、该一半车辆目前双方议定的市场价值，确定该一半车辆的权利义务归赵某、孙某甲，但其应给付孙某乙相应的折价补偿款，法院根据上述情况酌情确定数额。

— 裁判结果 —

一、苏州市 × 街 × 号 203 室房屋归赵某、孙某甲所有，赵某、孙某甲于判决生效之日起十五日内给付孙某乙折价补偿款人民币 87500 元；

二、苏 E×××××出租车半辆的权利义务归赵某、孙某甲所有，赵某、孙某甲于判决生效之日起十五日内给付孙某乙该车辆补偿款人民币 24030 元。

赵某、孙某甲不服提起上诉。二审法院判决：驳回上诉，维持原判。

注：本案例选自（2016）苏 05 民终 3082 号民事判决书

8. 放弃继承后可以反悔吗？

是可以反悔的。如果继承人在放弃继承后反悔，首先可以与其他继承人协商，如其他继承人一致同意其撤销放弃继承声明，则可以仍按原各自份额继承；如不能协商一致，则需经人民法院根据具体理由决定是否同意其撤销放弃继承声明。在遗产处理前，将由法院决定是否可以恢复继承遗产。因为在遗产处理前，还没将遗产进行分配，所以这个时候要求恢复继承遗产还是来得及的，但是由于继承人是自己放弃继承，所以法院需要根据弃权一方提出恢复继承的理由进行判断，从而决定其是否可以继续参与遗产分割。遗产处理结束之后反悔，要求重新分割遗产的，将不会获得法院支持。

【法条指引】

《民法典》

第一千一百二十四条 继承开始后，继承人放弃继承的，应当在遗产处理前，以书面形式作出放弃继承的表示；没有表示的，视为接受继承。

受遗赠人应当在知道受遗赠后六十日内，作出接受或者放弃受遗赠的表示；到期没有表示的，视为放弃受遗赠。

【案例分享】

签订了《声明》放弃继承又反悔，被法院判决败诉

一 基本案情 一

原告：龚某1

被告：龚某2、龚某3、龚某4

龚某某与欧某某于1953年登记结婚，后生育了四个子女：龚某1、龚某2、龚某3和龚某4。1989年5月，龚某某与欧某某离婚。离婚后，欧某某购买了位于湛江市×区×路B1号房屋。2006年5月12日，欧某某在香港高等法院申请《遗嘱检验认证证明书》，内容为："我，欧某某，特此取消以前的所有遗嘱和遗嘱处理，特此声明这是我最后的遗嘱。我声明我居住在香港特别行政区，根据香港特别行政区的法律作出此最后的遗嘱。我指定我的儿子龚某3作为此最后遗嘱的执行人。将我名下在香港九龙×街16号12楼C室的物业给龚某3绝对拥有使用权和收益。我签署此遗嘱作为立遗嘱的女人，我在认证人面前办理认证，并且签名如下：欧某某。见证人1香港特别行政区××律师事务所律师黄某某，见证人2律师李某某。"2006年11月5日，欧某某在香港因病经治疗无效死亡。2007年3月23日，香港特别行政区××律师事务所俞律师、连律师出具《声明书》，谨以至此郑重声明：本人亲身见证的龚某3先生，在集友银行副主管黎某某先生及在本人面前打开欧某某女士之保险箱，并在保险箱内提取了附件4的正本。附件4内容为："龚某1、龚某2、龚某3、龚某4：从2006年5月份起我身后一切事务由龚某3处理，我在香港的存款龚某3本人一定拥有100万，这是我最大心愿，其他存款由龚某3处理，已交代百姓楼我送给龚某1，由龚某1办理过户手续，另外在我存款里给10万给龚某结婚。"同时，香港特别行政区××律师事务所连

律师出具《遗嘱检验认证证明书》。

事后，龚某 3 清理欧某某去世后遗留的财产有：1. 湛江市 × 区 × 路 B1 号房屋一套；2. 在香港银行存款港币 3615036.90 元。2007 年 2 月 27 日，龚某 1 立具一份声明，内容为：母亲欧某某于 2006 年 11 月过世，依香港法例，经香港遗产税务署监证下，开启母亲在香港集友银行个人保险箱检视记录，在记录清单第八条是母亲于 2006 年 5 月 12 日在母亲亲笔写下最后一份遗嘱将湛江市 × 区 × 路 B1 号整栋楼给我本人龚某 1 继承，现我考虑到母亲所生子女不是我个人，姐兄四人每人都应有份继承，为此我个人放弃整栋楼的继承，认为母亲在 2003 年 7 月 25 日最初定下的房产分配遗嘱合理，姐兄每人都有份，为此我要求按母亲于 2003 年 7 月 25 日的房产分配方案，更不追究母亲遗产执行人龚某 3 的分配责任。同日，龚某 2 也出具一份声明，内容为：1. 我同意母亲在 2003 年 7 月 25 日房产分配遗嘱书的分配方案；2. 我同意将母亲的灵位从一楼迁请上五楼供奉；3. 我会尽我能力维护母亲留下的基业完好、安全，兄弟姐妹互相照顾、和平共处。2007 年 4 月 13 日，龚某 1 与龚某 2、龚某 3、龚某 4 经协商后共同签署了声明，内容为：母亲欧某某去世前曾有遗嘱将湛江市 × 区 × 路 B1 号物业交龚某 1，但龚某 1 放弃继承。现按母亲于 2003 年 7 月 25 日定下的房产分配遗嘱书执行由四姐弟共同继承。经四姐弟商议决定按母亲于 2006 年 8 月 11 日与龚某 4 签下的交易协议，将此栋产业有条件作价 300000 元卖给龚某 4 使用，然后将楼款由四姐弟平均分配。龚某 4 要求楼款在母亲分给龚某 4 的遗产中扣除。每名子女可分得 75000 元。今后关于湛江市 × 区 × 路 B1 号母亲的产业，如果龚某 4 违反与母亲定下的交易条件导致物业被外姓人员强霸或拥有，其他子女有权将物业收回。楼价按当时母亲定下的 300000 元扣除龚某 4 分得 75000 元及交易当日起至收回日止之期间全栋楼的租金后，余下的楼款交还龚某 4 本人或子女。同日，龚某 1、龚某 2、龚某 4 分别出具了收据，内容为：母亲欧某某去世后在香港所有的遗产按香港法院统计总数为 3630336.90 港币。除物业外，扣除律师办理遗产转移证书所需的费用港币 15300 元，剩余实数 3615036.90 港币，现由四姐弟平均分配各得 903759.22 港币，另外 B1 号物业楼款 300000 港币四姐弟平均分配各得 75000 港币，以上两项遗产合计港元 980634.22 港币。本人要求执行人龚某 3 将该笔分给我的遗产由香港汇到中国工商银行湛江市分行各人名下的账户里。如果汇到国内出现问题，一切后果与龚某 3 无关，以此收据为依据和法律责任。事后，各人收取了龚某 3 通过香港银行支付的遗产分配款各为 980634.22 元。

2012 年 3 月 24 日，龚某 3 回湛江清明祭祖时，将有香港特别行政区 ×× 律师事务所连律师见证章《声明书》等遗嘱继承原本交付给龚某 1。因此，龚某 1 认为在 2007 年 2 月 27 日龚某 3 交付的遗嘱见证书是没有律师盖章确认的，其错误认为母亲欧某某亲笔签名将湛江市 × 区 × 路 B1 号整栋楼给龚某 1 继承的遗嘱无效，龚某 2、龚某 3、龚某 4 的行为欺骗了龚某 1。

龚某 1 于 2012 年 5 月 4 日向法院提起诉讼，请求判令：1. 撤销龚某 1、龚某 2、龚某 3、龚某 4 于 2007 年 4 月 13 日签订的声明；2. 确认欧某某名下的位于湛江市 × 区 × 路 B1 号房屋由龚某 1 继承；3. 本案诉讼费由龚某 2、龚某 3、龚某 4 负担。

— **法院认为** —

本案中，龚某 1 在其母亲欧某某去世后于 2007 年 2 月 27 日写的声明及 2007 年 4 月 13 日龚某 1 与龚某 2、龚某 3、龚某 4 共同签署声明，明确表示自愿放弃对湛江市 × 区 × 路 B1 号房屋的继承权，上述声明是龚某 1 的真实意思表示且没有违反法律规定，应当认定合法有效。龚某 1 认为该声明是在被欺骗的情况下作出的，但未能提供相应证据予以证实，根据最高人民法院《关于贯彻执行〈中华人民共和国继承法〉若干问题的意见》第五十条"遗产处理前或在诉讼进行中，继承人对放弃继承翻悔的，由人民法院根据其提出的具体理由，决定是否承认。遗产处理后，继承人对放弃继承翻悔的，不予承认"的规定，龚某 1 与龚某 2、龚某 3、龚某 4 共同签署的声明，并非在重大误解或者显失公平的情况下订立的，且各方当事人也不具有主观恶意，并不属于可以撤销的法定情节。因此，对于龚某 1 要求撤销声明及确认涉案房产由其继承的诉讼请求，明显缺乏事实和法律依据，故不予支持。

— **裁判结果** —

驳回龚某 1 的诉讼请求。

注：本案例选自（2014）湛中法民一终字第 422 号民事判决书

9. 存在多份遗嘱，继承时如何处理？

在《民法典》出台前，我国法律规定是以公证遗嘱具有最强效力。继承开始后，有遗嘱的，按照遗嘱继承或者遗赠办理；没有遗嘱的，按照法定继承办理。遗嘱人以不同形式立有数份内容相抵触的遗嘱，其中有公证遗嘱的，以所立公证遗嘱为准；没有公证遗嘱的，以最后所立的遗嘱为准。

《民法典》出台后，如果遗嘱人立有多份遗嘱的，继承人需要按照最后一份遗嘱来继承财产。当多份遗嘱在内容上存在冲突时，应以最后一份遗嘱为准，公证遗嘱并没有更高的效力。

【法条指引】

《民法典》

第一千一百二十三条　继承开始后，按照法定继承办理；有遗嘱的，按照遗嘱继承或者遗赠办理；有遗赠扶养协议的，按照协议办理。

第一千一百四十二条　遗嘱人可以撤回、变更自己所立的遗嘱。

立遗嘱后，遗嘱人实施与遗嘱内容相反的民事法律行为的，视为对遗嘱相关内容的撤回。

立有数份遗嘱，内容相抵触的，以最后的遗嘱为准。

【案例分享】

存在多份遗嘱怎样分配遗产

— 基本案情 —

原告：曲某 1

被告：曲某 2、曲某 3、曲某 4、曲某 5

原告曲某 1 与被告曲某 2、曲某 3、曲某 4、曲某 5 为同胞兄弟姐妹，被继承人赵某某与曲某某系夫妻，生有 5 个子女，即本案原告和被告。2013 年 2 月 15 日，赵某某去世；2017 年 11 月 6 日，曲某某去世；二人之父母早于二人去世。

2002 年 8 月，曲某某按照房改政策购买 705 号房屋，房屋所有权登记在曲某某名下。

2010 年 4 月 29 日，曲某某立下自书遗嘱，大意为："你们都是爸爸妈妈身边的好孩子，你们都为咱们幸福和谐的家庭做出了最大努力和贡献……我俩百年之后，财产作如下分配，这是爸爸妈妈共同商量决定的，必须这样做，不能有任何变更。一、我们居住的 705 号房产，这是曲某 1 用他工龄买断后的收入购置的，这所房子就归曲某 1 所有。二、曲某 1 现在居住某区村的两居室，那是大儿媳单位分配的房屋，产权永远归大儿媳。三、我手中尚有部分储蓄……四、我手中还有小部分金首饰……五、对于家中剩下的东西不值钱了，由你们姐弟商量处理。"落款有曲某某签名及印章并注明日期、赵某某签字及印章。

2012 年 7 月 12 日，曲某某立下自书遗嘱，大致意见为"现住 × 区 × 里 10 号楼 705 房产属于自有房产，在我们老两口离世后，此房产归大儿子曲某 1 继承"。落款有曲某某签名及印章并注明日期、赵某某签字及印章。

2014 年 10 月 21 日，曲某某自书《房屋产权遗嘱》，大意为"房屋产权坐落在 705 号。百年之后，此房归我大儿子曲某 1 继承"。落款有曲某某签名并注明日期。

2015 年 2 月 9 日，曲某某自书《关于房屋产权赠与遗嘱》，大意为"将我现住在 × 区 × 里 10 号楼 705 号房产赠与我大儿子曲某 1"。落款有曲某某签名并注明日期。

2017 年 8 月 11 日，曲某某自书《我的遗嘱》，大意为"10 号楼 705 号按现居住面积的 50% 售价归姐弟平均分配，下余部分 50% 归曲某 1 所有"。落款有签名并注明日期。

2018 年 6 月 10 日，原告、被告一起商谈后在曲某 1 爱人韩某某手写的《卖房收入分配协议》上签字，协议大意为"同意将 705 号房屋产权过户到曲某 1 名下；房屋出售的房款净值扣除出售房屋产生的税费和曲某 1 购房时支付的购房款 6.4 万元及利息 6.4 万元，按 50% 归曲某 1，剩余 50% 五个子女再按每人 10% 分配……"

后原告、被告对分配款项产生争议，曲某 1 向法院提起诉讼，请求：判决位于 × 区 × 里 10 号楼 705 号房屋由原告继承 65%，剩余均分。

— 法院认为 —

遗产是公民死亡时遗留的个人合法财产。705 号房屋系曲某某和赵某某婚姻期间购买，应为夫妻共同财产。

自书遗嘱由遗嘱人亲笔书写、签名，注明年、月、日。继承开始后，按照法定继承办理；有遗嘱的，按照遗嘱继承或者遗赠办理。遗嘱人以不同形式立有数份内容相抵触的遗嘱，其中有公证遗嘱的，以最后所立公证遗嘱为准；没有公证遗嘱的，以最后所立的遗嘱为准。夫妻在婚姻关系存续期间所得的共同所有的财产，除有约定的以外，如果分割遗产，应当先将共同所有的财产的一半分出为配偶所有，其余的为被继承人的遗产。本案中，被继承人生前立有数份遗嘱，应以最后一份即 2017 年 8 月 11 日遗嘱为准。但因 705 号房屋为曲某某和赵某某的共同财产，曲某某无权处分赵某某的遗产份额。

本案继承开始后，继承人于 2018 年 6 月 10 日签署卖房收入分配协议，应为权利人对涉案房屋的分配达成了合意，合意内容不违反法律、行政法规的强制性规定，应属有效。曲某 1 尽义务较多，本可多分遗产，但考虑协议已对各自份额进行约定，不宜变更。曲某 2 等不认可，但未提交有效证据，不予采纳。据此认定，曲某 1 继承涉案房屋的 60% 份额，曲某 2、曲某 3、曲某 4、曲某 5 每人继承 10%。

本案对于 705 号房屋的分配，各方当事人同意按份共有并相互协助办理房屋权属转移登记手续，法院对此不持异议；但继承份额以法院确认的为据，超出部分不予支持。

— 裁判结果 —

一、位于 × 区 × 里 10 号楼 705 号房屋由曲某 1 继承 60%、曲某 2 继承 10%、曲某 3 继承 10%、曲某 4 继承 10%、曲某 5 继承 10%，各继承人相互协助办理房屋权属转移登记手续（于本判决生效之日起十日内履行）；

二、驳回原告的其他诉讼请求。

注：本案例选自（2020）京 0106 民初 11691 号民事判决书

10. 假离婚后有什么风险？

日常生活中因限购买房、贷款和躲避债务等多种理由而假离婚的现象层出不穷，用这种投机取巧的行为来逃避法规和政策是有风险的，该风险体现在遗产继承和财产分割中。

首先，假离婚后会失去遗产继承资格。《民法典》规定，配偶、子女、父母为第一顺序继承人。离婚后，如果原配偶过世留下巨额财产，但本人因离婚导致丧失了继承人身份，其也就失去了继承权。

其次，假离婚可能存在无法分割共同财产的风险。如在假离婚时，双方在离婚协议书中约定了放弃财产的权利，后来想争回财产，在没有足够证据的情况下，法院一般也不予支持。

总而言之，假离婚后会导致当事人很多权益得不到保障，一定要三思而后行。

【法条指引】

《民法典》

第一千一百二十七条第一款　遗产按照下列顺序继承：

（一）第一顺序：配偶、子女、父母；

（二）第二顺序：兄弟姐妹、祖父母、外祖父母。

第一千一百五十三条　夫妻共同所有的财产，除有约定的外，遗产分割时，应当先将共同所有的财产的一半分出为配偶所有，其余的为被继承人的遗产。

遗产在家庭共有财产之中的，遗产分割时，应当先分出他人的财产。

【案例分享】

假离婚后再主张财产分割被判败诉

—基本案情—

原告：刘某

被告：陈某

原告刘某与被告陈某于 × 年 × 月 × 日登记结婚，婚后未生育子女。刘某与前夫育有一子李某，陈某与前妻育有一子。刘某与陈某夫妻关系存续期间，于 2017 年 4 月 18 日购买凯迪拉克小型汽车一辆，登记在原告名下；2018 年 10 月 11 日，车辆转移登记在被告名下。结婚前，被告名下中国民生银行账号尾号 8833 的银行存款为 5854.01 元，离婚时的存款为 35757.06 元，两者之差为 29903.05 元。2017 年 5 月 5 日至 2018 年 3 月 18 日，被告陈某通过手机微信转账和银行转款的方式向原告儿子李某转款 18 次共计 106542 元。2018 年 7 月，被告陈某向广发银行分期产品财智金贷款 41000 元。2018 年 11 月 26 日，原告、被告在安宁市民政局登记离婚，双方签订的离婚协议载明："由于双方在日常生活中性格不合，导致夫妻感情破裂，无法继续共同生活，双方协商一致同意协议离婚，并就有关事宜达成如下协议：1. 男女双方自愿离婚；2. 双方婚后无共同生育子女；3. 双方婚后无共同财产；4. 双方婚后无共同债权债务。"另查明，某公司法定代表人为陈某之子，被告陈某系该公司股东。

刘某提出，原告、被告双方担心原告的儿子对外产生的债务影响到家庭生活，遂双方办理"假离婚"，双方约定两年后再复婚。现在被告陈某不同意复婚，因此原告刘某向法院起诉要求分割财产，其诉讼请求为：1. 判令凯迪拉克牌小型轿车归被告所有，该车现有价值 220000 元，被告补偿原告 110000 元；2. 判令平均分割在陈某名下的夫妻共同财产 29903.05 元，即被告向原告支付 14951.53 元；3. 判令被告承担本案的所有诉讼费用。

被告陈某辩称，原被告签订的《离婚协议》明确双方婚后无共同财产、无共同债权债务。因为该车是陈某负债购买所得，不存在刘某未分到共同财产的事实。该车于 2017 年 4 月 18 日购买登记，是以首付 30%、按揭抵押贷款 70% 的方式购买所得，而 30% 的首付款又是用被告婚前的个人所得比亚迪 G3 折价 2.8 万元置换，另外加上 49700 元，凑够 77700 元来支付的，而剩下的 70% 的购车款是以原告名义办理按揭抵押贷款 18.13 万元给付，因银行和中介涉嫌欺诈行为，经报警处理，撤销抵押贷款合同，并由被告陈某个人向某公司贷款 18 万元，付清车款，并于 2017 年 5 月 4 日解除原告刘某与银行的抵押贷款合同。此外，2017 年 12 月份，应原告要求，由被告陈某作为担保保证人，夫妻二人共同向某公司借款 7 万元及夫妻共同存款 36540 元，共计 106540 元，用于替她儿子李某归还其某农村信用社的借款本息，鉴于该车负债 18 万元及她的儿子负债 10 万余元，共计负债 28 万元，至今未能偿还的事实，所以离婚时双方做了抵销，最终明确为无共同财产和无债权债务的特别约定。综上所述事实及理由，原告主张的分割该车的价值补偿金的事实不存在。

— 法院认为 —

法律上不存在"假离婚"。根据《最高人民法院关于适用〈中华人民共和国婚姻法〉若干问题的解释（二）》第九条"男女双方协议离婚后一年内就财产分割问题反悔，请求变更或者撤销财产分割协议的，人民法院应当受理。人民法院审理后，未发现订立财产分割协议时存在欺诈、胁迫等情形的，应当依法驳回当事人的诉讼请求"的规定，本案中双方签订离婚协议至原告起诉时已经超过一年，且原告并无相关证据证明离婚协议在订立时存在欺诈、胁迫等情形。《最高人民法院关于适用〈中华人民共和国婚姻法〉若干问题的解释（二）》第八条："离婚协议中关于财产分割的条款或者当事人因离婚就财产分割达成的协议，对男女双方具有法律约束力。当事人因履行上述财产分割协议发生纠纷提起诉讼的，人民法院应当受理。"2018 年 11 月 26 日，原被告双方在安宁市民政局登记离婚，并达成离婚协议，双方均在离婚协议上签名捺印。双方当事人在离婚时都是具有完全民事行为能力的公民，应当知晓签订离婚协议的法律后果。该离婚协议系双方当事人对自己民事权利作出的处分，是真实意思的表示，且内容未违反国家法律、行政法规的强制性规定，是合法有效的，对双方均具有约束力，双方均应当按照协议约定履行义务。

法院确认原被告双方在婚姻关系存续期间事实上存在共同财产：凯迪拉克小型汽车一辆，存款 29903.05 元；共同债权：向原告儿子李某转款 106542 元；共同债务：向广发银行分期产品财智金贷款 41000 元。但是，原告知晓婚姻关系存续期间购买汽车，也应当知晓是否有存款，原告、被告双方在签署离婚协议时依然约定"3. 双方婚后无共同财产；4. 双方婚后无共同债权债务"。被告辩称鉴于对原告儿子李某享有 10 万余元债权等原因，对夫妻共同财产、共同债权债务作了抵销，法院予以采信。因此，法院不再对双方的夫妻共同财产、共同债权债务予以分割。

— 裁判结果 —

驳回原告刘某的全部诉讼请求。

注：本案例选自（2020）云 0181 民初 288 号民事判决书

11. 继承人之间是如何分配遗产的？

在没有遗嘱、遗赠、遗赠扶养协议的情况下，按照法定继承，同一继承顺序人是均等分配；特殊情况下份额可以不均等。法律规定的特殊情形：一、对生活有特殊困难缺乏劳动能力的继承人，应当予以照顾；二、对被继承人尽了主要扶养义务或者与被继承人共同生活的继承人，分配遗产时，可以多分；三、有扶养能力和扶养条件的继承人，不尽扶养义务的，分配遗产时，应该不分或少分；四、继承人协商同意不均等分配的。

另外，丧偶儿媳对公婆，丧偶女婿对岳父母尽了主要赡养义务的，可以作为第一顺序继承人继承遗产。这一规定是鼓励人们承担起赡养老人的责任，发挥了家庭的社会功能，也体现了权利义务一致的原则。

【法条指引】

《民法典》

第一千一百二十三条　继承开始后，按照法定继承办理；有遗嘱的，按照遗嘱继承或者遗赠办理；有遗赠扶养协议的，按照协议办理。

第一千一百二十九条　丧偶儿媳对公婆，丧偶女婿对岳父母，尽了主要赡养义务的，作为第一顺序继承人。

第一千一百三十条 同一顺序继承人继承遗产的份额，一般应当均等。

对生活有特殊困难又缺乏劳动能力的继承人，分配遗产时，应当予以照顾。

对被继承人尽了主要扶养义务或者与被继承人共同生活的继承人，分配遗产时，可以多分。

有扶养能力和有扶养条件的继承人，不尽扶养义务的，分配遗产时，应当不分或者少分。

继承人协商同意的，也可以不均等。

【案例分享】

丧偶儿媳赡养公婆，可分得遗产

—基本案情—

原告：刘某、张某 1

被告：张某 2

被继承人张某慧和张某清，他们生前生育长子张某 4 和长女张某 2，刘某与张某 4 系夫妻关系，张某 1 系刘某与张某 4 之子。张某 4 与其妻子刘某 2008 年购有一套房屋。刘某与其丈夫张某 4 于 1982 年结婚后与其父母张某慧、张某清一起居住生活至 2022 年 3 月，其间张某慧、张某清曾在张某 2 居住的某市旅游或居住过。2019 年 5 月，市精神文明建设指导委员会曾授予刘某家庭为凌源市文明家庭（2018 年度）称号。

张某 4 于 2020 年 5 月 24 日在医院病故，张某慧、张某清于 2022 年 3 月 1 日在家中病故。张某慧原系退休干部，其病故后工作单位确认应发放抚恤金 178928 元，丧葬费 16974 元。张某清病故后，由社会保险局确认应发放抚恤金 32292 元，丧葬补助金 7176 元。张某 2 因病未能参与处理张某慧、张某清殡葬事宜，张某慧、张某清去世后由刘某、张某 1 办理丧葬事宜并进行了火化，并实际支出丧葬费用合计 17283 元。现张某慧、张某清骨灰盒寄存在殡仪馆。

后原告、被告就分割财产产生争议，原告向法院提起诉讼，请求：依法分割刘某与丈夫张某 4（已故）夫妻共有财产楼房一处（价值约 50 万元）；依法分割因刘某公婆（张某慧、张某清）病故所得的丧葬费及抚恤金合计约 21 万元。

张某 2 辩称：1.我有权对房产予以多分。刘某夫妇购买案涉房屋时出资 30 万，其中 17 万元来自我父母的出资，该 17 万元相应计入房屋份额后分割。

我对张某慧、张某清尽了主要赡养义务，对享有的财产份额部分可以予以多分。而刘某、张某1未对张某慧、张某清支付任何养老费用，生活费用均由其自身退休金支付。张某慧、张某清病危期间看病等支出大部分也是由我支出。反观刘某在张某慧、张某清在家昏迷后未送医，导致两人在家中同一天去世。2. 我有权对张某慧、张某清病故所得的抚恤金予以多分。抚恤金不应按遗产处理，但为避免多次诉讼，我同意在本案中一并处理。3. 丧葬费是安葬死者而支出的费用，是实际支出的费用，应当是给实际支付人的，不存在继承的问题。4. 在张某慧、张某清去世后，刘某恶意侵占了张某慧、张某清退休金7万余元。

— 法院认为 —

刘某作为被继承人张某慧、张某清的儿媳，对其公婆尽了主要的赡养义务，应当作为第一顺序继承人享有继承权；张某4作为被继承人张某慧、张某清的长子先于被继承人死亡，其子张某1享有代位继承权；张某2作为被继承人张某慧、张某清的长女亦为第一顺序继承人享有继承权，刘某、张某4夫妇与其父母张某慧、张某清共同生活并对其尽了主要扶养义务，分配遗产时，可以多分。

对于张某4与其配偶刘某共同共有的财产住宅房屋一套，双方对其房屋现价值50万元已达成一致意见，法院予以确认。依照《民法典》继承编的相关规定，张某4享有涉案住宅房屋25万元的份额应当作为张某4的遗产，应由其父母张某慧、张某清与其配偶刘某及其长子张某1同为第一顺序继承人按照分配比例继承。本案中张某慧、张某清所继承张某4的遗产份额为125000元，张某1应继承遗产份额为62500元，刘某应继承的遗产份额为62500元。被继承人张某慧、张某清去世后，其长女张某2及对被继承人尽了主要赡养义务的儿媳刘某、代位继承人张某1为第一顺序继承人。刘某应继承遗产的份额为5万元（40%），张某1应代位继承其父张某4的遗产份额为5万元（40%），张某2应继承遗产份额为25000元（20%）。鉴于房屋已经登记为刘某、张某4共同共有，且张某1、张某2所占该房屋继承份额较小，按照遗产分割需要有利于生产和生活需要的原则，该房屋应归刘某所有，张某1、张某2应继承的份额由刘某向其支付相应的折价款予以补偿。

关于抚恤金的分配问题虽不属于遗产，但张某2在审理过程中表示同意一并进行分配，法院为避免多次诉讼，可依法进行分配。其分配原则可参照《民法典》继承编的相关规定，在第一顺序继承人中进行分配，分配时应综合考量权利人与死者共同生活的紧密程度、与死者的经济依赖程度、生活状况及其对日后生活的影响程度等因素予以确定。因为刘某夫妇婚后即与张某慧、张某清一起共同生活，并对其父母尽了主要赡养义务，张某慧、张某清生病期间也主要由刘某夫妇照顾。综合以上因素，法院酌定刘某应分得抚恤金。

— 裁判结果 —

一、原告刘某与其配偶张某 4（已故）共同共有的住宅房屋为原告刘某所有，原告刘某支付 112500 元给原告张某 1，支付 25000 元给被告张某 2；

二、张某慧、张某清抚恤金 211220 元，其中抚恤金 168976 元归原告刘某所有，抚恤金 42244 元归被告张某 2 所有；

三、张某慧、张某清的丧葬费 24150 元，其中丧葬费 17283 元归原告刘某、张某 1 所有，丧葬费 6867 元归被告张某 2 所有。

注：本案例选自（2022）辽 1382 民初 1407 号民事判决书

12. 遗弃被继承人后还可以分家产吗？

如果继承人真心悔改并获得被继承人的原谅，是可以恢复继承资格继承遗产的。但像杀害被继承人这种极其恶劣、挑战法律底线的行为，丧失继承权的继承人是不会恢复其继承资格的。

【法条指引】

《民法典》

第一千一百二十五条　继承人有下列行为之一的，丧失继承权：

（一）故意杀害被继承人；

（二）为争夺遗产而杀害其他继承人；

（三）遗弃被继承人，或者虐待被继承人情节严重；

（四）伪造、篡改、隐匿或者销毁遗嘱，情节严重；

（五）以欺诈、胁迫手段迫使或者妨碍被继承人设立、变更或者撤回遗嘱，情节严重。

继承人有前款第三项至第五项行为，确有悔改表现，被继承人表示宽恕或者事后在遗嘱中将其列为继承人的，该继承人不丧失继承权。

受遗赠人有本条第一款规定行为的，丧失受遗赠权。

【案例分享】

舅舅起诉侄女欲获继承权，被判败诉

— 基本案情 —

原告：李某1、李某2

被告：吕某

李某华有同胞兄弟姐妹五人，分别为李某之（已去世）、李某1、李某兰（已去世）、李某芳（已去世）、李某2。李某耀系李某之之子，李某静系李某1之女。李某华与吕某某于1957年再婚，婚后未生育子女，吕某某与前妻育有一女吕某，吕某在吕某某与前妻离婚后在其外婆家生活，8岁左右与吕某某和李某华共同生活直至成年。

2009年2月20日，吕某某因病去世。同年5月19日，吕某诉至法院，要求分割吕某某遗产。2009年7月15日，法院作出调解书，后李某华于2009年8月19日前将房屋折价款66000元支付给吕某。

2009年吕某生父吕某某去世后，吕某与李某华分开生活，后二人往来较少。李某华患有高血压病、脑梗、结肠炎、肾脏病等病症。2011年11月18日至2021年5月2日期间，李某华十五次入医院住院治疗。2021年5月2日，李某华因病去世。吕某未参与处理李某华的丧葬事宜。

两原告认为，他们与被继承人李某华系姐弟关系，系其第二顺位继承人。2009年，吕某某去世后两月，吕某即起诉李某华分割吕某某遗产，此后双方再无往来。李某华于2021年5月2日去世，在此12年间吕某未对李某华尽任何赡养义务，已丧失对李某华遗产的继承权。因此，原告向法院提起诉讼，请求：1. 确认被告对李某华遗产不享有继承权；2. 被告承担本案诉讼费用。

— 法院认为 —

法院认为，被继承人李某华生前未生育子女，其父母、丈夫均先于其死亡。争议焦点为继女吕某对李某华的遗产是否享有继承权，关键在于吕某与李某华之间是否形成扶养关系。

扶养关系一般可以从继父母对未成年的继子女履行了抚养义务，继子女对继父母履行了赡养义务等方面考虑。李某华与吕某某再婚时，吕某年仅两岁，其在8岁左右即与李某华夫妻共同生活直至成年，李某华对吕某尽了较大的抚养教育义务。吕某成年至2009年其生父吕某某去世期间，吕某与李某华往来正常，未有证据证明在该期间其未对李某华尽赡养义务。因此，吕某

与李某华之间已经形成了具有扶养关系的继父母子女关系，也未有证据表明吕某存在丧失继承权的情形，故吕某对李某华的遗产享有相应的继承权。

关于李某 1、李某 2 所称的吕某生父去世之后，吕某未对李某华尽赡养义务的问题，法院认为，吕某生父去世后，吕某与李某华来往确实较少，在李某华多次住院期间也并未进行探望陪护，未履行主要赡养义务，但是不能因此否定吕某对李某华遗产享有的继承权，可在分配遗产时结合具体情况再依法酌情考量。

原告不服一审判决提起上诉。

二审法院认为，依据吕某与本案被继承人李某华在 2009 年继承案件诉讼中的陈述，可以认定吕某在未成年时即与父亲吕某某和继母李某华共同生活，李某华与吕某依法形成有扶养关系的继母女关系。鉴于李某 1、李某 2 并未充分举证证明吕某存在遗弃李某华的事实，故吕某不存在法律规定的丧失继承权的情形，在被继承人李某华去世后，吕某是李某华遗产唯一的第一顺序继承人。故对李某 1、李某 2 主张吕某遗弃李某华，应当剥夺其继承权的上诉理由，法院不予采纳。

— 裁判结果 —

一审判决：驳回原告李某 1、李某 2 的诉讼请求。

原告不服一审判决，提起上诉。二审法院判决：驳回上诉，维持原判。

注：本案例选自（2022）苏 08 民终 1449 号民事判决书

13. 虚拟财产可以继承吗？

虚拟财产一般情况下是可以继承的。根据《民法典》规定，自然人死亡时留下的具有财产性的物品，只要不属于依照法律规定或者根据其性质不得继承的财产，就属于可以被继承的财产。网络虚拟财产是一种能为人所支配且具有价值的财产，是财产在网络虚拟空间的表现形式，在法律方面同样受到保护。

常见的微信、QQ、游戏充值的金币、电话号码等属于虚拟财产。在认定此类财产能否被继承时，需要具体问题具体分析，不能一刀切认定可以被继承。有的虚拟财产具有很强的人格属性，可能就不适合继承。

【法条指引】

《民法典》

第一千一百二十二条 遗产是自然人死亡时遗留的个人合法财产。

依照法律规定或者根据其性质不得继承的遗产，不得继承。

【案例分享】

电话号码也能被继承

— **基本案情** —

原告：朱某1

被告：中国移动通信集团某分公司

朱某富系朱某1与朱某2的父亲，朱某富于2021年1月27日去世，其生前使用中国移动1383766****的手机号。朱某富去世后，朱某1向中国移动通信集团某分公司（以下简称移动公司）申请办理该手机号过户业务，因朱某富生前未立遗嘱，移动公司以无法证明朱某1系朱某富唯一继承人为由等原因，拒绝办理该项过户业务。

后朱某1向法院提起诉讼，请求：判决移动公司为朱某1办理1383766****手机号的过户手续。

朱某1称：根据法律规定，被继承人的遗产应由其父母、配偶、子女共同继承。因其他相关继承人去世，仅朱某1、朱某2、余某某共有朱某富的继承权。弟弟朱某2、外祖母余某某均表示放弃对朱某富移动号码1383766****的继承权，我自愿继承该号码使用权。但在我去中国移动营业厅办理过户业务、并提供合法资料时，移动公司的工作人员拒不配合，仍要求我出示有关判决书、公证书、公证遗嘱三者其中之一，所以诉诸法院要求移动公司配合办理过户事宜。

移动公司辩称：手机号码继承过户涉及原户主的财产权，包括手机号码的使用权以及该手机号码账户内的余额。同时日常生活中手机号码与多项个人财产发生关联，比如支付宝、微信、手机银行等都会绑定手机号码，还会有很多人脉资源、商业信息的关联。因此手机号码的价值很难估量，可能会影响到巨额遗产的分配。为此开通的身故过户业务，办理该项业务过程中需要客户提供以下资料：1.原机主死亡证明和身份证，如身份证无法提供，可提供户口本；2.证明申请人是该手机号码机主唯一继承人的证明文件，如：继承公证书或公证遗嘱、法院判决书。公证书应证明其是手机号码机主的唯一继承人或其他继承人放弃申请使用该手机号码和号码剩余通信费用的权利；3. 申请人的有效身份证件。我方作为运营商无法判断谁是继承人或者继承顺序，有没有遗嘱、遗赠扶养协议等情况，要求提供上述资料是为了进行甄别和确认继承关系，避免纠纷和保护其他继承人权利。我方合理要求是出于保护客户的合法权利，且这种做法并没有侵犯到其他人的权利，也不违反任何法律规定。朱某 1 在诉前未提供上述合格资料，我方不予以办理不存在任何过错。如果经法院查明确认朱某 1 是该手机号码机主唯一继承人，在朱某 1 符合其他业务条件及流程的前提下我方将依法为其办理该项业务。

朱某 2 庭后表示放弃对朱某富中国移动的手机号 1383766****的继承权，同意由朱某 1 继承。余某某未到庭参加诉讼，但向法庭提交放弃继承权声明书一份。

— 法院认为 —

朱某 1 要求移动公司配合将其父亲生前使用手机号码过户至原告名下，手机号码的所有权归属于国家，通信工具号码属于广义的虚拟财产，电话号码随着被继承人的使用逐渐具有特定的人身属性，产生一定的关联利益，可见，手机号码的使用权同样具有财产权益，其本质是一种用益物权。被继承人朱某富配偶于 2015 年去世，双方育有两个子女，即朱某 1 与朱某 2，朱某 2 放弃对该手机号使用权的继承，并同意由其姐姐朱某 1 予以继承。余某某系朱某富岳母，非生父母、养父母或有抚养关系的继父母，不在遗产继承范围，故该号码使用权可由朱某 1 继承。

— 裁判结果 —

被告移动公司于本判决生效后配合原告办理朱某富生前使用中国移动 1383766****号码使用权过户。

注：本案例选自（2021）豫 1503 民初 7923 号民事判决书

14. 代书遗嘱要注意什么？

第一，遗嘱的内容应尽可能采用手写，减少打字数量，不可对遗嘱内容作出任何更改或修正，并注明年、月、日。第二，应当有两个以上见证人在场见证，由其中一人代书。见证人须为完全民事行为能力人，须与继承遗产及遗产继承人均无利害关系。第三，代书遗嘱必须由代书人、其他见证人、遗嘱人签名。

遗嘱人不识字或因生病等不能书写，或者不愿意自己书写的，可以委托他人代写遗嘱。实践中存在上列人员用私章代替签名的情况，那么这种情况下遗嘱的效力如何呢？法律明确规定公章的效力，但是对于私章还未严格管理，法律后果上也是不相同的。尽管是常用的私章，也不能保证在遗嘱上盖章的时间前后，在程序上不能保证公正性，所以必须让代书人和见证人均签字，若代书人确实无法签字才可以捺指印代替签名。但是，有书写能力的遗嘱人不得用捺指印取代签名，代书人、见证人均不得以捺指印的方式代签名。

如确实出现有私章没有签名的遗嘱，也不能一概因不符合形式要件就当然认定其为无效。代书遗嘱作为遗嘱的一种，其最终发生效力的是遗嘱本身，而不是代书行为，如果见证人及代书人能详细描述见证及代书过程，且没有矛盾之处，并能就没有签名进行合理解释的，该遗嘱应认定有效。反之，应认定该代书遗嘱无效。

【法条指引】

《民法典》

第一千一百三十五条　代书遗嘱应当有两个以上见证人在场见证，由其中一人代书，并由遗嘱人、代书人和其他见证人签名，注明年、月、日。

【案例分享】

代签但是捺印并加盖私章的代书遗嘱依旧有效

— 基本案情 —

原告：曾某、廖某1、廖某2

被告：廖某3、廖某4

廖某3、廖某4的父母廖某钏与蔡某玉共生育了七个子女，分别是：长子廖某胜（2020年4月去世）、次子廖某3、三子廖某4、女儿廖某珍、女儿廖某美、女儿廖某细（已故）、女儿廖某清。廖某胜与妻子曾某生育了两个子女，分别是廖某1和廖某2。

廖某钏生前留有《我的遗言》，内容为"我死后财产不分，由妻蔡某玉全权管理，待三儿廖某4长大结婚后再按政府法令政策处理。望三儿听从执行不得吵闹"。2011年农历二月二十四，蔡某玉订立代书遗嘱，《遗嘱》内容为："据丈夫廖某钏遗嘱由本人在生之时全权处理家事。望兄弟和睦，家庭万事兴，现将家事有关事项立字为证，遵照执行。（一）丈夫廖某钏在教育部门退休后，由长子廖某胜在一九八一年顶替就位在教育部门，现已退休在家。（二）长子廖某胜在辣巷口兴建房屋的地皮，有大部分良田、土地是本人和次子廖某 3、三子廖某 4 兄弟两人的。次子、三子已将良田、土地给了长子是自愿同意的，让廖某胜建房屋毫无半点意见。（三）①丈夫廖某钏在老地名下屋北边兴建了土木结构房屋三间，北边公路，南边营，西边廖某 3，东边廖某胜。归次子廖某 3、三子廖某 4 所有（三间房屋兄弟各半，待本人逝世后实施）。长子廖某胜顶替了丈夫的工作，所以无权分得，无权干涉现住址三间房屋；②祖宗房屋一间，东边巷，南边营，西边廖某茂，北边营。在一九九九年被烧，被烧后由次子廖某 3、三子廖某 4 重建，以及厕所一间同样归次子廖某 3、三子廖某 4 所得，任何人不得瓜分。（四）本人的寒炎病痛、抚养、送终由长子廖某胜、次子廖某 3、三子廖某 4 三兄弟全权负责。（五）现有上屋自留土由三兄弟平分。立字为据。遗嘱人：蔡某玉（签章并捺印，字由代书人廖某彩书写）。在场人：廖明。执笔人：廖某彩。公元二〇一一年农历二月二十四日立。"蔡某玉于 2015 年 7 月确诊为阿尔茨海默病，2015 年 11 月去世。

庭后法院在双方的见证下，寻找到遗嘱执笔人廖某彩询问情况，其反映遗嘱系由蔡某玉口述，廖某彩执笔，书写完毕之后念了一遍给蔡某玉听，由蔡某玉确认无误后，因蔡某玉是文盲，由廖某彩代写蔡某玉的名字，然后由蔡某玉在其名字上捺印并加盖私章。

为了建设项目的需要，廖某钏和蔡某玉的房屋被纳入征收范围，涉案房屋（含相应的附属物价值）征收后获得补偿款 1073870.63 元。

廖某 3、廖某 4 辩称：1. 本案的遗嘱为代书遗嘱且符合该代书遗嘱的要件，有了遗嘱继承，也就不再适用法定继承了。2. 涉案遗嘱全面考虑到了我们与廖某胜兄弟利益的权衡，廖某胜是长子，享受了父亲廖某钏的顶班工作，在二十世纪七八十年代，一家人中享有一份领工资的工作即拥有了最好的待遇，相当于一大笔财富。那个时代下基本也由被顶班家长决定由子女中的哪一位顶替其工作，剩下没能享受到此待遇的便仍然务农或自谋职业。因此，从获得利益层面，长子廖某胜早就占有了兄弟们的利益，所以，母亲蔡某玉正是为了家庭的发展现状，在立遗嘱时做到了对三个儿子尽可能的公平对待。这也就是立遗嘱将涉案房屋给我们的初衷。

— 法院认为 —

廖某 3、廖某 4 的父亲廖某钏生前留有《我的遗言》，其遗产由妻子蔡某玉全权管理，廖某钏赋予蔡某玉财产管理权，但全权管理并不等同于全权处理，廖某钏并未赋予蔡某玉财产处分权，明确待廖某 4 长大结婚后，按法律政策处理，廖某钏生前未订立财产处分之遗嘱，其去世后，其遗产应按法定继承处理，同时，继承权男女平等，廖某钏的法定继承人应为：妻子蔡某玉、儿子廖某胜、儿子廖某 3、儿子廖某 4、女儿廖某珍、女儿廖某美、女儿廖某细、女儿廖某清共八人。涉案房屋为廖某钏与蔡某玉的共同财产，廖某钏去世后，遗产分割时，应先将共同所有的财产的一半分出为其妻子蔡某玉所有，廖某钏享有的二分之一涉案房屋利益按法定继承由上述八位继承人平均分配。

蔡某玉的遗嘱符合代书遗嘱的形式要件，虽然曾某、廖某 1、廖某 2 对案涉蔡某玉遗嘱有异议，但其提交的证据不足以推翻该遗嘱，蔡某玉遗嘱明确其享有的涉案房屋利益由廖某 3、廖某 4 享有，其对自己遗产的分配，符合法律规定，法院予以确认。被继承人有权自由决定遗产分配方式，原告、被告提出的换土及顶班等因素，均不能推翻蔡某玉对自己遗产的处理分配，法院对原告、被告提出的其他意见不予采纳。综上所述，廖某钏、蔡某玉去世后，涉案房屋利益应由廖某胜、廖某珍、廖某美、廖某细、廖某清各享有十六分之一，剩余房屋利益按法定继承（廖某钏）和遗嘱继承（蔡某玉）处理，由廖某 3、廖某 4 各半享有。

关于曾某、廖某 1、廖某 2 提出要求对蔡某玉《遗嘱》中的蔡某玉的签字是否为执笔人廖某彩签署，是否为蔡某玉签署，笔迹的形成时间进行鉴定的问题。法院认为，廖某彩已经认可"蔡某玉"系其代签，但是由蔡某玉捺印和加盖私章，蔡某玉的捺印及加盖私章的行为符合《中华人民共和国民法典》代书遗嘱的规定，遗嘱的形式符合法律规定，应为合法有效。

— 裁判结果 —

一、确认原告曾某、廖某 1、廖某 2 享有涉案房屋（含相应附属物）十六分之一的份额，即分别享有 67116.91 元；

二、驳回原告曾某、廖某 1、廖某 2 的其他诉讼请求。

注：本案例选自（2021）赣 0783 民初 3175 号民事判决书

15. 农村宅基地到底如何继承？

宅基地属于集体所有，不属于遗产范围，所以不能继承，但继承人可以继承宅基地上属于被继承人的房屋。农村宅基地继承需要注意以下几点：第一，同户继承人之间不存在宅基地继承的问题，因为只是宅基地共同使用权人，只需对宅基地使用权进行户主的变更登记即可；第二，继承人无论是农村户口，还是城市户口，都能继承宅基地上的房屋；第三，在没有同户继承人的情况下，一旦房屋自然倒塌损毁，不可翻新修建，宅基地就将被收回；第四，同时存在同户继承人和分户继承人的情况下，同户继承人可以协商分家析产来获得房屋的所有权。

【法条指引】

《民法典》

第三百六十二条　宅基地使用权人依法对集体所有的土地享有占有和使用的权利，有权依法利用该土地建造住宅及其附属设施。

第一千一百二十二条　遗产是自然人死亡时遗留的个人合法财产。

依照法律规定或者根据其性质不得继承的遗产，不得继承。

【案例分享】

宅基地使用权人获得主要拆迁利益

一 基本案情 一

原告：董某 1、董某 2

被告：董某 3

董某 1、董某 2、董某 3 系姐弟关系，董某 3 与杨某系夫妻关系，董某 4 系被告之女。董某 1、董某 2、董某 3 三人父母董某 8 和张某生前均系怀柔镇 × 村村民，董某 8 于 2011 年 6 月去世，张某于 2011 年 8 月去世。董某 8、张某原在 × 村有宅院两处，一处为 A 宅院，一处为本案所涉 B 宅院。

本案所涉 B 宅院的集体建设用地使用权登记在董某 8 名下，原由董某 8、张某、董某 3、董某 1、董某 2 共同居住使用。董某 1、董某 2 分别于 1989 年、1996 年结婚另居它处，该处院落房屋由董某 8、张某和董某 3、杨某及其女儿董某 4，共 5 人共同居住使用，户主为董某 8。院落内原北房 6 间于 1992—1993 年间翻建。2000 年 3 月，经董某 8、杨某申请，在 B 宅院落内批建西厢房 3 间、南厢房 4 间，厢房合计面积 98.2 平方米。2004 年 2 月，经董某 8 申请，在 B 宅院落内批建东厢房 2 间、西厢房 2 间、南厢房 3 间，厢房面积合计为 98 平方米。董某 8、张某夫妻二人去世后，B 宅院落房屋继续由董某 3、杨某夫妻及二人之女董某 4 居住使用，直至 2021 年 × 村拆迁。

根据《怀集宅基地房屋搬迁补偿实施方案》，对宅基地上"户"的认定标准为：以宅基地批准的使用权人为准，一证一户。原产权人已故，法定继承人不能全部到场或分家析产无法达成一致的情况下，由现宅基地使用者做出相关法律承诺后，可先办理搬迁补偿相关手续，再由相关权利人协商或通过法律程序解决。根据《怀柔区 × 地块土地一级开发项目宅基地房屋搬迁购房方案》规定，《宅基地房屋搬迁补偿实施方案》确定的被搬迁人适用本方案，本方案中的购房人是指被搬迁人、被搬迁人配偶或被搬迁人三代以内直系亲属。2021 年 11 月 9 日，董某 3 未经董某 1、董某 2 同意向拆迁单位出具《具结书》，内容为：董某 1、董某 2 放弃 B 宅基地及地上物全部拆迁补偿利益，董某 3 享有宅基地及地上物全部搬迁补偿利益，并办理搬迁补偿协议签约、领取补偿款、选取安置房等全部手续。

2021 年 11 月 16 日，董某 3 与北京某投资有限公司（以下简称北京某公司）签订《搬迁补偿协议》，该协议列明搬迁实施单位（甲方）是北京某公司，被搬迁人（乙方）是董某 8（已故）、董某 3，协议约定：乙方宅基地位于 × 村 B 宅院，宅基地面积为 267 平方米，房屋建筑面积为 349.24 平方米，二层面积为 210.47 平方米；上述宅基地户籍人员为董某 3、杨某。

因对拆迁财产的分配产生争议，2021 年 12 月 7 日，董某 1、董某 2 起诉董某 3，要求法院对原被告依法继承的 × 村 B 宅基地及地上物进行析产、依法分割 B 宅基地及地上物拆迁补偿总款、依法分割因拆迁获得的优惠购房面积。

— 法院认为 —

根据我国土地管理法的相关规定，农村居民一户一宅，农村宅基地使用权的主体资格是以户为单位的家庭，户内部分家庭成员死亡后，户内尚有其他家庭成员的，宅基地使用权应当由剩余户内成员继续享有。在该案中，涉案院落的《集体建设用地使用证》虽登记在董某 8 名下，但宅基地使用权实际由户内所有家庭成员董某 8、张某、董某 3、杨某、董某 4 共 5 口人享有，董某 3 虽系城镇居民户口，但其妻杨某、女儿董某 4 均系 ××× 村农民，且在该村没有其他宅基地，在董某 8、张某去世后，涉案院落宅基地使用权人应是杨某一家，故涉案院落拆迁补偿款中的宅基地区位补偿款 1416000 元（1068000 元和 348000 元）应归董某 3 一家所有，不应作为董某 8、张某的遗产进行分割。拆迁补偿款中的搬迁补助费 41069.60 元（具体包括：搬家补助费 13969.60 元、移机补助费 2100 元、信鸽补偿费 25000 元）及停产停业补助费 352800 元，共计 393869.60 元，系因针对院落实际居住人及杨某名下公司给予的特定补偿款，故该 393869.60 元亦不应作为董某 8、张某的遗产进行分割，应归董某 3、杨某、董某 4 一家所有。

董某 3 虽主张涉案院落房屋系其出资建设，但北房翻建、厢房新建时，董某 8、张某均在世，故拆迁补偿款中的房屋重置成新价 516134 元、房屋装修及附属设施补偿 403776 元、房屋重置成新价奖励款 170543 元等共计 1090453 元，应作为董某 8、张某、董某 3、杨某共有地上物的价值补偿进行析产分割，其中析出的 545226.50 元属于董某 3、杨某夫妻所有。董某 8 分得的 272613.30 元在其死亡后作为遗产分别在张某、董某 3、董某 1、董某 2 之间等额继承，每人继承分得 68153.30 元。张某去世后，其遗产总额 340766.60 元应在董某 3、董某 1、董某 2 之间等额继承，每人应继承分得 113588.80 元。双方提供的证据均能证明自己对董某 8、张某尽了赡养义务，但均不能证明自己所尽义务多于对方，故在继承分割时，法院按照法定继承原则平均分割。涉案院落的提前搬迁奖励 247800 元（186900 元 +60900 元）、工程配合奖励 212400 元（160200 元 +52200 元）、资源节约奖励 70800 元（53400 元 +17400 元）、二层面积奖励 8418.8 元等共计 539418.80 元，虽以宅基地面积作为奖励计算的标准，且主要是对涉案院落房屋的实际居住人，但同时也应考虑到董某 1、董某 2 在涉案院落拆迁过程中未进行阻拦的行为亦属配合拆迁的行为，故法院酌定其中的 100000 元作为对董某 1、董某 2 配合的补偿。

— 裁判结果 —

一、北京市怀柔区 × 院落 B 房屋拆迁补偿款，由原告董某 1、董某 2 各分得 231742.16 元，由被告董某 3、杨某共分得 4606799 元；

二、驳回原告董某 1、董某 2 其他的诉讼请求。

注：本案例选自（2021）京 0116 民初 8498 号民事判决书

16. 继承人先于被继承人死亡，遗产如何继承？

一般情况下，继承人相较于被继承人都是更年轻的，但是生老病死是人之常情，在继承中就有着继承人先于被继承人死亡的情况出现。那么在这种情况下，遗产如何进行分配呢？这就需要考虑到代位继承的问题了。

《民法典》关于代位继承有着明确规定：第一，代位继承只能适用于法定继承，遗嘱继承和遗赠不适用代位继承。第二，被代位继承人只能是被继承人的子女。第三，被代位继承人先于被继承人死亡，死亡包括自然死亡和宣告死亡；如果被继承人的子女在继承开始后遗产分割前死亡的，则其应该继承的遗产份额转由其合法继承人继承，这不是代位继承而是转继承了。第四，代位继承人必须是被继承人子女的晚辈直系血亲。根据法律的规定，只有被继承人的晚辈直系血亲才享有代位继承权，被代位继承人的其他亲属如兄弟姐妹、配偶等均无此权利。当然，被继承人亲生子女的养子女、形成扶养关系的继子女同样有此权利，代位继承人不受辈数的限制。

【法条指引】

《民法典》

第一千零七十条 父母和子女有相互继承遗产的权利。

第一千一百二十一条 继承从被继承人死亡时开始。

相互有继承关系的数人在同一事件中死亡，难以确定死亡时间的，推定没有其他继承人的人先死亡。都有其他继承人，辈分不同的，推定长辈先死亡；辈分相同的，推定同时死亡，相互不发生继承。

第一千一百二十八条 被继承人的子女先于被继承人死亡的，由被继承人的子女的直系晚辈血亲代位继承。

被继承人的兄弟姐妹先于被继承人死亡的，由被继承人的兄弟姐妹的子女代位继承。

代位继承人一般只能继承被代位继承人有权继承的遗产份额。

【案例分享】

爸爸先于奶奶去世，奶奶的遗产怎么继承

— 基本案情 —

原告：程某某

被告：程某2、程某3、程某4

原告程某某是被告程某2、程某3、程某4的胞兄程某1的女儿。

陈某某与程某金系夫妻关系，二人育有四名子女程某1、程某2、程某3、程某4。2006年5月26日，程某1与洛某某经法院调解协议离婚，协议约定婚生女儿程某某由程某1抚养。程某金于2019年10月份去世，程某1于2022年1月1日去世。2022年3月份，程某2从县社保局取回程某1的基本养老保险款128457.20元。

2022年5月6日，程某某上诉被告程某2不当得利纠纷一案，法院主

持调解，双方自愿达成协议，程某 2 向程某某支付程某 1 的基本养老保险款（包括个人账户缴费余额、丧葬费、抚恤金）60000 元。

2022 年 5 月 20 日，陈某某去世，留有遗产名下房屋一处，建筑面积 64 平方米，登记在陈某某名下。

后各方对陈某某遗产的继承产生争议，原告程某某将被告程某 2、程某 3、程某 4 起诉至法院，请求：1. 依法判令程某某与程某 2、程某 3、程某 4 共同继承陈某某位于某镇某村平房一处；2. 判令程某某代位继承陈某某生前作为继承人，继承其儿子程某 1 去世后的基本养老保险款 60000 元的 1／4 即 15000 元；3. 诉讼费由程某 2、程某 3、程某 4 承担。

程某 2、程某 3、程某 4 辩称，根据程某某的诉讼请求要求继承陈某某名下房屋一处，同意按照法定继承顺序按份继承；关于程某某要求分割退回陈某某的社保局养老保险款 60000 元，不同意按继承形式分割，要求程某某向法庭出示证据，如果确认为遗产，可以按份额继承。

— 法院认为 —

被继承人的子女先于被继承人死亡的，由被继承人的子女的直系晚辈血亲代位继承。因程某 1 先于其母亲陈某某去世，故由程某 1 的直系晚辈血亲即其女儿程某某代位继承。陈某某去世后，继承人程某 2、程某 3、程某 4、程某某未进行遗产分割，亦未表示放弃继承，应视为均已接受继承。涉案房屋未分割之前各系继承人的共有财产，在共有关系存续期间，共有人均享有占有、使用的权利。

现程某某提起诉讼要求分割遗产，依照《中华人民共和国民法典》第一千一百五十六条规定："遗产分割应当有利于生产和生活需要，不损害遗产的效用。不宜分割的遗产，可以采取折价、适当补偿或者共有等方法处理。"因双方均不同意该房屋由对方全部继承并对其所应继承份额进行补偿，并均明确要求共同继承，按各方当事人主张，依照《中华人民共和国民法典》第一千一百三十条第一款"同一顺序继承人继承遗产的份额，一般应当均等"的原则，法院按共有方法处理确定各继承人对陈某某遗产即坐落在某县房屋（不动产权证号 37420，建筑面积 64 平方米），享有的继承份额都为 25%。因遗产是自然人死亡时遗留的个人合法财产，程某某未提供充分证据证实陈某某去世时留有自程某 1 处继承的财产，对程某某第二项诉求法院不予支持。

— 裁判结果 —

一、陈某某名下坐落在某县房屋（不动产权证号 37420，建筑面积 64 平方米）由程某某、程某 2、程某 3、程某 4 共同继承，均为 25%；

二、驳回程某某的其他诉讼请求。

注：本案例选自（2022）黑 0224 民初 1542 号民事判决书

17. 遗嘱没有给残疾儿子留财产合法吗？

不合法。我国《民法典》规定，年满十八周岁具有法律对其完全民事行为人可以订立遗嘱，可以自由处分自己的财产，但这并不意味着订立遗嘱的财产处分没有任何的限制，如《民法典》就明确规定，订立遗嘱时必须为缺乏劳动能力又没有生活来源的继承人保留必要的遗产份额。如果继承人满足以下条件，则被继承人订立遗嘱时必须为其保留必要的份额：第一，继承人必须满足法定继承人的条件；第二，继承人不具备劳动能力或者已经丧失劳动能力；第三，继承人无生活来源，不具备维持最低物质生活水平的经济条件。

【法条指引】

《民法典》

第一千一百三十三条　自然人可以依照本法规定立遗嘱处分个人财产，并可以指定遗嘱执行人。

自然人可以立遗嘱将个人财产指定由法定继承人中的一人或者数人继承。

自然人可以立遗嘱将个人财产赠与国家、集体或者法定继承人以外的组织、个人。

自然人可以依法设立遗嘱信托。

第一千一百四十一条　遗嘱应当为缺乏劳动能力又没有生活来源的继承人保留必要的遗产份额。

【案例分享】

遗嘱中没有给残疾儿子留遗产，法院怎样判

— 基本案情 —

原告：杨某

被告：王某 1、王某 2、王某 3、王某 4、王某 5

被继承人王某某与杨某于 × 年 × 月 × 日登记结婚，双方均系再婚。王某 1、王某 2、王某 3、王某 4、王某 5 为王某某与前妻所生子女。王某 1 肢体 ×× 三级。王某某的父母均先于王某某去世。2018 年 4 月 16 日王某某立有遗嘱，去世后房产、存款、工资、抚恤金、丧葬费均归杨某继承，王某某于 2022 年 3 月 8 日去世。

王某某去世后，杨某向法院提起诉讼，要求按照遗嘱继承杨某、王某某名下位于 × 街 × 路 5 号楼 4 单元 301 室房产，继承王某某名下存款 70423.96 元，继承王某某丧葬费、抚恤金 74000 元。

被告王某 1、王某 2、王某 3、王某 4、王某 5 共同辩称，应驳回杨某的全部诉讼请求，按照法定继承对遗产进行分割。诉讼请求为：1. 遗嘱无效，王某某为限制或无民事行为能力人，所立遗嘱不是其真实意思表示；2. 杨某有能力抚养王某某而拒绝抚养，其构成遗弃，丧失继承权；3. 王某 1 是残疾人，丧偶且没有收入，王某某所立遗嘱没有为王某 1 保留其相应的份额；4. 丧葬费、抚恤金与本案无关，应另行诉讼进行主张。

— 法院认为 —

涉案房产、存款系杨某和王某某夫妻关系存续期间的夫妻共同财产，双方对该共同财产未有约定，应视为共同共有，杨某和王某某各拥有涉案房产、存款的一半份额。王某某去世后留有遗嘱，将王某某占有份额的房产、存款归杨某继承。根据《中华人民共和国民法典》第一千一百四十一条"遗嘱应当为缺乏劳动能力又没有生活来源的继承人保留必要的遗产份额"的规定，本案中，王某 1 是经济困难又缺乏劳动能力的残疾人，王某某在遗嘱订立时未考虑为其保留必要的遗产份额。因此，遗产处理时应为王某 1 保留必要的遗产，剩余部分，再参照遗嘱确定的分配原则处理。考虑到各继承人的实际需要及所占份额，房屋归杨某所有，王某某名下存款 10030.28 元归王某 1 所有，60393.68 元归杨某所有。五被告辩称，王某某订立遗嘱时为无民事行为能力人或限制行为能力人，遗嘱非本人签字，但未提供证据证明其主张，对五被告的抗辩不予采纳。

遗产是公民死亡时遗留的个人合法财产。王某某的丧葬费、抚恤金不属于遗产范围，且五被告均不同意在本案中一并处理，故法院对此不予处理，双方可另行协商或另案起诉。

— 裁判结果 —

一、位于 × 区 × 街 × 路 5 号楼 4 单元 301 室房产归杨某所有；

二、王某某在农村商业银行账号为 27× × ×39 存款 60393.68 元归杨某所有；

三、王某某在农村商业银行账号为 27× × ×39 存款 10030.28 元归王某 1 所有；

四、驳回杨某的其他诉讼请求。

注：本案例选自（2022）黑 0205 民初 289 号民事判决书

18. 丧葬费及死亡抚恤金是否属于遗产？

死亡抚恤金和丧葬费不是遗产。根据法律规定，死亡抚恤金和丧葬费是为了安慰和补偿家属而给付的款项，并不属于死者生前遗留的个人合法财产。该款项是死亡后发生的，而不是死亡时或之前所遗留下的，因此死亡抚恤金和丧葬费不属于遗产的范畴。

在生活实践中，死亡抚恤金属于死者特定家属的共有财产，具体分割时，可由当事人协商解决，如果实在协商不成，可向法院起诉，要求法院对死亡抚恤金和丧葬费进行合理分割。法院一般参照遗产分配中的均等分割原则进行处理，当然法院有时还会考虑其他因素合理分配抚恤金，以慰亡者家人。

【法条指引】

《民法典》

第二百九十八条 按份共有人对共有的不动产或者动产按照其份额享有所有权。

第一千一百二十二条 遗产是自然人死亡时遗留的个人合法财产。

依照法律规定或者根据其性质不得继承的遗产，不得继承。

【案例分享】

抚恤金、丧葬费如何进行分配

— 基本案情 —

原告：赵某 4、张某

被告：赵某某、夏某某、赵某 3

赵某某与夏某某系夫妻关系。1984 年，案外人赵某 1 的亲生父母将其过继给被告赵某某与夏某某，赵某 1 被二被告收养，但未到民政部门办理收养登记手续。被告赵某某与夏某某将赵某 1 养育成人。2008 年，赵某 1 与赵某 2 结婚，并生育一女孩赵某 3。因被告赵某某、夏某某与赵某 1 发生矛盾，2009 年 2 月 18 日，赵某某、夏某某与赵某 1 签订了《解除收养关系协议》，双方协商解除收养关系，但未到民政部门办理解除收养关系的登记。赵某 1 与赵某 2 于 2013 年 3 月 7 日离婚，双方协议，赵某 3 归赵某 2 抚养，赵某 1 每月支付子女抚育费 1000 元。2016 年 10 月 27 日，原告张某与赵某 1 在民政局登记结婚，婚生女赵某 4 于 2016 年 12 月 4 日出生。2021 年 7 月 19 日，案外人赵某 1 意外溺水死亡。赵某 1 的后事由原告张某处理，丧葬费用由原告张某支付。经案外人赵某 1 生前单位申请，财政局核定抚恤金为 145956 元，丧葬费为 17214 元。

后各方对相关抚恤金的分割产生争议，原告赵某 4、张某向法院提起诉讼，请求：1. 依法分割养老金、抚恤金、丧葬费 163170 元；2. 请求被告承担本案的诉讼费用。

被告赵某某、夏某某辩称，对原告的诉请有异议。相关财产应该由赵某 3、赵某 4 两个孩子平分。

被告赵某 3 辩称，对事实没有异议。丧葬费同意给张某，抚慰金和养老金应当依法分割。

— 法院认为 —

根据法律规定，遗产是自然人死亡时遗留的个人合法财产。抚恤金系在死者死亡后，国家或者死者单位发给死者近亲属的费用，是对死者近亲属的精神抚慰和经济补偿，因此，它不属于遗产。其虽不是遗产，但有遗产属性，可以比照遗产继承方式分割，死亡抚恤金的第一顺位是配偶、父母、子女。

《中华人民共和国收养法》于 1998 年施行，本案中赵某某、夏某某于 1984 年收养赵某 1，虽未办理收养登记手续，但已形成了事实上的收养关系，故赵某 1 与赵某某、夏某某的收养关系合法有效。根据《中华人民共和国收养法》第二十八条规定："当事人协议解除收养关系的，应当到民政部门办理解除收养关系的登记。"虽然赵某 1 与赵某某、夏某某签订了《解除收养关系协议》，但并未到民政部门办理解除收养关系的登记，故赵某某、夏某某与赵某 1 之间的收养关系仍未解除。本案中，原告张某系死者赵某 1 配偶，被告赵某某、夏某某系死者赵某 1 的养父母，原告赵某 3、被告赵某 4 系死者赵某

1 子女。因此，赵某 1 的抚恤金及丧葬费应由原告张某、赵某 4、被告赵某 3、赵某某、夏某某分割。

根据死者赵某 1 单位的证明，赵某 1 的抚恤金为 145956 元，并没有养老金，因此，对原告主张养老金应当由原告张某分割一半的请求，法院不予支持。原告张某是赵某 1 的妻子，赵某 4、赵某 3 均为未成年，依据抚恤金的性质，以主要照顾、优抚、救济死者生前需要抚养的依靠死者生活的未成年人和丧失劳动能力的亲属的原则，同时参照与死者关系亲密程度进行分配。丧葬费是死者单位对死者亲属处理丧葬事务的一种帮助，用于解决死者家属在殡葬花销时遇到的实际困难。赵某 1 的丧葬事务是原告张某处理，费用均由张某支付，且三被告对此并无异议，因此，丧葬费 17214 元归原告张某所有。

— 裁判结果 —

一、赵某 1 死亡后的抚恤金 145956 元，原告张某分得 30000 元、原告赵某 4 分得 37978 元、被告赵某 3 分得 37978 元、被告赵某某分得 20000 元、被告夏某某分得 20000 元，丧葬费 17214 元由原告张某分得；

二、驳回原告其他诉讼请求。

注：本案例选自（2022）辽 1102 民初 2061 号民事判决书

第七章 侵权责任篇

1. 出借机动车给朋友发生交通事故致他人损害，车主是否需要承担赔偿责任？

生活中经常碰到熟人朋友或亲戚借车的情形，车辆出借后若发生交通事故致他人损害，机动车所有人是否承担侵权赔偿责任，取决于机动车所有人对事故的发生有无过错。机动车所有人有无过错的认定标准为出借车辆时是否尽到必要的注意义务，比如机动车性能是否符合安全要求，借用人是否具备必要的驾驶资格及驾驶能力。若机动车所有人出借机动车时没有尽到必要的注意义务则存在过错，该过错可能成为该机动车造成他人损害的一个危险来源因素，因此机动车所有人应当对损害承担相应的赔偿责任。反之，则机动车所有人不需要承担赔偿责任。

【法条指引】

《民法典》

第一千二百零九条 因租赁、借用等情形机动车所有人、管理人与使用人不是同一人时，发生交通事故造成损害，属于该机动车一方责任的，由机动车使用人承担赔偿责任；机动车所有人、管理人对损害的发生有过错的，承担相应的赔偿责任。

【案例分享】

出借车辆发生交通事故，车辆管理人被判赔偿

— 基本案情 —

原告：何某

被告：李某某（系车辆借用人）、袁某（系车辆所有人）、张某（系

车辆管理人）

被告：阳光财保公司

李某某驾驶川F某型轿车时与何某驾驶无牌轻便二轮摩托车相撞，造成车辆受损、何某受伤的交通事故。经公安局交通警察大队认定李某某承担此次事故主要责任，何某承担此次事故次要责任。何某的伤情经鉴定为十级伤残。小型轿车为袁某所有，在阳光财保公司投保了交强险和商业险，事故发生在保险期内。原告何某向法院提起诉讼，诉讼请求为：1. 判决被告赔偿原告残疾赔偿金、营养费等各项损失共计149804.20元；2. 判决保险公司在保险范围内承担赔偿责任，在交强险范围内优先赔偿精神损害抚慰金；3. 本案诉讼费由被告承担。

被告李某某（车辆借用人）辩称：对事故责任划分有异议，我与何某应当承担同等责任；各赔偿项金额太高，请求调整；事故车辆是我从张某那里借来的，因我平时开车，张某就以为我有驾照；事故发生后，我垫付了几百块钱，但是票据不见了。

被告袁某（车辆所有人）、张某（车辆管理人）辩称：事故车辆登记在袁某名下，但平时一直由张某管理、使用；张某与李某某是朋友关系，因为李某某平时经常开车，张某以为他有驾照，就把车借给他了，不清楚他没有驾照，对事故发生、责任认定、赔偿等也都不清楚，不应当由我们承担赔偿责任。

被告阳光财保公司辩称：事故车辆仅在我公司投保了交强险，我公司仅在交强险范围内承担责任；李某某为无证驾驶，我公司在赔偿后有权依法向侵权人追偿；医疗费应扣除20%的自费药，误工天数应该计算到评残前一天，精神抚慰金认可3000元，交通费认可500元，鉴定费不应当由我公司承担；伙食补助费、营养费、护理费、残疾赔偿金、被扶养人生活费、残疾辅助器具费没有异议。

— 法院认为 —

本案中被告李某某对交通警察大队作出的道路交通事故认定书中的责任划分提出异议，但并未提交相应的证据加以证明，故对该抗辩，法院不予支持。对道路交通事故认定书，法院依法予以确认并作为民事责任划分的依据，即李某某承担此次交通事故的主要责任，何某承担此次事故的次要责任。

被告张某作为川F小型轿车的管理人，在将该车出借时，有义务审查借车人是否具有驾驶机动车的资格。本案中，因张某未尽到审查义务，将车辆借给未取得机动车驾驶证的李某某使用，故张某对此次交通事故发生存在过错。综合各方当事人过错程度，法院酌定被告李某某在交强险限额外承担50% 的责任，被告张某在交强险限额外承担 20% 的责任，原告何某在交强险限额外承担 30% 的责任。被告袁某对此次事故发生没有过错，不应承担责任。

关于原告何某主张的损失，法院认定何某因本次交通事故受到的损失为132673.45 元，其中，医疗项损失 13376.30 元，伤残损失 119297.15 元。川F 小型轿车在阳光财保公司投保了交强险，事故发生在保险期内，故阳光财保公司应当在交强险限额内赔偿何某因本次交通事故受到的损失 120000 元。李某某在事故发生时未取得机动车驾驶资格，故阳光财保公司在赔偿后，有权按照法律规定进行追偿。超出交强险限额部分的损失，由李某某赔偿何某 6136.76 元 [（总损失 132673.45 元 – 交强险 120000 元）× 50%– 垫付 200元]；由张某赔偿何某 2534.69 元 [（总损失 132673.45 元 – 交强险 120000 元）× 20%]。

— 裁判结果 —

一、被告阳光财保公司于本判决生效之日起十五日内赔偿何某因此次交通事故受到的损失 120000 元；

二、被告李某某于本判决生效之日起十五日内赔偿何某因此次交通事故受到的损失 6136.76 元；

三、被告张某于本判决生效之日起十五日内赔偿何某因此次交通事故受到的损失 2534.69 元；

注：本案例选自（2020）川 0681 民初 1935 号民事判决书

2. 故意挑逗别人的狗被咬伤，可以要求承担赔偿责任吗？

在现代社会，饲养宠物狗是常见行为。若在故意挑逗宠物狗时被咬伤，宠物狗的饲养人或者管理人是否应承担责任？关于这个问题，要具体分析宠物狗的饲养人或者管理人是否尽到了管理义务，同时，也要看被侵权方是否存在故意或者重大过失导致其被宠物狗咬伤。若在宠物狗的饲养人或者管理人尽到管理义务的情况下，而被侵权方又存在故意挑逗的行为，则宠物狗的饲养人或者管理人可以减轻或者不承担责任。若在宠物狗的饲养人或者管理人没有尽到管理义务的情况下，被侵权方也存在故意挑逗的行为，则宠物狗的饲养人或者管理人与被侵权方应进行责任分担。

【法条指引】

《民法典》

第一千二百四十五条　饲养的动物造成他人损害的，动物饲养人或者管理人应当承担侵权责任；但是，能够证明损害是因被侵权人故意或者重大过失造成的，可以不承担或者减轻责任。

【案例分享】

故意挑逗别人的狗被咬伤，宠物狗饲养人可以不承担或者减轻责任

—基本案情—

原告：王某1

法定代理人：王某2（王某1之父）

被告：刘某（宠物狗饲养人）

2022年4月23日上午，原告王某1的奶奶用小推车推着原告追赶被告饲养的小狗，小狗未拴绳，原告在伸手摸小狗时被狗咬伤。原告被咬伤后送医院治疗，注射狂犬疫苗及球蛋白花费1976.96元，后双方协商未果，原告向法院起诉，诉讼请求为：1.要求被告刘某当面道歉；2.赔偿医疗费、护理费、营养费、精神损失赔偿等费用共计6000元。

被告刘某答辩称，被告不承担赔偿责任和赔礼道歉，理由有：1.被告无过错。被告饲养的宠物系小型泰迪犬，且配有小狗脖圈，小狗趴卧的位置在被告可控制的区域，小狗不具有主动攻击性，危险性较小。2.原告在本案中具有明显过错，原告的行为与小狗致害有必然的因果关系。根据现场监控显示，原告多次追赶小狗，主动伸手摸小狗，小狗多次躲避逃到角落后，原告仍紧追不舍，原告逗狗的时间长达4分钟多。原告故意挑逗和刺激小狗的行为是诱发小狗咬伤他的直接原因和全部原因。3.根据潍坊市养犬管理规定，小型犬不需要进行拴绳。本案原告受伤是由于原告的奶奶推着小车故意追撵小狗造成的，被告没有过错，因此不存在赔礼道歉的问题。关于原告主张的医疗费、护理费、营养费、精神损害赔偿金均与被告无关，原告并未住院，不存在护理费的问题，也不存在营养费的问题，小孩未构成伤残，也不存在精神损害赔偿的问题，因此应当依法驳回原告的诉讼请求。

— 法院认为 —

本案中，原告被被告饲养的狗咬伤，被咬伤后因注射狂犬疫苗及球蛋白花费 1976.96 元，事实清楚，证据确凿。被告所在小区属于限制养犬区，携犬出户时必须束犬链。被告饲养的小狗在门头房前未束犬链，原告的奶奶用小推车推着原告追赶被告饲养的小狗，并在原告伸手摸小狗时被咬，对该危险的发生，原告的奶奶及被告均应提前有所预见，由于双方均没有预见或虽然预见到但自信能够避免，导致该损害的发生。因此，原告对该危险的发生存在重大过失，但被告的狗未拴绳，自身也不具有完全免责情形，故本案应该减轻被告的民事赔偿责任。结合本案实际案情，法院酌定应该减轻被告刘某50% 的民事赔偿责任，即被告刘某对原告王某 1 的损失承担 50% 的民事赔偿责任。对于原告主张的护理费、营养费、精神损失赔偿费等，因未提供相关证据，法院依法不予支持。

— 裁判结果 —

一、被告刘某于本判决生效后十日内赔偿原告王某 1 损失 988.48 元（ 1976.96 元 × 50% ）；

二、驳回原告王某 1 的其他诉讼请求。

注：本案例选自（ 2022 ）鲁 0703 民初 1920 号民事判决书

3. 邻居无偿帮人照看小孩，发生 "意外" 要担责吗？

需要。《民法典》规定父母虽是未成年子女的法定监护人，但父母将小孩临时委托给邻居照看是转移了委托期间的部分监护责任，邻居无偿代为帮忙照看他人未成年人的行为构成委托监护，邻居负有对欠缺危险辨别能力和防范能力的未成年人的监护义务。邻居照顾未成年人期间，因未注意防范危险来源造成未成年人受到伤害，需要对损害后果承担一定的赔偿责任。实践当中，法院在考虑责任承担时根据照看人的过错大小、过错与损害之间的因果关系予以认定，委托监护系无偿时，一般构成减责的事由。

【法条指引】

《民法典》

第一千一百六十五条　行为人因过错侵害他人民事权益造成损害的，应当承担侵权责任。

依照法律规定推定行为人有过错，其不能证明自己没有过错的，应当承担侵权责任。

【案例分享】

无偿帮邻居看孩子，孩子出事后被判承担部分责任

— 基本案情 —

原告：陈某1（死者陈某父亲）、张某（死者陈某母亲）

被告：王某1、王某2

被告：江苏某置业有限公司、盐城某物业服务有限公司

原告张某因需外出购物，拜托邻居王某1、王某2二人共同照看其四周岁的儿子陈某，王某1、王某2表示同意后，张某将陈某送至王某1家中。当天王某1因被子被吹到楼下，王某1、王某2未关门便将陈某一人留在家中，二人一起到楼下拿被子，陈某攀爬翻过防护栏后摔到楼下死亡。

被告王某1辩称：1.案发当天张某与陈某去我家是邻居朋友之间串门玩的行为，不存在委托照看的事实。我后来积极寻找、送小孩去医院抢救等行为均属于无因管理，我下楼拿被子时，门虽然开着，但我对此并没有过失。相反若将小孩独自锁在屋内，其可能发生的危险比门开着的潜在风险更大。依照正常人的理念和处理的方式，都会这样做，在如此短的时间内，我很难预见并防止这样的意外发生，绝不能因为发生了意外，就苛刻要求我尽到超出常理的注意义务。2.张某是小孩的法定监护人，应该履行监护职责，对其失责导致的损害后果应该由其自行承担。王某1曾多次拒绝帮其带小孩，没有临时看护的意愿，不应当承担任何责任。即使原告委托第三方照看，原告作为法定监护人，其监护职责也不可避免，第三方出于友善、乐于助人的原因，无偿帮忙，在并非故意或没有重大过失的情形下，不应当承担责任。原告将陈某委托给第三方照顾，应当意识到环境的危险，并对受托人作出必要的提醒警示。不能以学校、专业的临时看管公司的安全注意义务标准程度来要求王某1。因此，原告、被告之间没有合意，不存在委托监护或临时看护的事实；王某1没有收取原告一分钱费用，对原告擅自离开小孩后的管理行为纯属善意的、无偿的助人行为。

被告王某2辩称的事实和理由大致与王某1相同。

被告江苏某置业有限公司辩称，原告在诉状中称我公司建造的房屋不安全、有隐患，要求作为建设单位为本起事故承担责任，被告认为没有事实依

据。被告安装的防护栏符合设计的规范要求，案涉房屋通过了相关部门的验收，房屋质量不存在安全隐患。

被告盐城某物业服务有限公司辩称，原告将我公司作为被告主体不适格。我公司是物业管理而不是家政服务。我公司与原告家小孩发生的坠楼事件没有任何的因果、利害关系以及法定义务和过错责任。原告在诉状中称我公司未对案涉房屋的防护栏做到防护，作为物业公司，没有权利及义务对房屋防护栏进行拆除或改建或加宽或加高等。所有业主的建筑物都是经设计院设计的，如果原告认为该建筑物有问题，应该追加设计院为被告。

— 法院认为 —

一、关于被告王某 1、王某 2 对原告主张的损失应否承担赔偿责任的问题。在不违反法律规定的情况下，监护人可以委托他人代为履行监护职责，即监护权的转移。两被告接受张某的请求，共同为其照看受害人陈某，其间王某 1 与王某 2 一同下楼拿被子，将陈某一人留置家中，同时家门为开放状态，后陈某坠楼身亡。现并无证据证明存在其他人为原因直接导致陈某坠楼死亡。两被告在接受原告张某委托后，负有对欠缺危险辨别能力和防范能力的受害人的监护义务。然而，两被告将年仅四周岁无民事行为能力的受害人一人留在家中，导致其后坠楼身亡，未尽到审慎地照看注意义务，应对陈某死亡的后果承担一定的责任。原告张某是受害人的母亲，作为其法定监护人，具有当然的监护责任，其将小孩委托给他人照看，转移了自身在委托期间部分监护责任。但又考虑到两被告为原告照看小孩的目的仅为好意帮助，未收取任何费用，对受害人受害结果的发生不存在主观故意，且在发现受害人不见后，积极寻找，第一时间寻求救治，法院酌情要求两被告对陈某的死亡后果承担 35% 的赔偿责任。

二、关于原告要求房屋开发商某置业公司赔偿损失的诉讼请求。结合原告举证的现场照片经法院至现场核实情况来看，案涉房屋的防护栏高度均符合《民用建筑设计通则》规定，其要求某置业公司赔偿的诉讼请求不予支持。

三、关于原告要求物业公司赔偿损失的诉讼请求。在某置业公司开发的该房屋消防连廊栏杆设计符合规范要求的情况下，物业公司不存在再加以警示或实施其他强化防范的措施的需要。原告认为某物业公司未尽到安全管理义务的意见，法院不予采纳。因此，原告要求某物业服务有限公司赔偿损失的请求，缺乏依据，法院依法不能支持。

— 裁判结果 —

一、被告王某 1、王某 2 应于本判决生效之日起十日内共同赔偿原告陈某 1、张某 400574.37 元；

二、驳回原告陈某 1、张某其他诉讼请求。

注：本案例选自（2020）苏 0902 民初 1359 号民事判决书

4. 小孩玩耍时，错手打伤同伴，如何承担责任？

嬉戏玩闹是小孩子的天性，小孩在一起玩耍时，一不小心可能会导致同伴受伤，在此情况下如何界定责任承担呢？小孩属于无民事行为能力人（不满八周岁）或限制民事行为能力人（八周岁以上的未成年人），其并无直接承担责任的能力。小孩错手打伤同伴的，由伤人者的监护人承担赔偿责任。若伤人者的监护人尽到监护职责的，可以减轻其侵权责任；同样地，若受伤者的监护人未尽到监护职责的，其也要承担相应的责任。

【法条指引】

《民法典》

第一千一百八十八条 无民事行为能力人、限制民事行为能力人造成他人损害的，由监护人承担侵权责任。监护人尽到监护职责的，可以减轻其侵权责任。

有财产的无民事行为能力人、限制民事行为能力人造成他人损害的，从本人财产中支付赔偿费用；不足部分由监护人赔偿。

【案例分享】

小孩玩耍时致他人受伤，监护人被判承担责任

— 基本案情—

原告：代某（九周岁）

法定代理人：代某 1（系原告父亲）

被告：朱某（十一周岁）

被告暨法定代理人：朱某 1（系被告父亲）

2022 年 5 月 21 日 14:20 左右，几名孩子一起玩耍，其中原告代某骑儿童车行驶时，被告朱某用右手将其推倒，导致原告代某不同程度的脸部、腿部、

胳膊的损伤，乃至物品损坏。监控视频显示：原告快速骑行自行车过程中，被告朱某跑过来用手拍了原告，原告代某不慎摔倒受伤。当日原告在儿童医院就诊，病历载明"主诉：面部外伤 1 小时。诊断：开放性面部损伤"。2022 年 5 月 24 日复诊病历体格检查："伤口愈合良好无红肿及渗出"，共支出医疗费 1690.39 元。后原告、被告就赔偿问题未能达成一致。

原告向人民法院提起诉讼，请求：1. 法院依法判令被告报销此次事件中原告就医时所产生的一切费用，及眼镜物品的损坏费用，和交通费、误工费、营养费等共计 5000 元；2. 医嘱曾说如半年后祛疤痕无效建议做美容祛疤，后期被告也将承担费用；3. 本案诉讼费及其他费用均由被告承担。

被告辩称：几个小孩只是一起玩耍做游戏。当时地面有个井盖，井盖有个小坑，朱某去逮原告时，原告骑车拐的时候也加速了，导致他摔的原因是地面不平。原告起诉我赔偿 5000 元我不同意，我们有多大责任就承担多大责任。

— 法院认为 —

《民法典》相关规定，八周岁以上的未成年人为限制民事行为能力人，实施民事法律行为由其法定代理人代理或者经其法定代理人同意、追认；但是，可以独立实施纯获利益的民事法律行为或者与其年龄、智力相适应的民事法律行为。无民事行为能力人、限制民事行为能力人造成他人损害的，由监护人承担侵权责任。监护人尽到监护责任的，可以减轻其侵权责任。案涉事件发生时，原告、被告的监护人均未在场，均未尽到监护责任。被告朱某在原告快速骑行过程中拍了原告，导致原告摔倒受伤，被告应负 70% 的民事责任；原告法定代理人对其子未尽到监护责任及安全骑行责任，应负 30% 的民事责任。

— 裁判结果 —

一、在本判决发生法律效力后十日内，被告暨法定代理人朱某 1 赔偿原告代某医疗费 1690.39 元的 70%，即 1183.27 元；

二、驳回原告、被告其他诉讼请求。

注：本案例选自（2022）辽 0104 民初 4876 号民事判决书

5. 醉酒后无意识中致人受伤，醉酒者是否需要承担责任?

需要。醉酒后无意中实施某些行为造成他人受伤是一种侵犯他人生命健康权的违法行为，若造成他人轻伤以上更是涉嫌构成故意伤害的刑事犯罪。醉酒者作为一个成年人，应当知道自己摄入过量的酒精后难以控制自己的行为，可能会出现实施危害公共安全和他人生命健康的行为，因此醉酒者在喝酒前应持克制或谨慎的态度，避免自己陷入醉酒状态。若醉酒者在完全可以避免陷入醉酒状态的情况下，放任自己陷入醉酒无意识状态，从而去做出损害他人权益的行为，给他人造成伤害，此时喝酒者是存在过错的。因此，醉酒者应对损害结果承担赔偿责任。

【法条指引】

《民法典》

第一千一百六十五条　行为人因过错侵害他人民事权益造成损害的，应当承担侵权责任。

依照法律规定推定行为人有过错，其不能证明自己没有过错的，应当承担侵权责任。

第一千一百九十条　完全民事行为能力人对自己的行为暂时没有意识或者失去控制造成他人损害有过错的，应当承担侵权责任；没有过错的，根据行为人的经济状况对受害人适当补偿。

完全民事行为能力人因醉酒、滥用麻醉药品或者精神药品对自己的行为暂时没有意识或者失去控制造成他人损害的，应当承担侵权责任。

【案例分享】

醉酒者打翻汤锅烫伤邻桌应承担赔偿责任

—**基本案情**—

原告：欧阳某某（幼儿，系无民事行为能力人）

法定代理人：欧阳某（系原告之父），郭某（系原告之母）

被告：胡某某，徐某某

2014年9月9日，原告的父母带原告在被告徐某某经营的餐厅就餐时，被告胡某某因喝多酒后歪倒在原告吃饭的桌子上，致使桌子倾倒，碳锅鸡汤水洒落后烫伤原告。原告受伤后去医院门诊治疗19次，支付门诊医疗费

3054.70 元。原告曾申请司法鉴定，司法鉴定所对原告伤残等级及伤痕形成时间鉴定意见为：原告皮肤损伤不构成伤残等级，其体表皮肤损伤与本次高温液体烫伤事件之间存在因果关系，其浅表瘢痕及色素改变的形成时间为同一损伤时间。

因双方就赔偿事宜未达成协议，原告起诉到法院，请求被告赔偿。原告请求法院依法判令被告赔偿原告医疗费、护理费、营养费、交通费等计 15634.20 元。

被告徐某某辩称，原告、被告在饭店就餐是事实，但我只是生意人，不负责保障顾客的生命安全，此纠纷与我无关，我不同意赔偿。

— 法院认为 —

公民身体健康权应受法律保护。原告作为幼儿，属无民事行为能力人，在其父母监护下参加户外活动，不能预见各种不安全因素。被告胡某某因醉酒对自己的行为失去控制，将他人餐桌子上沸汤水洒落，造成他人身体受到伤害，被告胡某某理应承担全部责任。被告徐某某作为餐厅经营业主，对醉酒的客人应当注意防护，避免对其他顾客造成伤害；对原告在就餐时遭受的意外伤害，被告徐某某未完全尽到管理防护保障义务，对原告的损失在 30% 范围内（4554.70 元 ×30%）承担补充责任。原告未住院治疗，因此对其主张护理费、营养费的诉求，不予支持。原告要求被告支付交通费 2000 元，高于本地区交通补助标准，法院酌情支持 1500 元。关于被告胡某某认为原告受伤与 2014 年 9 月 9 日烫伤无关的意见，原告伤情经司法鉴定结论为，其皮肤损伤与 2014 年 9 月 9 日烫伤事件之间存在因果关系，其浅表瘢痕及色素改变的形成时间为同一损伤时间，因此被告胡某某辩解意见不能成立，法院不予采信。

— 裁判结果 —

一、被告胡某某于本判决生效后十日内赔偿原告欧阳某某 4554.70 元，被告徐某某在 1366.41 元范围内承担连带赔偿责任；

二、驳回原告其他诉讼请求。

注：本案例选自（2015）萧民一初字第 03124 号民事判决书

6. 参加体育竞赛活动中猝死，可以要求组织者承担赔偿责任吗?

一般不可以。体育竞技活动本身存在一定的人身危险性，参赛者在参赛前就应充分认识到竞技活动者中自己既是危险的潜在制造者，又是危险的潜在承担者。参赛者知道竞技活动存在人身危险性仍自愿冒着风险参加比赛，即参赛者同意将自己置身于可能出现的人身危险中，当该危险结果在比赛过程中出现时属于正常的风险事件，作为活动的组织者对于参赛过程中出现的正常风险是不存在过错的，因此组织者不需要承担赔偿责任。但若活动组织者没有尽到安全保障义务，比如说赛前没有告知参赛者参赛活动的危险性，没有严格审查参赛者身体状况，没有在活动中配备专业医护人员及医疗器械等，此时活动的组织者对比赛过程中可能出现的危险，没有尽到预防及安全保障义务，对损害结果的发生存在过错，此时就应当承担赔偿责任。

【法条指引】

《民法典》

第一千一百七十六条 自愿参加具有一定风险的文体活动，因其他参加者的行为受到损害的，受害人不得请求其他参加者承担侵权责任；但是，其他参加者对损害的发生有故意或者重大过失的除外。

活动组织者的责任适用本法第一千一百九十八条至一千二百零一条的规定。

第一千一百九十八条 宾馆、商场、银行、车站、机场、体育场馆、娱乐场所等经营场所、公共场所的经营者、管理者或者群众性活动的组织者，未尽到安全保障义务，造成他人损害的，应当承担侵权责任。

【案例分享】

马拉松比赛中意外猝死，赛事主办方不承担责任

—基本案情—

原告：梁某（死者吴某某的配偶）、吴某某（死者吴某某的母亲）、梁某某（死者吴某某的女儿）

被告：李某某、厦门某体育有限公司

第三人：尤某某

2016年12月10日，吴某某（男）使用从李某某处受让的女性参赛号码

布，进入赛道参加国际马拉松比赛，厦门某体育有限公司赛前未对吴某某的身份进行核实，比赛开始后未再次确认吴某某的身份。吴某某在比赛过程中出现呼吸、心跳停止，在送往医院救治后，于当天上午 11 点 33 分经抢救无效死亡。

后原告向法院提出诉讼，请求：1. 判令厦门某体育有限公司、李某某向三名原告连带支付丧葬费人民币 22512 元、死亡赔偿金 596498 元、扶养费 546758.1 元、交通费 3500 元（酌定）、精神损害抚慰金 70000 元，共计 1239268.1 元；2. 判令厦门某体育有限公司、李某某连带承担本案的诉讼费用。

被告厦门某体育有限公司辩称：1. 公司的行为没有过错。公司不具有主观上的伤害故意，本案损害结果具有事件突发性和偶然性，公司无法预见；2. 公司的行为与吴某某的死亡不存在因果关系；3. 公司已经尽到安全保障义务，并履行了相应的社会责任，不应对吴某某的死亡承担法律责任。赛前主办方对参赛者进行相关的风险提示及健康提示，尽到了赛前的安全保障义务，而且抢救过程中尽了最大的努力。

被告李某某辩称：让李某某对吴某某的意外死亡承担法律责任缺乏事实与法律依据，有违基本公平正义观念和善良风俗。理由如下：1. 李某某与案外人许某某、死者吴某某不相识，好意让予参赛名额给尤某某，后许某某向尤某某表示同意并代领参赛包给吴某某；2. 李某某好意施惠的行为与吴某某运动猝死不具有法律上的因果关系；3. 李某某对吴某某过度运动致死不存在主观故意，也不具有过错，吴某某作为完全的民事行为能力人，具有一定的参赛经验，其对自身安全具有更高的注意义务。

第三人尤某某述称，其与吴某某是同事，同为马拉松爱好者，其主观上基于吴某某想参加比赛之心，是无偿转让比赛名额给吴某某，不具有谋利的动机；赛事主办方对比赛的管理存在重大疏忽，应承担相应责任。

— 法院认为 —

案件争议的焦点在于：对于吴某某的死亡，体育公司、李某某是否存在过错；若存在过错，相应的过错与吴某某的死亡结果之间是否存在因果关系。

一、本案中过错的认定

对体育公司而言，其余各方主张其过失在于未尽赛事组织者的安全保障义务，具体体现在参赛包发放不严格、运动员临赛前检录不严格以及比赛过程中的监管不严格（吴某某"替跑"）。1. 关于李某某的参赛包发放问题。法院认为厦门某体育有限公司在参赛包的发放上尽到责任，不存在过失；2. 关于比赛过程中没有制止吴某某"替跑"问题，法院认为，根据《中国境内马拉松及相关运动赛事管理办法》及《关于加强全国马拉松及相关运动赛事赛风赛纪的管理规定》之规定，并未有法律明确规定赛事主办方或运营机构必须或应当及时制止有"未按要求穿着比赛服装和佩戴号码布"等违规情况的运动员继续比赛，要求比赛过程中运营机构应当及时对运动中的吴某某进行制止缺乏明确和充分的依据，体育公司对此不存在过失；3. 关于检录问题，亦即吴某某以女性号码布通过检录而进入赛道，法院认为体育公司让身为男性的吴某某佩戴女性号码布通过了检录，体育公司在比赛检录上存在过失。

李某某对赛事的安全保障义务不负有注意义务，但李某某明知号码布不得转让仍然故意违规转让，同时未将风险提示转告受让人，李某某存在过错。

第三人尤某某也明知号码布不得转让仍然违规转让，也存在过错，但三原告明确放弃要求尤某某承担责任。

二、本案因果关系的认定

李某某的违规转让号码布以及吴某某取得李某某的参赛包后能通过检录参跑，与吴某某死亡结果之间存在事实上的联系；但马拉松跑者猝死的概率是很低的，故依一般人的社会经验和知识判断，不能得出若吴某某参跑马拉松通常会导致其死亡的结论。因此，体育公司比赛检录方面的过失与吴某某的死亡结果之间不能认定存在法律上的因果关系。同理，李某某违规转让号码布虽然存在明显过错，但不能得出若吴某某佩戴李某某的号码布参跑马拉松通常会导致其死亡的结论，故不能认定李某某的过错与吴某某的死亡结果存在法律上的因果关系。

综上，法院认为吴某某本人曾参加过大型世界性马拉松赛并顺利完赛，其清楚知道马拉松赛事的运动风险及有关规程，其明知号码布不能转让却仍然受让并通过检录参跑，属于自甘风险。而且没有任何证据表明吴某某受到外在或环境方面的加害，故其死亡是自身因素导致。体育公司虽对检录管理存在过失，李某某违规转让号码布让他人"替跑"存在过错，但均不能认定与吴某某的死亡结果存在法律上的因果关系。因此，体育公司、李某某无须对吴某某的死亡承担损害赔偿责任。

— 裁判结果 —

驳回原告梁某、吴某某、梁某某的诉讼请求。

注：本案例选自（2017）闽 0205 民初 666 号民事判决书

7. 楼上住户渗水导致楼下财产损失，需要承担责任吗?

现代社会的房屋一般为高层住宅楼，独门独户相对较少。在高层住宅楼居住，对各自房屋的使用和维护会对邻里的房屋和居住产生影响。特别是上下层房屋之间，由于楼上房屋漏水导致楼下房屋进水的事件时有发生。那楼上房屋的业主对此是否可以置之不理呢? 楼下房屋的业主遇到此类事件，首先需要与楼上房屋的业主或物业进行沟通，确定渗水问题产生的原因是房屋质量不合格，还是楼上业主的故意或过失行为。不管何种缘由，楼上房屋的业主都要配合查清。若因楼上房屋渗水导致的楼下财物的损坏，楼上房屋的业主应当承担修复和赔偿责任。

【法条指引】

《民法典》

第二百八十八条　不动产的相邻权利人应当按照有利生产、方便生活、团结互助、公平合理的原则，正确处理相邻关系。

第一千一百六十五条　行为人因过错侵害他人民事权益造成损害的，应当承担侵权责任。

依照法律规定推定行为人有过错，其不能证明自己没有过错的，应当承担侵权责任。

第一千一百六十七条　侵权行为危及他人人身、财产安全的，被侵权人有权请求侵权人承担停止侵害、排除妨碍、消除危险等侵权责任。

【案例分享】

楼上漏水导致楼下房屋渗水的，楼上住户被判做好房屋防水，并承担赔偿责任

—基本案情—

原告: 李某某

被告: 仲某某

原告系居住于舟山市某单元 301 室的业主，而被告系其楼上 401 室的业主，双方系上下楼邻居关系。2022 年 6 月 6 日，原告发现其房屋屋顶开始大面积渗水并开裂，立刻通知小区物业工作人员一起到楼上查看，并发现 401 室房屋地面有大量积水，漏水原因系楼上住户未关闭水龙头。漏水发生后，原告的房屋中客厅、厨房、卧室、卫生间、阳台、屋内墙面发生大面积开裂，

电线、电灯也多处进水。

后来原告起诉至法院，请求：1. 被告赔偿房屋装修损失 11370 元、房屋维修期间两个月房租 5000 元、误工费 1000 元；2. 被告对房屋做好地面防水工程，以排除对原告房屋造成渗漏的妨碍。

被告认为：2022 年 6 月 6 日下午 5 点左右漏水，原告提供的视频显示房顶本身已有裂痕，而不是漏水造成，对于评估报告中无争议部分（主卧顶、次卧顶、玄关顶、客厅顶、客厅墙面、卫生清洁费、垃圾运输费）损失的评估金额过高。对于有争议部分（主卧墙面、次卧墙面、次卧窗帘盒、主卧地板、踢脚线、厨房灯、阳台顶）没有证据证明是楼上漏水造成的。此次漏水系一过性漏水，但是有争议部分明显并非此次漏水造成。如阳台顶本身就没有装修过，何来损失一说；主卧墙面、地板、踢脚线均系因空调漏水造成等。

因原告和被告双方对房屋损失金额的意见差异过大，法院依法委托某资产评估有限公司对案涉的某单元 301 室因本次漏水所造成的房屋装修损失进行司法鉴定。该评估公司出具的评估报告载明："1. 损失范围中无争议部分损失包括主卧顶、次卧顶、玄关顶、客厅顶及客厅墙面；有争议部分损失包括主卧墙面、次卧墙面、次卧窗帘盒、主卧地板、踢脚线、厨房灯、阳台顶；2.（1）装修的损失金额既包括施工人员的工资、装修主材和辅材，也包括其他各种综合费用；（2）损失金额中无争议损失金额 7156 元，有争议损失金额 4214 元。"原告支付鉴定费 3000 元。

— 法院认为 —

法院认为，不动产的相邻权利人应当按照有利生产、方便生活、团结互助、公平合理的精神，正确处理相邻关系，给相邻方造成妨碍或者损失的，应当停止侵害，排除妨碍，赔偿损失。本案中双方对于漏水事实及原因均无异议，争议焦点主要是损失金额的确定。对于该评估公司出具的评估报告，双方对于该鉴定机构的鉴定资质、鉴定程序均未提出异议，法院对评估报告的意见予以采纳。关于其中无争议部分的损失，依法确认 7156 元列入赔偿范围；关于有争议部分的损失，根据法院现场勘查的情况以及全案证据，原告提供的证据不足以证明该部分损失系由本次漏水所致，故对该部分损失法院不予支持。关于房屋维修过渡期间的租房费用损失，法院认为房屋受损后进行维修，确需腾空并另行租用房屋居住，故根据漏水损害情况并参考同时期同地段同面积房屋租赁价格，酌情确定为 2500 元。关于误工费损失，缺乏事实与法律依据，法院不予支持。

目前，被告未提供证据证明其已对案涉的 401 室房屋完成地面防水工程，并已消除危险。法院认为，被告作为相邻关系权利人，应当履行相邻关系的必要义务，对其所有的房屋做好有效的防水措施，故对原告要求被告对舟山市某单元 401 室的房屋做好地面防水工程、排除妨害的诉讼请求予以支持。

— 裁判结果 —

一、仲某某于本判决生效之日起三十日内对位于舟山市某单元 401 室房屋的地面做好防水措施；

二、仲某某于本判决生效之日起十日内赔偿李某某财产损失 9656 元；

三、驳回李某某的其他诉讼请求。

注：本案例选自（2022）浙 0903 民初 1934 号民事判决书

8. 电动车电池充电时发生爆炸，生产厂家和销售者谁承担赔偿责任？

现实生活中存在大量的产品质量纠纷案件，电动车充电时电池发生爆炸引发火灾等事件频频出现。生产厂家是否承担赔偿责任，应看电池爆炸与电池产品的质量缺陷是否存在因果关系，如电池发生爆炸是因电池产品质量缺陷引发的，根据《民法典》第一千二百零二条规定，生产厂家则应承担侵权赔偿责任。

因此，生产厂家不能以电池一经售出概不负责为由拒绝赔偿。购买方可以向生产厂家请求赔偿，也可以向产品的销售者请求赔偿，如销售者不存在造成电池产品产生缺陷的过错，销售者承担赔偿后可以向生产厂家追偿，反之生产厂家承担赔偿以后可以向销售者追偿。

【法条指引】

《民法典》

第一千二百零二条　因产品存在缺陷造成他人损害的，生产者应当承担侵权责任。

第一千二百零三条　因产品存在缺陷造成他人损害的，被侵权人可以向产品的生产者请求赔偿，也可以向产品的销售者请求赔偿。

产品缺陷由生产者造成的，销售者赔偿后，有权向生产者追偿。因销售者的过错使产品存在缺陷的，生产者赔偿后，有权向销售者追偿。

【案例分享】

电动车电池发生爆炸，生产厂家无法逃脱赔偿责任

—基本案情—

　　原告：马某

　　被告一：安徽某新能源技术有限公司

　　被告二：青海某商贸有限公司

　　被告三：雷某某（系被告二法定代表人）

　　原告马某因工作需要在被告二青海某商贸有限公司购买小刀电动车一辆，该车辆使用被告一安徽某新能源有限公司生产的电池。第二年，原告将电瓶放置家中充电时，引起爆炸燃烧，致使原告居住的房间起火。根据火灾事故认定书的认定，起火原因为排除其他用电设备引发的火灾，可以排除人为放火引发的火灾，可以排除遗留火源和生活用火不慎引发的火灾；不能排除电瓶故障起火引燃周边可燃物引发的火灾。火灾把原告家中所有装修全部毁损，同时因电动车烧毁，原告无法继续工作产生误工损失。

　　后原告起诉至法院，要求被告赔偿原告损失共计 202489 元（其中装修损失 128020 元，物品损失 70469 元，电瓶损失 4000 元）、赔偿原告因临时过渡期间的合理支出计 22200 元、赔偿原告误工工资 21000 元。

　　被告一辩称：第一，《公安部关于规范电动车停放充电加强火灾防范的通知》及《高层民用建筑消防管理规定》明确规定严禁将电动车入户充电，且电池外部标签也有明确告知禁止室内充电的警示标志，因此，马某违规将电动车锂电池带入室内充电，马某本人应承担火灾事故全部责任；第二，马某所购买的电动车和锂电池产品都是合法的企业生产，都具备相关检测机构出具的检测合格报告，说明我们产品的质量是没有问题的，造成本次事故是与马某个人不当使用有关；第三，马某将电池带入室内充电，物业并没有起到监管责任；第四，马某所提出的赔偿数额非常不合理，消防部门出具的报告中直接损失只有 12600 元，事故发生后我们已支付马某 10000 元作为日常生活补贴，其他赔偿我们不会承担。

　　被告二、三辩称：第一，被告三雷某某系被告二青海某商贸有限公司的法定代表人，其本人与原告之间并无买卖合同关系，故被告三作为本案被告主体不适格，请求法院驳回原告对被告三的起诉；第二，被告二作为案涉锂电池的销售者已经履行了对生产厂家即第一被告的营业执照、生产资质等内

容的审查，所有证件合法有效，并且生产厂家也为被告代理销售的产品提供了检测报告、产品合格证等，被告在销售产品时并无过错；第三，原告诉称"电瓶故障起火"，但未确定该故障是缘何产生的，不确定是被告一生产的产品不合格还是基于原告自身使用不当所致。

— 法院认为 —

火灾事故认定书认定起火原因无法排除电瓶故障起火引燃周边可燃物引发的火灾，即便消防部门未能查明起火的具体原因，但是综合考虑，法院认为涉诉电瓶因故障引发火灾的事实的存在具有高度可能性。涉诉锂电池的生产者被告一应当对因涉诉电瓶故障起火造成马某的合理损失承担赔偿责任。销售者被告二对马某的损失亦应承担赔偿责任。原告马某在高层建筑内违规充电，自身存在一定的过错，对损失的发生亦应承担一定的责任。原告的财产损失按照鉴定机构的鉴定结论 17900 元认定，原告应承担 3580 元，被告一和被告二共同赔偿马某损失 14320 元。被告二承担赔偿责任后，对被告一享有追偿权。被告三雷某某作为法定代表人对外不承担责任。马某要求被告赔偿因临时过渡期间的合理支出计 22200 元及误工工资 21000 元的诉讼请求，该损失为间接损失，法院不予支持。

— 裁判结果 —

一、被告一安徽某新能源技术有限公司、被告二青海某商贸有限公司在判决生效后十五日内赔偿原告马某经济损失 14320 元；被告二青海某商贸有限公司在承担了赔偿责任后，对被告一安徽某新能源技术有限公司享有追偿权；

二、驳回原告马某的其他诉讼请求。

注：本案例选自（2021）青 0102 民初 6536 号民事判决书

9. 游客在景区内未开发区域遇险，谁应承担赔偿责任？

游客擅自进入景区，在开放的区域遇险身亡，责任应该由谁来承担？这要看景区管理人是否对未开发区域已尽到安全保障义务，如景区管理人已充分尽到安全保障义务，反而是游客一意孤行擅自进到未开放区域，从而遇险发生人身损害，那么根据《民法典》第一千一百九十八条及第一千二百四十三条规定，景区管理人是不需要承担侵权赔偿责任的；反之，景区管理人应对其未充分尽到安全保障义务向游客承担赔偿责任。

那么如何界定景区管理人的安全保障义务呢？所谓安全保障义务是指景区管理人已采取足够安全措施并尽到充分警示义务，降低遇险的风险系数，为游客提供一个安全的游园环境。比如景区发布游客安全须知或在景区内设置了明显危险警示标志，设置了有隔离或封闭指示标识的防护措施，遇险发生后及时履行救助义务等。如景区已按照善良管理人的标准尽最大可能地谨慎和努力控制安全隐患，反而是游客未遵守相关警示等风险提示执意前往未开放区域游玩遇险的，景区管理人对游客的遇险就不存在任何过错，因此也就不需要承担赔偿责任。

若景区管理人未尽到安全保障义务，对事故的发生存在一定的过错，则需要承担相应的赔偿责任。

【法条指引】

《民法典》

第一千一百九十八条　宾馆、商场、银行、车站、机场、体育场馆、娱乐场所等经营场所、公共场所的经营者、管理者或者群众性活动的组织者，未尽到安全保障义务，造成他人损害的，应当承担侵权责任。

第一千二百四十三条　未经许可进入高度危险活动区域或者高度危险物存放区域受到损害，管理人能够证明已经采取足够安全措施并尽到充分警示义务的，可以减轻或者不承担责任。

【案例分享】

景区未设置隔离封闭防护措施，发生溺亡事故时应承担赔偿责任

—基本案情—

原告一：陈某某

原告二：黄某某

被告一：曾某某

被告二：崇州市某古镇景区管理局

2013 年 8 月 25 日，原告陈某某、黄某某的儿子黄某成（16 周岁）应同学（均未满 18 岁）的邀请，在同学父亲曾某某的带领下到崇州市某古镇景区旅游。中午 13 时，被告曾某某在桥边喝茶并提醒黄某成等三人不要下水游泳。后黄某成与同学等三人在古镇河边浅水处玩耍，黄某成在玩耍过程中不慎落入深水中，经抢救无效当场死亡。事故发生后，曾某某立即向陈某某、

黄某某支付 40000 元。

后由于原告、被告双方协商赔偿未果，原告起诉到法院，要求被告赔偿死亡赔偿金 406140 元、丧葬费 21558 元、精神损失 60000 元、交通食宿费 20000 元，共计 507698 元。

被告一曾某某认为，黄某成的父母没有委托他对黄某成进行监护，因此曾某某没有法定监护义务。黄某某已年满 16 周岁，智力较为成熟，黄某某自己跟随曾某某出去游玩，对于出门游玩等日常生活情形可以自己决定，不再需要监护。

被告二崇州市某古镇景区管理局则认为不应承担责任。第一，死者黄某成出事地点不是景区管理局收取门票的范围，属于自然河道，未对游客开放，也未修建任何游玩设施；第二，景区管理局在开发的区域都安放了警示标语并设置了护栏，已尽到相应的警示提示、安全注意义务；最后，黄某成已年满 16 周岁，自身有一定识别能力，可以意识到出事地点是未开放区域，并能够判断到常识性的危险，在明知有危险的情况下，黄某成还在河道中打闹，本身存在过错，应承担相应责任。被告一曾某某作为监护人未尽到应尽的监护职责，也应当承担赔偿责任。

— 法院认为 —

第一，死者黄某成已满 16 周岁，系限制民事行为能力人，应对自己的相关行为是否危及生命安全作出正确的判断，在下水游玩的过程中其自身应当根据河流的水深及水流本身的危险性尽到注意义务，由于其自身缺乏安全意识，导致溺亡，故黄某成对其溺水身亡事故的发生存在过错。第二，曾某某自愿带领三个未成年孩子一起去景区游玩，事实上构成了曾某某愿意承担黄某成等人在游玩期间的部分监护职责。曾某某在黄某成等三人到河道中游玩时仅作提醒却未阻止，使黄某成脱离了其监管，可见曾某某未尽到监护人应尽的监护职责及一般注意义务，对被监护人的溺水身亡具有过错。第三，崇州市古镇景区管理局作为经营管理者，在河内修建了水墩，未采取任何措施防止游客下水戏耍，在景区内又未安排工作人员巡查以及对游客进行相关安全宣传。事故发生时，仍有多名游客在水中玩耍，该现状已成为现实的安全隐患，且客观上也发生了他人进入事故发生地，并造成黄某成溺水身亡的事故。因此，崇州市某古镇景区管理局未尽到安全注意义务，对损害后果的发生具有一定的过错，应对黄某成溺水身亡事故的发生承担相应的责任。法院酌情确定被告曾某某承担 20% 的赔偿责任，被告崇州市某古镇景区管理局承担 25% 的赔偿责任，原告承担 55% 的赔偿责任。

— 裁判结果 —

一、判决被告曾某某赔偿原告 84875.30 元（424376.50 元 ×20%，扣除已支付 4 万元后为 44875.30 元）；

二、被告崇州市某古镇景区管理局应赔偿原告 106094.13 元（424376.50 元 ×25%）；

三、被告曾某某向原告支付精神损害抚慰金 10000 元，崇州市某古镇景区管理局向原告支付精神损害抚慰金 15000 元；

四、驳回原告其他诉讼请求。

注：本案例选自（2013）金牛民初字第 7676 号民事判决书

10. 逝者的遗物被毁损，亲属应怎么办?

生老病死乃自然规律，当亲人逝去时，有纪念意义的遗物便成为生者对逝者的一种精神寄托。逝者遗物跟普通物品不同，普通物品具有可替代性，而遗物承载着亲人某种特殊的情感记忆，是生者与逝者的情感连接纽带，其精神价值远超于其本身物质价值。具有特定人格象征意义的纪念物品，是不可替代的。当逝者的遗物被毁损，表面上看毁损的是物，实际上侵害的是物背后的人格利益和身份利益（侵害亲属的一般人格权），给亲属造成不可弥补的精神创伤。因此，遗物作为特定物被他人毁损且不可复原时，亲属可以根据《民法典》第一千一百八十三条规定起诉至法院，请求侵权人赔偿除了遗物本身财产价值损失之外的精神损失。

关于精神损害数额界定问题，因精神损害本身无法用金钱数额进行衡量，目前没有法律明确规定精神损失的具体赔偿数额，但是精神损害赔偿的数额应该与精神损害的严重程度相一致。司法机关认定精神损害赔偿数额的大小是根据侵害人的过错程度、侵害手段、场合、行为方式、侵权行为所造成的后果等重要因素予以判定，一般而言，造成亲属的精神创伤越严重，精神损害赔偿就越高。

【法条指引】

《民法典》

第一千一百八十三条 侵害自然人人身权益造成严重精神损害的，被侵权人有权请求精神损害赔偿。

因故意或者重大过失侵害自然人具有人身意义的特定物造成严重精神损害的，被侵权人有权请求精神损害赔偿。

【案例分享】

快递公司运输过程中造成遗物被毁损，法院判赔精神损失

— 基本案情 —

原告：刘某某

被告：某快递股份有限公司

2016 年 1 月 29 日，原告委托被告将一缝纫机从四川省成都市运到上海市钦州北路某处，原告支付了快递费 564 元。同年 3 月 6 日，该快递送至上海收货地址时，原告发现货物及外包箱子均有损坏，遂与被告交涉。交涉未果后，被告的送货人员将货物拉回被告公司。次日，原告向该快递公司投诉。该快递公司经调解后答复原告：3 月 23 日某快递回复邮政称，经核实此件 1 月 29 日从四川收寄，此件破损，内件为缝纫机，未保价；我司已联系原告表示歉意，并同意赔偿 300 元，但原告不满意。之后原告去被告处将缝纫机取回，此时该快递件的外面的木架和纸盒均已损坏，缝纫机也已散架，造成缝纫机永久性损坏，因该台缝纫机是母亲去世后留下的唯一遗物，给原告带来巨大的精神痛苦。

原告起诉至法院，请求被告赔偿包括财产损失、精神损失等损失及公开向原告赔礼道歉。

某快递股份有限公司认为，对原告所托运的货物，被告可以赔偿其实际价值；其他损失如果有相应的凭证，被告同意赔偿；但原告所主张的精神损失，没有法律依据，被告不予认可。

— 法院认为 —

被告在与原告达成快递合意后，理应及时并安全无损地将原告托运的货物运抵目的地，现被告送交给原告的托运货物已损坏，故其应承担相应的民事责任；原告要求被告返还快递费，赔偿物品损失，并无不当，可予准许；对原告因解决纠纷而产生的交通费，被告表示愿意承担，对此法院予以准许；因所托运的缝纫机系原告母亲留给原告的遗物，缝纫机的损坏确对原告造成一定的精神伤害，故原告要求被告赔偿精神损失，可予准许，精神损失的赔偿数额则由法院酌定；原告要求被告赔礼道歉，依据不足，法院难以支持。

— 裁判结果 —

一、某快递股份有限公司于本判决生效后十日内返还刘某某快递费 564 元，赔偿刘某某货物损失 436 元和其他损失 1780 元；

二、某快递股份有限公司于本判决生效后十日内赔偿刘某某精神损失 2000 元；

三、驳回刘某某其他诉讼请求。

注：本案例选自（2016）沪 0104 民初 29509 号民事判决书

11. 快递员送货时发生车祸致他人受伤，谁来赔偿？

快递已经成为我们生活中不可缺少的部分，快递员派送快递时发生车祸的事件也是屡见不鲜。那么快递员送货时发生车祸致使他人受伤时，应该由谁来承担赔偿责任呢？根据《民法典》第一千一百九十一条规定，快递公司应依法对快递员执行工作任务致使他人受伤的行为承担侵权赔偿责任（法理上称为用人单位的替代责任），如快递员的涉案车辆在保险公司购买了保险，则由保险公司在保险限额范围内对受害人进行赔付，超出保险范围的部分由用人单位赔付。

快递公司承担赔偿责任后是否可以向快递员追偿赔偿款项呢？根据《民法典》第一千一百九十一条的规定，用人单位承担赔偿责任后可以向存在故意或重大过失的员工进行追偿。所谓员工故意或重大过失，是指员工执行工作任务过程中未尽到忠实和勤勉的注意义务，比如快递员为抢时间故意闯红灯导致撞伤行人或与其他车辆发生碰撞等。特别说明的是，实践中用人单位行使追偿权并非是指可以追偿员工承担全部赔偿责任，法院是综合用人单位自身是否违反选任、监督、指示、安全保障义务等及员工自身重大过错等因素，来判定用人单位可以向员工追偿的必要赔偿金额。

【法条指引】

《民法典》

第一千一百九十一条　用人单位的工作人员因执行工作任务造成他人损害的，由用人单位承担侵权责任。用人单位承担侵权责任后，可以向有故意或者重大过失的工作人员追偿。

劳务派遣的工作人员因执行工作任务造成他人损害的，由接受劳务派遣的用工单位承担侵权责任；劳务派遣单位有过错的，承担相应的责任。

【案例分享】

快递员工作时发生车祸，法院判决由快递公司赔付

一 基本案情 一

原告：吴某某

被告一：无锡市某快递有限公司

被告二：某财产保险股份有限公司无锡分公司

被告三：张某

被告三张某系被告无锡市某快递有限公司的员工。2020 年 9 月 15 日被告张某驾驶无号牌电动三轮车行驶在非机动车道时，撞击前方同向行人原告吴某某，造成原告吴某某受伤、车辆损坏的交通事故。经交通警察支队惠山大队认定，被告张某负事故的主要责任，原告吴某某负事故的次要责任。被告三张某驾驶的车辆在被告二处投保了非机动车责任险，事故发生在保险期内（保险条款为每次事故赔偿限额为 100000 元；每次事故绝对免赔额 100 元或者损失金额的 10%，以高者为准；非机动车第三者责任每次事故人伤医疗赔偿限额 30000 元，每次事故财产损失赔偿限额 20000 元）。

事发后，原告吴某某被送至医院进行治疗，住院期间被告一快递公司垫付了 20000 元医药费。经司法鉴定所作出鉴定意见：原告吴某某因交通事故致颅脑损伤遗留精神障碍，日常生活有关的活动能力中度受限构成九级残疾；其误工期为自受伤之日起至伤残评定前一日止，护理期为三个月，营养期为三个月。

原告吴某某将各被告起诉至法院，要求各被告赔偿原告因本次事故造成的各项损失：1. 医疗费 109959.50 元；2. 住院伙食补助费 1600 元（50 元 / 日 × 32 日）；3. 营养费 2700 元（30 元 / 日 × 90 日）；4. 残疾赔偿金 223449.60 元（55862.40 元 / 年 × 20 年 × 20%）；5. 护理费 9000 元（100 元 / 日 × 90 日）；6. 精神损害抚慰金 10000 元；7. 交通费 500 元。

被告一快递公司辩称：其对事故和责任认定无异议，张某系其员工，事发时系履行职务，其承担 60% 的责任。其为肇事车辆向被告二公司投保了非机动车责任险，被告二保险公司应承担保险责任。

被告二保险公司辩称：其对事故和责任认定无异议，被告一快递公司为肇事车辆向其投保了非机动车责任险，其中医疗赔偿限额为 30000 元，财产

赔偿限额为 20000 元，伤残赔偿限额为 50000 元。

— 法院认为 —

交警惠山大队认定吴某某负事故的次要责任，张某负事故的主要责任，客观真实，合法有效，法院予以确认。根据双方的过错程度，法院确定张某一方对吴某某的损失承担 70% 的赔偿责任。因张某系被告一公司的员工，事发时系执行工作任务，故应由被告一快递公司承担相应的赔偿责任。据此，吴某某的合理损失合计 357209.10 元，由被告一快递公司赔偿 70% 即 250046.37 元，其中由被告二保险公司在非机动车责任险责任限额范围内承担 100000 元，被告一快递公司自行承担 150046.37 元。扣除已支付的 20000 元，被告一快递公司还应支付 130046.37 元。对于原告吴某某超出部分的诉讼请求，法院不予支持。

— 裁判结果 —

一、无锡市某快递有限公司于本判决发生法律效力之日起十日内向吴某某赔偿损失 130046.37 元；

二、某财产保险股份有限公司无锡分公司于本判决发生法律效力之日起十日内向吴某某赔偿损失 100000 元；

三、驳回原告吴某某的其他诉讼请求。

注：本案例选自（2021）苏 0206 民初 5768 号民事判决书

12. 无偿搭乘私家车受伤，驾驶人要承担赔偿责任吗？

《民法典》生效前未有法律对无偿搭乘的问题作出规定，《民法典》生效后对无偿搭乘作出了具体规定，弥补了无偿搭乘的法律空白。无偿搭乘私家车在法律上称之为好意同乘（俗称"搭便车"），所谓好意同乘是指好意人基于善意的目的，同意同乘人免费乘车的情谊行为。但当好意同乘发生交通事故致使搭乘人受伤且属于驾驶人的责任时，《民法典》规定驾驶人应向搭乘人承担侵权损害赔偿责任。

《民法典》为何规定驾驶人做了好事仍要承担赔偿责任？这是由于驾驶人对于搭乘人仍具有安全保障义务，搭乘人的安全问题是来源于驾驶人对危险源的控制能力和预测能力，驾驶人在驾驶时是最能预见可能发生的危险和损害，并且最可能采取必要的措施防止损失的发生或者使之减轻的人，驾驶人避免和减轻该危险的成本是最低的。而事故发生的责任在于驾驶人，说明驾驶人未尽到谨慎的安全保障义务，存在一定的过错，此时要求驾驶人承担相应民事赔偿责任是有必要的且是合理的，警示驾驶人开车时要尽到谨慎注意的安全保障义务，既是对自己人身安全负责，亦是对他人人身安全负责。

虽然《民法典》规定如交通事故属于驾驶人一方责任时，驾驶人应承担侵权赔偿责任，但只要驾驶人对损害发生不存在故意或重大过失的行为，比如驾驶人未取得驾驶证、饮酒驾驶或不遵守交通规则（如闯红灯）等行为，则驾驶人的赔偿责任是要减轻的。因为无偿搭车本身是一种乐于助人的良善行为，如要求驾驶人承担全部责任，此时会让做了好事的人寒心，引发错误的社会价值导向，严重违背社会主义核心价值观。

【法条指引】

《民法典》

第一千二百一十七条　非营运机动车发生交通事故造成无偿搭乘人损害，属于该机动车一方责任的，应当减轻其赔偿责任，但是机动车使用人有故意或者重大过失的除外。

【案例分享】

交通事故后，好意同乘的驾驶人被法院判赔

一 基本案情 一

原告：谢某某

被告：顾某某、康某某

被告：中国人寿财保公司敦煌市支公司

被告：人保财险合作支公司

2021 年 10 月 14 日，被告顾某某驾驶小轿车与被告康某某所驾驶的小轿车相撞，造成顾某某车内乘客龚某经医院抢救无效死亡，同乘人谢某某、郭某某受伤以及双方车辆部分受损的道路交通事故。交警大队道路交通事故认定书认定顾某某和康某某承担此事故的同等责任，其他人员不承担事故责任。康某某的车辆在人保财险合作支公司投保机动车交通事故责任强制保险和1000000 元的第三者责任险且均在保险期限内。

事故当日，谢某某前往医院住院治疗，经诊断谢某某全身多处存在损伤及骨折等，花费了高额医疗费。后经鉴定机构鉴定致残程度为一个九级伤残、两个十级伤残。

双方经协商赔偿不成，谢某某向法院提起诉讼，请求：1. 要求顾某某、康某某赔偿谢某某各项经济损失 295848.60 元（其中医疗费 155612.42 元、护理费 28220 元、住院伙食补助费 4200 元、营养费 2200 元、交通费 3264.50 元、残疾赔偿金 95533.68 元、鉴定费 3800 元、住宿费 3018 元）；2. 要求中国人寿财保公司敦煌支公司、人保财险合作支公司在机动车交强险限额内承担赔偿责任。

顾某某辩称，关于本次事故本人不应承担赔偿责任，理由如下：1. 康某某严重超速等交通违法行为是导致本次事故的主要原因，事故的全部赔偿责任应当由康某某承担；2. 本人按照规定安全驾驶车辆，所有操作符合规定，不存在过错；3. 交警队出具的交通事故责任认定书与事实不符，不应作为本案民事赔偿定案依据；4. 本人的行为系好意施惠，应当免除本人的赔偿责任。

康某某辩称，应当按照敦煌市交警大队出具的交通事故责任认定书认定的责任比例来承担赔偿责任。

中国人寿财保公司敦煌支公司辩称，由于本公司承保顾某某车辆的保险，已对康某某进行赔付，不应再承担本案的赔付义务。

人保财险合作支公司辩称：1. 康某某驾驶的车辆在本公司投保有交强险及 100 万元的商业第三者责任保险，对于谢某某的合理损失本公司会根据保险合同的约定及法律规定承担保险责任。2. 本案争议的交通事故，根据《道路交通事故认定书》，交强险保险金额应当由上述被侵权人根据各自损失数额按比例受偿，超出交强险的部分再由我公司在商业第三者保险限额内按事故责任比例承担保险责任。3. 关于谢某某主张的医疗费，根据甘肃省高级人民法院发布的《甘肃省道路交通事故损害赔偿项目计算标准》的规定，对于超出交强险部分的医疗费应当按照 10% 的比例核减超出国家基本医疗保险标准的费用；关于谢某某主张的医疗费，根据上述规定，涉残的营养费包含在伤残赔偿金中，不再另行计算，故谢某某在主张伤残赔偿金的基础上再行主张营养费属于重复主张；关于谢某某主张的后续治疗费，因未实际产生，故不应予赔付。

— 法院认为 —

康某某驾驶车辆在人保财险合作支公司投保交强险和商业三者险，且事故发生在保险期间内，故康某某的赔偿责任应当由人保财险合作支公司在交强险赔偿限额内予以赔偿，不足部分由人保财险合作支公司在商业三者险范围内按照康某某承担的事故责任比例承担赔偿，仍有不足的，由康某某按照交通事故责任比例承担。因交强险和商业三者险的赔付对象为除司机或乘坐人员以外的第三者（即车外人员），因此顾某某驾驶车辆投保的中国人寿敦煌支公司不承担本案赔偿责任，顾某某的赔偿责任应在人保财险合作支公司按照交强险限额赔付完毕后超出部分按照其承担的事故责任比例承担赔偿责任。

法院依法确认谢某某在本次交通事故中的各项损失为：医疗费 148862.42 元、住院伙食补助费 4200 元、护理费 25766.71 元、残疾赔偿金 95533.68 元、交通费 3264.50 元、住宿费 3018 元，以上合计 280645.31 元。

本次事故中龚某的继承人李某等人、郭某某、顾某某分别另案起诉康某某及人保财险合作支公司，对以上当事人的赔偿数额按比例分配后，在交强险医疗费赔偿限额内李某等人占 15.1%，谢某某占 78.4%，顾某某占 0.6%，郭某某占 5.88%，谢某某的赔偿金额为 14115.20 元。在交强险死亡伤残限额内，李某等人占 68.62%，谢某某占 29.49%，郭某某占 1.9%，谢某某的赔偿金额为 52607.36 元。谢某某的赔偿数额应当在康某某的交强险赔偿限额内赔偿 66722.56 元，超出部分 213922.75 元按照顾某某、康某某在事故中承担的责任划分，其中人保财险合作支公司在商业三者险内向谢某某赔偿 106961.38 元，赔偿数额未超出商业三者险范围，因此康某某不再承担赔偿责任；顾某某向谢某某赔偿 106961.38 元。本案中，谢某某系无偿搭乘顾某某车辆，考虑到事情的具体情况，属好意同乘，顾某某对谢某某的各项损失承担 70% 的民事赔偿责任，即 74872.97 元。

— 裁判结果 —

一、中国人民财产保险股份有限公司合作支公司在机动车交通事故责任强制保险限额内赔偿谢某某各项损失共计 66722.56 元，在商业三者险赔偿限额内赔偿谢某某 106961.38 元，合计 173683.94 元；

二、顾某某赔偿谢某某各项损失共计 74872.97 元；

三、顾某某、康某某分别向谢某某支付甘肃科证司法鉴定所敦煌分所鉴定费用 1900 元。

注：本案例选自（2022）甘 0982 民初 643 号民事判决书

13. 逛商场时遭跳楼者砸伤，谁应承担赔偿责任？

消费者进入商场购物时，根据《消费者权益保护法》及《民法典》相关规定，商家对消费者负有安全保障义务，商场应在合理限度内保障消费者在商场购物时的人身及财产安全。一般而言，商家作为经营者是无法预见第三人可能会跳楼，更无法预见第三人跳楼会出现砸伤其他消费者的损害后果，如商场对被砸伤消费者已尽到安全保障义务时，那么该第三人跳楼砸伤事件则应定性为意外事件，商场不需要承担赔偿责任。若商场对消费者未尽到安全保障义务，比如商场安全防护栏和手扶电梯设置存在缺陷等安全隐患问题，此时商场违反《民法典》第一千一百九十八条规定，未尽到合理的安全保障义务，故被砸伤者可以选择依据《民法典》规定要求商场承担相应侵权赔偿责任。

【法条指引】

《民法典》

第一千一百九十八条　宾馆、商场、银行、车站、机场、体育场馆、娱乐场所等经营场所、公共场所的经营者、管理者或者群众性活动的组织者，未尽到安全保障义务，造成他人损害的，应当承担侵权责任。

因第三人的行为造成他人损害的，由第三人承担侵权责任；经营者、管理者或者组织者未尽到安全保障义务的，承担相应的补充责任。经营者、管理者或者组织者承担补充责任后，可以向第三人追偿。

【案例分享】

消费者商场内遭跳楼者砸伤，商家被判承担赔偿责任

— 基本案情 —

原告：邵某某

被告：大商许昌某公司

被告：大商许昌某新玛特总店

2018年5月27日下午，原告在被告大商许昌新玛特总店（大商许昌新玛特总店系大商许昌公司依法设立的分公司）二楼购物时，被商场五楼的段某某突然翻越电动扶梯入口处的扶手跳楼砸穿二楼防护网后掉落砸伤，造成原告全身多处骨折等症状。后原告前往医院住院治疗，共支付住院费用361890.58元。原告认为被告作为经营者对消费者未尽到安全保障义务，造成

原告损害，于是原告起诉至法院要求被告赔偿医疗费等损失共计 420600 元。

诉讼过程中，大商许昌公司、大商许昌新玛特总店认为：1. 原告被第三人砸伤属于意外事件。原告被砸伤后，被告便立即报警并拨打 120 急救电话，已尽最大的努力保障消费者的合理安全，被告无法预见第三人跳楼砸伤原告，原告受伤是第三人造成的，被告不是砸伤原告的侵权人，被告依据法律规定不需要承担责任。2. 被告作为经营者已经尽到安全保障义务，安全措施到位。法律规定的经营者的安全保障义务并不是无限的，只有经营者未尽合理限度范围内的安全保障义务，才会产生损害赔偿责任。原告被砸伤并不符合《消费者权益保护法》中规定的经营者的安全保障义务，因此被告对于原告遭受的损害并不承担责任。3. 根据法律规定，完全由第三人造成的损失，则由该第三人来承担责任，经营者对此免责；而原告的损失完全是由第三人跳楼行为造成的，因此被告对此不应承担责任。

— **法院认为** —

消费者在购买商品和接受服务时享有人身、财产不受损害的权利，本案存在合同法律关系与侵权法律关系竞合的情况，邵某某可以择一进行主张。本案事故中，大商许昌新玛特总店的电动扶梯入口处扶手较低，大商许昌新玛特总店也未在该位置加装围栏，存在安全隐患；大商许昌新玛特总店未设置安保人员对商场电梯、高空围栏等存在安全隐患的位置进行巡查，安保措施不到位；大商许昌新玛特总店设置的高空防护网被坠落的段某某砸穿，其安全保护措施不力。因大商许昌新玛特总店未尽到安全保障义务，致使段某某在商场五楼电动扶梯入口处徘徊半分钟后轻易翻越电梯扶手坠落砸伤邵某某，大商许昌新玛特总店在履行服务合同过程中未全面履行合同义务，应承担违约责任，对邵某某的损失予以赔偿。考虑到大商新玛特总店在商场二楼设置有防护网，对段某某的坠落起到一定缓冲作用，且在事故发生后及时联系医疗部门，尽到一定的安全保障义务，应酌情减轻其违约责任。因邵某某坚持按服务合同法律关系主张权利，法院酌定大商许昌新玛特总店对邵某某的损失承担 85% 的赔偿责任。另原告主张按照服务合同法律关系主张权利，大商许昌某公司非服务合同相对方，要求大商许昌某公司承担违约责任于法无据。

— **裁判结果** —

一、被告大商许昌新玛特总店于本判决生效之日起十日内赔偿原告邵某某损失 354921.80 元；

二、驳回原告邵某某其他诉讼请求。

注：本案例选自（2019）豫 1002 民初 62 号民事判决书

14. 积雪砸坏车辆，责任由谁承担？

积雪掉落，可能对行人的人身安全造成威胁或者导致建筑物楼下的物品损坏。楼顶积雪属于建筑物的自然悬挂物，其发生脱落、坠落造成他人损害，建筑物所有人、管理人或者使用人不能证明自己没有过错的，应当承担侵权责任。被建筑物楼顶的积雪砸坏的车辆损失应当由建筑物的所有人、管理人或者使用人承担，除非建筑物所有人、管理人或者使用人能够证明自己没有过错。因此，建筑物的所有人、管理人或者使用人应当及时清理积雪，避免给行人的人身或者财产造成损害。

【法条指引】

《民法典》

第一千一百六十五条 行为人因过错侵害他人民事权益造成损害的，应当承担侵权责任。

依照法律规定推定行为人有过错，其不能证明自己没有过错的，应当承担侵权责任。

第一千二百五十三条 建筑物、构筑物或者其他设施及其搁置物、悬挂物发生脱落、坠落造成他人损害，所有人、管理人或者使用人不能证明自己没有过错的，应当承担侵权责任。所有人、管理人或者使用人赔偿后，有其他责任人的，有权向其他责任人追偿。

【案例分享】

屋顶积雪掉落导致楼下车辆被砸坏，物业应当承担部分责任

— 基本案情 —

原告：王某

被告：逊克县某物业有限责任公司

2022 年 3 月 8 日，原告按照往常的生活方式将其所有的小型越野客车停靠在自己家楼下停车位里。由于小区物业清理的积雪堆积在停车位上，导致车辆不能完全停靠在停车位里，小区其他车辆及其他车位均是此种情况，只

能像其他车辆一样尽量停靠在停车位上。原告回家休息时，突然楼上落下积雪，砸坏了原告及其他人的车辆。原告认为此起事故根本原因在于物业管理失位，没有尽到物业管理和服务职责所致。后原告向法院提起诉讼，请求法院判令被告承担赔偿责任，赔偿原告因其管理缺失造成的车辆损失 10650 元。

被告辩称，被告于 2013 年 10 月 1 日与原告居住的小区签订的《物业服务委托合同》第二条约定"物业服务收费标准：住宅每户 240 元，公摊照明 20 元，车库每户 150 元。楼上、屋顶、填沟不单独清雪，化雪渗漏由物业安排做防水，费用业主公摊"。合同签订后被告按照合同约定履行服务职责，在每年春天积雪融化时被告都在小区防盗门旁边贴有提示牌"小心房顶落雪，车辆请远停，行人绕行，发生事故后果自负"。按照《物业服务委托合同》，被告不承担赔偿责任。根据《物业管理条例》第三十六条规定，物业管理企业应当按照物业服务合同的约定，提供相应的服务。被告是按照物业服务合同的约定，提供相应的服务，合同没有约定的义务，被告不承担责任。原告没有遵守提示牌中"小心房顶落雪，车辆请远停，行人绕行，发生事故后果自负"的义务。停车位不收取费用，被告将地上积雪已清理，就算是停到车位，由于该楼房女儿墙矮，雪掉下来的话也会砸到车。所以被告已尽到告知义务，不承担赔偿责任。

— 法院认为 —

楼顶积雪属于建筑物的自然悬挂物，其发生脱落、坠落造成他人损害，建筑物所有人、管理人或者使用人不能证明自己没有过错的，应当承担侵权责任。首先，本案中积雪坠落的建筑物属于小区，所有人为全体业主，管理人为被告逊克县某物业有限责任公司。被告与小区开发商签订的前期物业合同第二条第一款约定"……楼上、屋顶、填沟不单独清雪，化雪渗漏由物业安排做防水，费用由业主公摊……"故该公司对于小区楼顶积雪没有清理义务。王某称从未见过物业合同，不知道服务事项，但被告已实际服务该小区八年之久，说明小区业主们怠于行使自己的权利，未成立有效的业主大会，未与被告形成新的物业委托合同，未就楼顶积雪清理等重大事项进行协商沟通。小区业主们怠于行使自己的权利是此次事件发生的主要原因。其次，王某即便没有看到物业公司在小区内悬挂的警示牌，在停车时也应注意周围环境，其未尽到足够的注意义务，自身也负有一定责任。最后，王某提供的视频能够反映出物业公司未能及时清理停车场内的积雪，导致受损车辆不能完全进入停车位内。如果完全进入停车位确实可以减轻一定的损失，故被告应承担一定的过错责任。综合考量原告、被告各自过错程度，法院酌定被告逊克县某物业有限责任公司承担 30% 的赔偿责任，即 10650 元 × 30%=3195 元。

— 裁判结果 —

逊克县某物业有限责任公司于本判决生效后五日内赔偿王某经济损失 3195 元。

注：本案例选自（2022）黑 1123 民初 856 号民事判决书

15. 汽车美容店产生严重噪声，楼上居民可否主张精神损失？

汽车美容店开设在居民楼下的情况比较多，汽车美容店洗车、修车所用洗车机泵、水泵喷枪、吸尘器、升降机等设备运行时会产生一定的噪声。汽车美容店不对噪声进行一定的降噪处理，会干扰到楼上居民的正常生活，此种行为属于噪声污染。一般情况下，楼上居民会向环保部门进行举报。若汽车美容店对环保部门的整改意见整改不到位，继续产生噪声污染，楼上居民可通过诉讼的方式请求汽车美容店采取有效降噪措施，并可根据汽车美容店的经营年限、噪声的持续性、强度及距离等因素请求赔偿精神损失。

【法条指引】

《民法典》

第一千一百八十三条　侵害自然人人身权益造成严重精神损害的，被侵权人有权请求精神损害赔偿。

因故意或者重大过失侵害自然人具有人身意义的特定物造成严重精神损害的，被侵权人有权请求精神损害赔偿。

第一千二百二十九条　因污染环境、破坏生态造成他人损害的，侵权人应当承担侵权责任。

【案例分享】

洗车店产生严重噪声，被判采取降噪措施并赔偿精神损失

— 基本案情—

原告：周某某

被告：灌云县某汽车美容店

经营者：杨某

杨某于 2020 年 3 月 26 日注册成立被告灌云县某汽车美容店，经营范围为机动车修理和养护、洗车服务，经营场地位于灌云县某镇，为临街商铺。原告周某某居住的房屋与被告汽车美容店为直接相连的上下楼关系。原告认为被告汽车美容店洗车、修车所用洗车机泵、水泵喷枪、吸尘器、升降机等设备运行时产生的噪声严重影响其生活及身心健康，曾向环保部门投诉并要求查处。灌云生态环境局在 2021 年 4 月 15 日经现场检查与检测，认定被告存在噪声违法排放。2021 年 5 月 7 日再次现场检查与检测，认定整改未达标，2021 年 7 月 7 日作出罚款 2900 元的行政处罚。被告被处罚后一直没有整改，噪声扰民行为依然存在。

原告认为被告长期超标排放噪声，在受到行政处罚的情况下拒不改正，时间跨度两年多，客观上长期侵害原告的身体及精神健康，使原告合法权益受到损害，于是向人民法院提起诉讼，要求被告立刻停止噪声污染侵权行为并赔偿原告医疗费用 587.66 元、精神损失 9000 元。

被告辩称：1. 其是正常营业，早上八点开始到晚上六七点钟下班，夜间不经营。之前检测过，楼上是达标的，没有影响到原告；2. 即使超标也应当由环保局管理，原告无权干涉；3. 原告是恶意起诉，是原告与被告所租房屋的所有人有矛盾；4. 被告经营场所那一排房屋有 6 家洗车店，房屋都是同样的结构，楼上都住人，如果有影响肯定都有。

— 法院认为 —

本案中，被告汽车美容店经营洗车、保养、修理车辆等业务，使用洗车机泵、水泵喷枪、吸尘器、升降机等设备时，必然会产生一定的噪声。根据《中华人民共和国噪声污染防治法》第九条、第六十一条、第六十二条的规定，被告作为排放噪声的经营者，应当采取优化布局等有效措施，防止、减轻噪声污染。而被告并未采取相应的措施，产生的噪声在原告居住房屋内可以清晰地听到，已经干扰到原告的正常生活，超出了相邻关系的容忍义务，故被告的行为已经构成噪声污染。根据该法第八十六条规定，"受到噪声侵害的单位和个人，有权要求侵权人依法承担民事责任"。故原告周某某有权提起侵权之诉，维护其生态环境权益，而被告作为环境侵权人，应当按照《民法典》第一千二百二十九条之规定，承担相应的侵权责任。

对于被告承担侵权责任的方式，根据《民法典》第一千一百六十七条的规定："侵权行为危及他人人身、财产安全的，被侵权人有权请求侵权人承担停止侵害、排除妨碍、消除危险等侵权责任。"故本案中原告要求被告停止噪声污染行为及赔偿损失的诉求于法有据，法院予以支持。被告应当按照《中华人民共和国噪声污染防治法》的规定采取防控措施，如优化布局、安装隔音、消音装置、更换低噪声设备等方式方法，使排放的噪声降低至原告房屋内符合《社会生活环境噪声排放标准》（GB22337-2008），具体为："1. 卧室，等效声级符合表2中噪声敏感建筑声环境2类功能区A类房间标准限值昼间45dB（A）、夜间35dB（A），噪声倍频带声压级执行表3中噪声敏感建筑物声环境2类功能区A类房间标准限值。2. 其他房间，等效声级符合表2中噪声敏感建筑声环境2类功能区B类房间标准限值昼间50dB（A）、夜间40dB（A），噪声倍频带声压级执行表3中噪声敏感建筑物声环境2类功能区B类房间标准限值。"对原告主张的精神损害抚慰金，根据《中华人民共和国民法典》第一千一百八十三条规定，"侵害自然人人身权益造成严重精神损害的，被侵权人有权请求精神损害赔偿"。本案中原告称噪声严重影响其休息，其身心受到损害，法院认为该损害符合一般社会公众对于噪声污染会对人生活、休息和身体健康产生一定影响的日常生活经验，应推定属实，故被告应予赔偿原告精神损害抚慰金。关于赔偿数额，法院结合被告经营年限、噪声的持续性、强度及距离等因素综合考虑，认为原告主张的9000元未超出合理范围，法院予以支持。对原告主张的医疗费用，其举证的病历等证据，尚不足以证实系因被告噪声污染导致，故该主张法院不予支持。

— 裁判结果 —

一、被告灌云县某汽车美容店于本判决发生法律效力之日起三十日内采取有效降噪措施，使原告周某某位于灌云县某镇某小区的噪声符合《社会生活环境噪声排放标准》（GB22337-2008）的相关要求；

二、被告灌云县某汽车美容店于本判决发生法律效力之日起十日内赔偿原告周某某精神损害抚慰金9000元；

三、驳回原告周某某其他诉讼请求。

注：本案例选自（2022）苏0724民初2158号民事判决书

16. 未成年人在培训机构受伤，培训机构是否应承担责任？

　　未成年人经常参加校外的培训，如果在培训机构受伤，培训机构未尽到教育、管理职责时是要承担相应责任的。也就是说，只要学校或者其他教育机构未尽到教育、管理职责的，就需要承担侵权责任；若其能够证明已尽到教育、管理职责的，则不需要承担或减轻承担侵权责任。根据法律的规定，培训机构要承担证明自己已经尽到教育、管理职责的举证责任，如果培训机构不能举证证明，则要承担不利的法律后果。

【法条指引】

《民法典》

　　第一千二百条　限制民事行为能力人在学校或者其他教育机构学习、生活期间受到人身损害，学校或者其他教育机构未尽到教育、管理职责的，应当承担侵权责任。

【案例分享】

未成年人在轮滑俱乐部受伤，俱乐部被判承担 75% 的赔偿责任

—基本案情—

　　原告：张某某

　　法定代理人：张某（系张某某之父）

　　被告：薛某某、某轮滑俱乐部

　　刚满八岁的原告张某某有偿进入被告某轮滑俱乐部学习。2021 年 8 月 4 日，原告在轮滑俱乐部常规训练中，进行到最后一项 300 米测速训练时，因前方学员摔倒，导致原告张某某被绊倒受伤，原告两个上前牙折断、四肢软组织损伤。当日原告被送往 ×× 县医院及 ×× 口腔医院进行治疗，花费医疗费 2524.10 元，经诊断原告 11、21 牙复杂冠根折，并给予 11、21MTA 水泥切髓术＋纳米树脂＋择期正畸牵引（定期复诊，必要时拔除，18 岁后种植修复）。2022 年 2 月 10 日、2 月 24 日，原告前往西安交通大学口腔医院进行治疗，花费医疗费 1044.74 元。2022 年 6 月 10 日，经陕西中金司法鉴定中心鉴定，意见为：原告因本次受伤护理期为 15 日，后续诊疗项目为牙齿烤瓷修复治疗，累计烤瓷牙 4 颗，每次每颗牙齿的烤瓷及相关费用约需 1100～1300 元，5～10 年适时更换一次。

后经协商，被告给付了 25000 元，双方对后续费用未达成一致。原告向法庭提起诉讼，要求被告支付原告扣去已付 25000 元外的医疗费、伙食补助费、护理费、后续治疗费、交通费、住宿费、鉴定费合计 57332.90 元；诉讼费由被告承担。

被告辩称：1. 原告摔倒并非原告所陈述的俱乐部管理混乱，而是前面学员摔倒所致。2. 轮滑训练作为一项竞技类体育运动，具有一定的对抗性和风险性，原告明知具有风险仍自愿学习，应自甘风险。被告在每次训练前都会着重强调安全、要求全程佩戴好护具。原告张某某受伤与场地及管理无关，是其训练过程中注意力不集中，应变不善造成，与场地和教练没有任何关系，被告已尽到了安全保障义务，亦不存在任何过错，不应承担赔偿责任。3. 本次事故发生后，原告家长称预计后续医疗费 50000 元，被告出于人道主义及对学员的关爱，与原告家长已达成和解协议，向原告补偿 25000 元。但原告拿到补偿款后又反悔并诉至法院，严重违背公序良俗，应驳回原告诉请，并返还被告 25000 元。

一 法院认为 一

关于原告张某某的各项损失情况，法院认为原告住院治疗花费共计 3568.84 元，系原告实际花费，且有相关医疗费票据，法院予以认定；住院伙食补助费 50 元 ×3 日 =150 元；原告主张护理费每日 400 元过高，法院酌定护理费每日 100 元，100 元 ×15 日 =1500 元；关于后续治疗费，经鉴定原告后续需累计烤瓷牙齿 4 颗，每次每颗牙齿的烤瓷及相关费用约需 1100 元 ~1300 元，5~10 年适时更换一次。法院酌定每次每颗牙齿烤瓷及相关费用 1300 元，7 年更换一次，故原告需更换 10 次，费用共计 52000 元；关于交通费，原告提交的交通费票据存在瑕疵，但考虑到其就医往返情况，法院酌定交通费为 1500 元；关于住宿费，原告未提供任何证据，法院不予认定。原告主张鉴定费 1738 元，有正式发票予以证明，法院予以认定。综上，原告全部损失为 60456.84 元。

关于原告的损失承担问题，本案中，被告作为教育培训机构，应当对原告尽到教育、管理职责。作为从事轮滑教学的专业机构，其应当对轮滑运动的风险性认知高于一般人认知水平，应妥善履行教育管理职责，保障原告在教学、训练过程中人身安全不受侵害。但被告对可预见的风险疏于防范，根据现有证据难以认定被告已经尽到了教育、管理职责，其对原告的人身伤害应当承担主要责任。同时，轮滑运动作为具有一定风险性的体育活动，原告的监护人自愿同意原告进入被告处进行轮滑学习、训练，原告自身亦应承担一定的风险责任。综上，根据被告某轮滑俱乐部的过错程度，酌定被告某轮滑俱乐部对原告的损害承担 75% 责任，原告张某某自行承担 25% 责任。被告薛某某作为被告某轮滑俱乐部的开办者和经营者，应与其开办的轮滑俱乐部共同承担赔偿责任。

— 裁判结果 —

一、被告某轮滑俱乐部、薛某某于本判决生效之日起十日内赔偿原告张某某医疗费、住院伙食补助费、护理费、交通费、后续治疗费、鉴定费共计 20342.63 元；

二、驳回原告张某某其他诉讼请求。

注：本案例选自（2022）陕 0525 民初 2387 号民事判决书

17. 被动物园的动物咬伤，动物园是否应当承担责任？

在动物园游玩时，被动物园的动物咬伤，按照《民法典》的相关规定，首先需要界定动物园是否尽到管理职责。若动物园已尽到管理职责，损害是由于游客故意造成，如游客私自闯入虎山导致被老虎咬伤，这种情形下动物园无需承担赔偿责任；若动物园未尽到管理职责，如未设置好动物与游客的安全距离，未向游客进行安全警示等，这种情形下，动物园应当承担相应的赔偿责任。

游客买票进入动物园，与动物园成立了合同关系，如在游览时受到伤害，可以选择以合同之诉或侵权之诉向法院主张自己的权利。两种诉讼途径的不同之处在于，提起合同之诉不能主张精神损害赔偿。

【法条指引】

《民法典》

第一千二百四十八条　动物园的动物造成他人损害的，动物园应当承担侵权责任；但是，能够证明尽到管理职责的，不承担侵权责任。

【案例分享】

被动物园的动物咬伤，动物园被判承担赔偿责任

— **基本案情**—

原告：刘某1

法定代理人：高某（刘某1之母）、刘某2（刘某1之父）

被告：北京某旅游发展有限公司

2021年5月9日，十岁的原告到被告开办的动物处游玩。原告在被告处购买喂养动物的食材，并在被告划定的范围内喂骆驼，但因圈养骆驼的围栏稀疏，骆驼将头颈部伸出围栏将原告咬伤。后原告被送往医院进行治疗，治疗过程中，被告支付了部分医疗费用。现被告已经将围栏进行加密防护。

双方对其他费用的支付未达成一致意见，原告将被告起诉至法院。原告要求被告赔偿医疗费4576.35元、护理费3000元、交通费1734元，共计9310.35元，扣除被告已经支付的医疗费2657.35元，以及分三次微信转账2629元、垫付的交通费134元，要求被告再支付3890元。

被告辩称：对原告主张的各项损失的标准认可，但原告的监护人在原告喂养骆驼过程中没有注意到安全警示，监护人应该有监管责任，具体双方责任比例由法院审理后确定。

— **法院认为**—

动物园的动物造成他人损害的，动物园应当承担侵权责任；但是，能够证明尽到管理职责的，不承担侵权责任。结合双方对事发时的陈述，原告在被告划定的区域内喂养骆驼，骆驼将头颈伸出咬伤原告，原告及其监护人并无过错，被告对原告应当承担全部赔偿责任。关于原告主张的医疗费4576.35元，原告、被告提供了相应的医疗票据及支付凭证，法院予以支持。关于原告主张的交通费1600元及被告垫付的交通费134元，原告对此进行合理的说明，且被告亦提供相应的票据予以证实，法院予以支持。关于原告主张的监护人陪同就医的误工费3000元，原告亦作出合理解释，并提供相应的误工证明，被告对此不持异议，法院予以支持。双方同意对被告已经垫付的费用进行扣除，法院一并作出处理。

— **裁判结果**—

被告北京某旅游发展有限公司于本判决生效后七日内赔偿刘某1医疗费、交通费、护理费共计3890元。

注：案例选自（2021）京0119民初8679号民事判决书